Neweklowsky · Muslime

Österreichisch-bosnische Beziehungen, Band 1
Herausgegeben von Gerhard Neweklowsky, Universität Klagenfurt

Gerhard Neweklowsky

Die bosnisch-herzegowinischen Muslime

Geschichte. Bräuche. Alltagskultur

Unter Mitarbeit von Besim Ibišević und Žarko Bebić

Wieser *Verlag*

© Copyright 1996 by Wieser Verlag, Klagenfurt–Salzburg
Lektorat Franz Marenits
Typografie TextDesign Tripolt, Klagenfut/Celovec
ISBN 85129 173 5

Inhalt

Vorwort 9
Prolog: Mein Bosnien-Herzegowina 11
Einleitung 17
Zur Aussprache von Namen und Termini 22

I. Teil: Geschichte Bosniens und der Herzegowina 25
1. *Allgemeines* 25
1.1 Die Zerstörungen der Kulturgüter 25
1.2 Sprache und neue Namen 26
1.3 Geographie und Wirtschaft 27

2. *Geschichte* 30
2.1 Die älteste Zeit 30
2.2 Die Bogumilen 32
2.3 Die bosnischen Bane 36
2.4 Das bosnische Königreich 38
2.5 Die Türkenzeit 42
2.6 Das Itinerarium 1530 42
2.7 Das Lehenssystem 46
2.8 Primož Trubar (Primus Truber) 50
2.9 Der Niedergang des Türkischen Reiches 52
2.10 Die Verbreitung des Islam 56
2.11 Die Rückzüge der Muslime 57
2.12 Die türkische Verwaltung 60
2.13 Die türkischen Sultane 62
2.14 Die österreichisch-ungarische Zeit 63
2.15 Bevölkerungsverhältnisse 1895 64
2.16 Das Regime Kállay 1882–1903 65
2.17 Die Annexionskrise 67
2.18 Der Erste Weltkrieg 69

2.19 Die religiöse Struktur 1921 und die weitere Entwicklung *72*
2.20 Die demographische Entwicklung nach dem II. Weltkrieg *74*
2.21 Die islamische Glaubensgemeinschaft. Religiöse Organisation *74*

II. Teil: Bräuche und Alltagskultur *77*
1. Der Islam *77*
1.1 Muhammed, der Prophet (pejgamber) *77*
1.2 Die Glaubenswahrheiten und -pflichten *79*
1.3 Gebet (namaz) *81*
1.4 Die rituelle Waschung (abdest) *81*
1.5 Die islamische Zeitrechnung *82*

2. Religiöse und andere Gebräuche *84*
2.1 Die Informanten *84*
2.2 Grußformeln *86*
2.3 Namengebung *87*
2.4 Häufige Namen, Sprache, Völker *90*
2.5 Erklärung einiger Vornamen *93*
2.6 Volkstracht *96*
   2.6.1 Männertracht *96*
   2.6.2 Frauentracht *103*
2.7 Beschneidung *109*
2.8 Schule, Familie, Religionsunterricht *112*
   2.8.1 Schulbildung *112*
   2.8.2 Familie *113*
   2.8.3 Religionsunterricht, -ausübung *113*
2.9 Heirat *117*
2.10 Almosen *133*
2.11 Pilgerfahrt *135*
2.12 Fasten *137*
2.13 Alkohol und Schweinefleisch *143*
2.14 Moslemische Bauten *144*
   2.14.1 Moschee *144*
   2.14.2 Derwischklöster, Derwischorden *146*
2.15 Das bosnisch-herzegowinische Haus *149*

2.16 Küchengeräte und Hausrat *155*
2.17 Erntehilfe (moba) *159*
2.18 Orientalische Speisen *161*
    2.18.1 Salzige Speisen *161*
    2.18.2 Andere Speisen *162*
    2.18.3 Süßspeisen, Kuchen *164*
2.19 Geselligkeit *166*
    2.19.1 Lied und Tanz, Ausflüge *166*
    2.19.2 Sijelo (geselliges Beisammensein), Spiele *169*
2.20 Merkmale der traditionellen Volksmusik der Muslime *172*
2.21 Volksmedizin *173*
    2.21.1 Heilmittel *174*
    2.21.2 Geburt *175*
    2.21.3 Aberglaube *176*
    2.21.4 Verwünschungen, Glückwunsch *177*
    2.21.5 Amulette (zapis) *178*
2.22 Begräbnis *179*

Ausblick *188*
Literaturhinweise *191*
Verzeichnis der Abbildungen *194*
Index der bosnischen Wörter *200*

Vorwort

Das vorliegende Buch *Die bosnisch-herzegowinischen Muslime* bildet den ersten Band einer auf mehrere Bände angelegten Reihe »Bosnisch-österreichische Beziehungen«, die in populärwissenschaftlicher Form die Kenntnis des deutschsprachigen Lesers über Bosnien-Herzegowina und dessen historische Beziehungen erweitern soll. Neben den Sitten und Gebräuchen der Bevölkerung sollen auch Fachgebiete wie Literatur, Architektur, Geschichte, Nationalitätenpolitik, Geographie und Wirtschaft und anderes zur Sprache kommen.

Mein eigenes Interesse an Bosnien-Herzegowina geht bis in meine Jugend zurück. Meine erste Veröffentlichung überhaupt war ein Bericht über eine Reise durch Bosnien–Sandžak–Kosovo–Montenegro–Herzegowina, den ich 1958 im Alter von siebzehn Jahren für die Tageszeitung »Linzer Volksblatt« schrieb. Mein Studium der Slawistik und Orientalistik an der Universität Wien und Studienaufenthalte in Sarajevo sowie mehrere Reisen durch Bosnien-Herzegowina haben mein Interesse besonders für die muslimische Volksgruppe geweckt.

Das Buch besteht aus zwei Teilen und einem umfangreichen Bildteil: der erste Teil führt in die Geschichte des Landes ein, der zweite Teil beschreibt die Sitten und Gebräuche des Alltags der Muslime, während der Bildteil bisher meist unveröffentlichtes Photomaterial enthält, welches als Illustration der kulturellen Vielfalt Bosniens und der Herzegowina dienen soll, enthält. Wir finden Kartenmaterial, Ansichten und Fotografien aus der k. u. k. Zeit, Reproduktionen aus alten Büchern wie auch Originalaufnahmen des Verfassers aus den 60er und 70er Jahren, und anderes. Vieles, was auf diesen Bildern zu sehen ist, besteht heute nicht mehr.

Der erste Teil, die Geschichte Bosniens und der Herzegowina, beruht auf der bestehenden Literatur zu diesem Thema, während im zweiten Teil (Sitten und Gebräuche) die Methode der Feldforschung angewandt wurde. Alle Sitten und Gebräuche, über die berichtet wird, wurden unter bosnisch-herzegowinischen Flüchtlingen und Gastarbeitern in Kärnten durch Befragung in ihrer Muttersprache erhoben und nicht aus bestehenden Büchern zusammengestellt. Dieser Teil des Buches kann als Dokumentation darüber, was der einfache Bosnier über seine Alltagskultur weiß, als ein Teil des »kollektiven Gedächtnisses« der bosnisch-herzegowinischen Muslime aufgefaßt werden. Bei allen Beschreibungen fügen wir auch die bosnisch-serbokroatische Originalterminologie, sei sie nun slawischer oder orientalischer Herkunft, hinzu. Sie wird in einem Index, das den Slawisten und Orientalisten ansprechen soll, zusammengefaßt.

Unser Buch stellt keine Konkurrenz zu dem 1992 erschienenen Werk *Das unbekannte Bosnien* von Smail Balić, dem langjährigen Sachbearbeiter für Orientalistik an der Österreichischen Nationalbibliothek in Wien, dar. Während bei Balić neben der Beschreibung der Geschichte Bosniens und der Herzegowina besonders den wissenschaftlichen, literarischen und künstlerischen Leistungen der Muslime Vorrang eingeräumt wird, sind es bei uns ihre Sitten und Gebräuche religiöser und anderer Natur, die für die Menschen des Landes charakteristisch sind und dem Abendländer manchmal ungewohnt und fremd vorkommen. Balić' Buch ist ein umfangreiches, wissenschaftliches Werk mit zahlreichen Quellenangaben, während unsere Ansprüche (auch vom Umfang her) bescheidener sind.

Für die Durchführung des größten Teils der Befragungen danke ich Herrn Professor Besim Ibišević, Srebrenica, derzeit als Flüchtling in Klagenfurt. Zu Dank verpflichtet bin ich auch Herrn Professor Žarko Bebić, Maglaj, derzeit ebenfalls als Flüchtling in Klagenfurt, für die Abfassung bzw. Mitarbeit an den Kapiteln über die orientalischen Speisen, die Spiele, den Hausrat und die Musik. Für die Übersetzung der bosnischen Interviews ins Deutsche, für die Gestaltung des Textes, für die Interpretation der bosnischen Fachterminologie, für die Erläuterungen und für die Auswahl der Abbildungen ist allein der Unterzeichnete verantwortlich. Für die finanzielle Unterstützung des Projekts danke ich der Forschungskommission der Universität Klagenfurt.

Klagenfurt, im Mai 1995   *Gerhard Neweklowsky*

Prolog
Mein Bosnien-Herzegowina

Bosnien-Herzegowina bedeutete in meiner Kindheit die Gusle (die einseitige Kniegeige, Abb. 74) meines Großvaters, die in seiner Wohnung in Linz an der »Waffenwand« hing, einer Sammlung von Säbeln, Pistolen und Gewehren aus der Zeit des Ersten Weltkriegs und davor. Zur Gusle singt der Barde die epischen Heldengesänge der Herzegowina und Montenegros. In ihnen berichtet er von Schlachten, Rittern, Fürsten und Königen, tapferen und schönen Frauen, vom Eingreifen guter Feen in das Schicksal der Menschen. Immer wieder ist es der Kampf gegen die Türken, der besungen wird und im Zyklus über die Schlacht auf dem Amselfeld seinen Höhepunkt findet. Aber auch die Muslime haben ihre Helden, die sie in derselben Sprache und im selben Versmaß besingen. Zu den Vorstellungen über die Heldengesänge, die ich erst später im Original lesen lernte, paßten die silberbeschlagenen Pistolen aus der Herzegowina, die perlmuttereingelegte arnautische Steinschloßflinte und der türkische Handschar mit dem eingravierten Namen Allahs.

Mein Bosnien-Herzegowina war die Bibliothek meines Großvaters, in der sich Berichte, meist von k. u. k. Offizieren, über diese Provinzen befanden. Teils waren sie aus der Türkenzeit vor 1878; hier seien nur die *Studien über Bosnien und die Herzegovina* von Johann Rośkiewicz, k. k. Major im Generalstabe (Leipzig und Wien 1868, Verlag F. A. Brockhaus) erwähnt. In dem Buch imponierten mir besonders die Beschreibung der Hauptstadt Sarajevo mit ihrer merkwürdigen Apotheke und ihrem Postamt, die Sitten und Gebräuche der Muslime und die Angaben der Entfernungen in Tagesritten. Andere Werke, z. B. Heinrich Renner *Durch Bosnien und die Hercegovina kreuz und quer* (1896), beschrieben die Zeit der Okkupation. Dazu kamen Werke über Dalmatien, Montenegro, Albanien und die Türkei, auch Landkarten. In der Bibliothek befand sich ein Lehrbuch der serbokroatischen Sprache und ein Wörterbuch. Mit diesen Werken begann ich meine serbokroatischen Studien noch als Gymnasiast. (Die kyrillische Schrift in ihrer russischen Variante hatte ich mir schon als Elf- oder Zwölfjähriger angeeignet, gelegentlich der häufigen Ausflüge von Linz ins Mühlviertel, als dieses noch in der sowjetischen Besatzungszone lag). – Aus dem Besitz meines Großvaters stammen drei Bände Fotoalben aus dem Ersten Weltkrieg, fein säuberlich beschriftet mit Darstellungen des Kasernenlebens in Bileća (Bilek) in der Herzegowina, der karstigen Landschaft der Herzegowina und Montenegros und ihrer Bewohner. Besonderen Eindruck machten auf mich die weißen, vermummten Frauengestalten. Einige dieser Fotos werden in diesem Buch veröffentlicht.

Mein Bosnien-Herzegowina war als 17jähriger das Erleben und Erfahren dieser Gebiete im wahrsten Sinn des Wortes, nämlich mit dem Fahrrad: Sarajevo, Goražde, Sandžak mit Novi Pazar und Kosovo, die Zentren des mittelalterlichen Serbien, die Schluchten und Pässe Montenegros, die Herzegowina mit Mostar.

Als Student der Slawistik und Orientalistik verbrachte ich in Sarajevo ungefähr ein Jahr. In meinem Bosnien-Herzegowina gab es keinen Sprachenstreit. Alle Bevölkerungsgruppen sprachen ja dieselbe Sprache; sie wurde gewöhnlich als Serbokroatisch bezeichnet. Ich erlernte sie vor allem im Studentenheim »Mahmut Bušatlija«, benannt nach einem muslimischen Partisan, im Stadtteil Bjelave. Meine Zimmerkollegen waren Dimitrije, ein Montenegriner, und Ivan, ein Kroate aus der Herzegowina, später, als ich ein anderes Zimmer bekam, Joco, ein Serbe aus Novi Sad, der im Zweiten Weltkrieg beide Eltern verloren hatte, und Hazim, ein Muslim aus Konjic. Von allen wurde ich in gleicher Weise akzeptiert, und alle überboten sich, mir ihre Sprache beizubringen.

Gerade das Zusammenleben der verschiedenen Volksgruppen machte die Faszination der Stadt und des Landes für mich aus: Ich besuchte das Freitagsgebet in der Gazi-Husrev-Beg-Moschee, ich erlebte den Fastenmonat Ramadan mit der 27. Nacht (der »Nacht der Verheißung«), in der alle Moscheen beleuchtet werden, und den Bajram (das Opferfest), ich nahm an der Osterliturgie in der orthodoxen Kirche von Mostar als Gast in einer serbischen Familie teil, ich besuchte die Franziskanerkirche dortselbst, ich war Gast im Franziskanerkloster von Visoko.

Mein Bosnien war die Universität Sarajevo, vor allem die Vorlesungen und Übungen zur serbokroatischen Sprache. Es war rührend, wie sehr sich Professor Jovan Vuković um mich bemühte. Regelmäßig lud er mich zu sich in sein Kabinett ein, um mir ganz allein beim türkischen Kaffee Vorlesungen zu halten, zusätzlich zu den regulären Vorlesungen vor allen Studenten, an denen ich natürlich auch teilnahm. Mit ihm stand ich in Verbindung bis zu seinem Tod 1977. Auch mit anderen Lehrern von damals sowie Studenten blieb ich noch viele Jahre in Kontakt, zum Teil bis heute.

An der Universität nahm ich auch Unterricht in der persischen Sprache bei Professor Šaćir Sikirić, in Fortsetzung meiner in Wien begonnenen orientalistischen Studien. Seine Lehrbücher und meine damaligen Notizen und Hefte bewahre ich bis zum heutigen Tage auf. Professor Sikirić starb unmittelbar nach der Rückkehr von einer Pilgerreise nach Mekka.

In meiner Erinnerung vollziehe ich den Weg vom Studentenheim hinunter zur Sultanmoschee (Careva džamija, Abb. 1) am jenseitigen Ufer der Miljacka, wo die Gazi-Husrev-Beg-Bibliothek untergebracht war, und wo ich serbokroatische Handschriften in arabischer Schrift zu entziffern versuchte. Der Bibliothekar, ein Gelehrter mit Fes und weißem Turban, pflegte sie mir zu bringen. (Gazi Husrev Beg war übrigens nicht nur Feldherr und Statthalter des Sultans, sondern auch Wohltäter: Er ließ die nach ihm benannte Moschee samt einer Koranschule, Abb. 17, 18, 38, und die erste Armenküche Sarajevos erbauen.) Es war Winter, und der Winter war damals besonders streng (ich erinnere mich, es hatte fast minus 30 Grad) und so pflegte ich beim Heimweg von der Bibliothek auf ein heißes Getränk bei einem der zahlreichen albanischen Zuckerbäcker in der Baščaršija (im Basar) einzukehren. Ich rieche heute noch die Holzkohlenfeuer der Gasthäuser, höre noch das Hämmern der Kupferschmiede.

Zu Sarajevo gehörten die bettelarmen albanischen Taglöhner aus dem Kosovo, die davon lebten, anderer Leute Holz zu sägen und zu hacken und Kohlen zu schleppen. Es gab auch etliche albanische Studenten im Studentenheim; mit einigen von ihnen freundete ich mich an, spielte mit ihnen »Šešbeš« oder »Tavla«, das bei uns unter dem Namen

Backgammon bekannt ist (»Šešbeš« ist eine Kombination aus persisch šeš und türkisch beş und bedeutet nichts anderes als »sechs-fünf«, denn gezählt wird bei dem Spiel in persischer bzw. türkischer Sprache, »tavla« kommt aus dem lateinischen Tabula »Tisch, Brett«), oder wir machten Ausflüge in die Berge der Umgebung.

Einmal kam ich in Visoko, unweit von Sarajevo, in einem Kaffeehaus mit einem alten Mann ins Gespräch. Als sich herausstellte, daß er Albaner war, fragte ich ihn nach irgendeinem albanischen Wort, und er schrieb es ohne zu zögern mit arabischen Buchstaben auf, denn er konnte die lateinische oder die kyrillische Schrift nicht. Meine häufigeren Kontakte zu albanischen Studenten blieben nicht verborgen, und so riet man mir, diese Kontakte einzuschränken, denn manche der Albaner seien nicht »zuverlässig«.

Die vierzig Jahre der Okkupation und Annexion durch Österreich-Ungarn haben tiefe Spuren im Land hinterlassen: Repräsentative Bauten in Sarajevo entlang der Miljacka, das Rathaus in seinem pseudomaurischen Stil (Abb. 3, 12), wo die Nationalbibliothek untergebracht war, die Hauptpost, das Theater, verschiedene Verwaltungs- und Regierungsgebäude, das Landesmuseum. Besonders eindrucksvoll war die Schmalspurbahn von Sarajevo über Mostar nach Dubrovnik. Für die 120 km nach Mostar benötigte man sechs Stunden. Über den Ivan-Sattel keuchte der Zug die Serpentinen hinauf, von einer Lokomotive gezogen, von einer zweiten geschoben, stellenweise wurden Zahnstangen eingesetzt, um die Steigung zu überwinden. Buben sprangen in einer Kurve auf den Zug auf, um Feigen oder Weintrauben zu verkaufen, in einer der nächsten Kurven sprangen sie wieder ab, um nach geglücktem Geschäft nur ein kurzes Stück Weges zurückgehen zu müssen. Ein unvergeßliches Schauspiel in Mostar: Vorführung einer Zigeunergruppe mit einem Tanzbären auf dem Bahnsteig. Diese Schmalspurstrecke ist heute natürlich längst durch Normalspur ersetzt.

Mein Bosnien-Herzegowina sind auch die Friedhöfe. Die ältesten sind die Nekropolen der Bogumilen mit ihren tonnenschweren, quader- oder häuschenförmigen Grabsteinen (Abb. 33, 35), oft verziert mit Ornamenten und menschlichen Figuren, manchmal tragen sie auch Inschriften. Die Bogumilen hingen dualistischen Vorstellungen an und wurden von der katholischen Kirche als Ketzer verfolgt. Als die Türken Bosnien und die Herzegowina in der zweiten Hälfte des 15. Jahrhunderts eroberten, traten die Bogumilen massenweise zum Islam über. – Die Muslime hinterließen ebenfalls ihre Friedhöfe (Abb. 72) aus verschiedenen Epochen, über das ganze Land verstreut. Ihre Grabsteine tragen meist keine Inschriften, doch kann man an der Form des Steins den sozialen Rang oder Status des Toten erkennen. Sarajevo hat auch einen weitläufigen jüdischen Friedhof der »Spaniolen«, die man 1492 mit den Mauren gleich mit aus Spanien vertrieben hatte. Sie ließen sich auf der Balkanhalbinsel und in der Levante nieder.

Als ich mein Slawistikstudium beendet hatte und 1966 Assistent am Institut für Slawistik der Universität Wien wurde, setzte ich meine Reisen nach Bosnien fort: Bihać, Banjaluka, Travnik, die Königsstadt Jajce, Višegrad, Foča usw. Višegrad ist berühmt geworden durch den Roman *Die Brücke über die Drina* des Nobelpreisträgers Ivo Andrić, der 1992 hundert Jahre alt geworden wäre. Die Brücke mit ihren elf Bögen (Abb. 48, 49) wurde auf Geheiß des bosnischen Großwesirs Mehmed Paša Sokolović, des Dieners dreier Sultane, im 16. Jahrhundert erbaut, und zwar von Sinan, dem berühmtesten aller türkischen Baumeister. Bosnien-Herzegowina ist ja auch das Land der Brücken: Die berühmte Brücke von Mostar (Abb. 51, 53), die in kühnem Bogen die grünen Fluten der Neretva überspannte, kennt fast jeder. Eine der ebenfalls in die Literatur eingegangenen Brücken ist diejenige über die Žepa, einen kleinen Nebenfluß der Drina (Ivo Andrić hat ihren Bau in einer Erzählung beschrieben), eine der schönsten Brücken ist die Ziegenbrücke bei Sarajevo (Abb. 39).

Die Türken haben nicht nur Moscheen und Brücken gebaut, sondern auch Bäder (hamam), Koranschulen (medresa), Derwischklöster (tekija) und Karawansereien. Die schönste von ihnen ist der Morić-Han in Sarajevo, heute (?) ein Restaurant mit Versen persischer Klassiker an den Wänden. Unvergeßlich ist ein Besuch der Derwischtekija an der Buna-Quelle in der Nähe von Mostar (Abb. 22). Die Buna kommt als unterirdischer Fluß (Schlundfluß) aus hochaufragenden Felsen ans Tageslicht. Über den Felsen kreisen Adler; das Rauschen des Flusses macht die Kommunikation mühsam.

Auch nachdem ich 1979 Professor der Slawistik in Klagenfurt geworden war, rissen meine Verbindungen zu Bosnien-Herzegowina nicht ab. So war ich als Gastprofessor an die Universität Sarajevo eingeladen, um Vorträge zur serbokroatischen Dialektologie zu halten. Die Dialektologie stand lange Zeit überhaupt im Zentrum meines Interesses, da ich selbst viel auf diesem Gebiet, besonders bei den Kroaten des Burgenlandes, gearbeitet hatte. Ich informierte mich an Ort und Stelle über das Projekt des *Bosnisch-herzegowinischen Sprachatlasses*. Die Dialektologen, gleich welcher Nationalität, hatten nie den geringsten Zweifel, daß das ganze serbokroatische Sprachgebiet ein einziges Kontinuum bildete. Heute glaubt jede Nationalität, sie spricht eine andere Sprache.

Mein Bosnien-Herzegowina wird es nie wieder geben. Der Zerfall Jugoslawiens hat sich seit Jahren abgezeichnet. Über die »notwendige« Veränderung der innerjugoslawischen Grenzen konnte man seit Jahren in der Belgrader Presse lesen, die Idee eines muslimischen Staates Bosnien-Herzegowina tauchte auf, und Intoleranz gegenüber Minderheiten war im ganzen Land zu spüren. Die Menschen, die heute in Sarajevo unter Lebensgefahr ihr Überleben sichern müssen, sind keine anonymen Menschen, sondern sie sind für mich Individuen mit Namen, Freunde, Bekannte und Kollegen, mit denen ich vor wenigen Jahren noch regelmäßig korrespondieren oder telefonieren konnte.

Dieser Text ist unter dem Titel »Mein Bosnien-Herzegowina« in der Kärntner Kulturzeitschrift »Die Brücke« 3/1992 erschienen.

Einleitung

Zur Zeit der österreichisch-ungarischen Monarchie gab es eine ganze Reihe von zum Teil hervorragenden Werken über Bosnien und die Herzegowina, die das Land und seine Bewohner aus unmittelbarer, eigener Anschauung beschrieben. Viel Raum wurde dabei den religiösen Sitten und Gebräuchen der Muslime gewidmet, aber auch über das Volksleben der beiden christlichen Konfessionen, der Orthodoxen und Katholiken, die man aufgrund ihrer religiösen Zugehörigkeit als Serben und Kroaten bezeichnet, wurde berichtet. Die Muslime aber standen eher im Zentrum des Interesses, denn erstens stellten sie ein in Europa exotisches Element dar, und zweitens waren es gerade sie, die die Habsburgermonarchie für ihre Interessen gewinnen wollte und mußte.

Trotz der seit dem Beginn des Zerfalls Jugoslawiens in den Medien ständig präsenten Berichterstattung über die kriegerischen Ereignisse in den einzelnen jugoslawischen Teilrepubliken, besonders in Bosnien-Herzegowina, sind die allgemeinen Kenntnisse über das Land und seine Bewohner heute vielleicht dürftiger als in der Zeit vor dem Ersten Weltkrieg.

Das Wissen über die sprachlichen Verhältnisse ist noch viel verschwommener. Die hunderttausenden Gastarbeiter aus dem ehemaligen Jugoslawien in Deutschland, der Schweiz und Österreich haben ihre Sprache gewöhnlich als »jugoslawisch« bezeichnet, was natürlich falsch war, aber lästige Rückfragen vermeiden half. Bis zum Zerfall Jugoslawiens stand die Sprachenfrage, Sprachpolitik und Sprachplanung im Zentrum der jugoslawischen Sprachwissenschaft. In den einzelnen Republiksverfassungen wurde der Sprachenname auf verschiedene Weise definiert, aber doch so, daß offiziell erklärt wurde, es handle sich um ein und dieselbe Sprache in Serbien, Kroatien, Bosnien-Herzegowina und Montenegro. (Slowenien und Makedonien besitzen eigene Sprachen, Slowenisch und Makedonisch.) Es gab aber einen wesentlichen Unterschied: Während in Serbien, Montenegro und Bosnien-Herzegowina in der Bezeichnung der Sprache beide Bestandteile, nämlich »serbisch«

und »kroatisch« hervorgehoben wurden (serbokroatisch, kroatoserbisch, serbisch oder kroatisch, kroatisch oder serbisch), wurde die Sprache in Kroatien seit 1974 als »kroatische Schriftsprache« bezeichnet. In einem Nachsatz wurde freilich erwähnt, daß dies die gemeinsame Sprache der Kroaten und Serben sei, die auch Kroatoserbisch/Serbokroatisch genannt werde. In einer Reihe von Artikeln in der zweiten Ausgabe der *Enzyklopädie Jugoslawiens (Enciklopedija Jugoslavije)* ist immer wieder von der gemeinsamen Schriftsprache der Serben, Kroaten, Montenegriner und Muslime die Rede. (Seit 1980 sind sechs Bände der lateinschriftigen Ausgabe, die heute freilich nicht mehr fortgeführt wird, erschienen.) Dieselben Linguisten, die diese Artikel verfaßt haben, vertreten heute ganz andere Meinungen.

Wenn man als ein der Landessprache Kundiger durch Jugoslawien reiste, so konnte man aus dem Gebrauch des Sprachennamens auf die regionale Herkunft, teilweise auch auf die nationale Identität des Sprechers schließen: Kroaten pflegten ihre Sprache als Kroatisch, Serben und Montenegriner als Serbisch und Bosnier als Serbokroatisch zu bezeichnen. Nicht nur die bosnisch-herzegowinischen Muslime bezeichneten sie so, sondern auch die Serben und Kroaten des Landes.

Die Muslime Bosniens und der Herzegowina sind – wie die Serben und Kroaten – slawischer Herkunft. Die Türken bildeten im Laufe ihrer über 400jährigen Herrschaft nur eine dünne Beamten- und Soldatenschicht. Die breite Schicht der muslimischen Bevölkerung konnte die türkische Sprache auch gar nicht, obwohl sie von den anderen Konfessionen als Türken bezeichnet wurde.

Während die Serben und Kroaten im Zuge der Romantik und des aufkommenden Nationalismus im 19. Jahrhundert ein Nationalbewußtsein entwickelten, war dies bei den Muslimen nicht der Fall. Sie waren Untertanen des türkischen Sultans und als Muslime der privilegierten Schicht eines mächtigen Reiches angehörig.

Mit der Okkupation Bosniens und der Herzegowina durch Österreich-Ungarn 1878 auf Beschluß des Berliner Kongresses, nach den militärischen Mißerfolgen der Türkei und der allgemeinen Krise, in der sie steckte, wurden die Muslime zu Untertanen eines christlichen Staates. Im katholischen Habsburgerreich wurden natürlich die katholischen Kroaten bevorzugt. Man meinte, daß es nicht lange dauern werde, bis die Muslime zum katholischen Glauben übertreten würden, wodurch man im Lande eine kroatische Mehrheit gegenüber den orthodoxen Serben erlangen werde. Die muslimische Bevölkerung, angeführt vom Derwisch Hadži Lojo, wehrte sich heftig gegen die Okkupation. Auch reguläre türkische Truppen griffen in die Kämpfe ein, obwohl der Sultan seinen Truppen jeglichen Widerstand untersagt hatte. Allerdings waren sie nicht imstande, gegen die wohlorganisierte Armee einer Großmacht durchschlagende Erfolge zu erzielen.

Die österreichisch-ungarischen Behörden mußten sich mit den Muslimen gut stellen, denn diese waren die Grundbesitzer, und der Grundbesitz wurde von den Behörden nicht angetastet.

Zur Lösung der nationalen Frage in Bosnien-Herzegowina versuchten die Behörden, ein bosnisches Nationalbewußtsein zu schaffen. Das war die erklärte Politik des Landeschefs Kállay. Die Sprache Bosniens und der Herzegowina wurde offiziell als Bosnisch bezeichnet, was wohl die Muslime akzeptieren konnten, da dieser Name seit Jahrhunderten Tradition im islamischen Schrifttum des Landes hatte, nicht aber die beiden anderen Nationen. Nach Kállays Tod kam der Name »Bosnisch« wieder ab, er wurde sogar verboten und durch die Bezeichnung »Serbokroatisch« ersetzt.

Im Zwischenkriegsjugoslawien (1918 Königreich der Serben, Kroaten und Slowenen, Kraljevina SHS, ab 1929 Jugoslawien) wie auch zunächst im kommunistischen Jugoslawien hatten die Muslime keine nationale Identität. Sie galten als »national unbestimmt«, konnten sich aber wohl als Serben oder Kroaten deklarieren. Es gab eben keine anderen Nationen als diese beiden, und es gab tatsächlich Muslime, die sich einer der beiden Nationen zugehörig fühlten.

Von Zeit zu Zeit werden die Muslime (oder Teile von ihnen) von den Serben oder Kroaten für sich reklamiert. So hat noch vor dem Ausbruch des Krieges in Bosnien-Herzegowina der kroatische Präsident Franjo Tuđman (1991) behauptet, die Kroaten machten in Bosnien-Herzegowina rund 70% der Bevölkerung aus (was auch dann übertrieben wäre, wenn man Muslime und Kroaten zusammenzählt).

Es gab auch nur eine serbische und eine kroatische, aber keine muslimische Literatur. Bosnische Schriftsteller, die durch ihren kulturellen Hintergrund von beiden (christlichen) Literaturen gleichermaßen weit entfernt sind, wurden mit Gewalt entweder in die eine oder die andere Literatur gedrängt. So gilt der hervorragende Prosaschriftsteller Meša (Mehmed) Selimović, dessen Werke ohne eine gewisse Kenntnis des Islam nicht verständlich sind, wenn er auch allgemein menschliche und philosophische Themen behandelt, als serbischer Schriftsteller. Das gleiche gilt für Derviš Sušić, dessen Romane vor historischem Hintergrund spielen. In seinem Roman *Hodža Strah* beschreibt er beispielsweise den Okkupationskrieg von 1878. Andere wieder, wie Hasan Kikić, der im Zweiten Weltkrieg als Partisan umgekommen ist, werden in die kroatische Literatur gepreßt.

In den Verfassungsänderungen von 1974 wurden die Muslime unter ihrem religiösen Namen als eigene Nation in Jugoslawien anerkannt (damals wurden übrigens auch die Montenegriner, die bis dahin als Serben galten, als eigene Nation geschaffen).

Im Zuge der allgemeinen nationalistischen Bestrebungen im zerfallenden Jugoslawien feierte der Name »Bosnisch« seine Auferstehung und figurierte offiziell 1991 bei der letzten jugoslawischen Volkszählung als Sprachbezeichnung neben Serbisch und Kroatisch.

Die Namengebung ändert freilich nichts an der Tatsache, daß in ganz Bosnien-Herzegowina ein und dieselbe Sprache gesprochen wird. Bei den Friedensverhandlungen, die unlängst (Februar–März 1994) zwischen Kroaten und Muslimen in New York stattfanden, wurde im Fernsehen gemeldet, daß als offizielle Sprachen Kroatisch und Bosnisch gedient hätten. Man hat freilich nicht dazugesagt, daß für die Verhandlungen keine Dolmetscher nötig waren.

Die Lehrbücher und Grammatiken der Sprache, mit der wir es zu tun haben, tragen entweder den Namen Serbokroatisch (gelegentlich auch Kroatoserbisch), seltener nur Serbisch oder nur Kroatisch. In der deutschsprachigen Slawistik ist die Bezeichnung Serbokroatisch am weitesten verbreitet, wohl aus der österreichisch-ungarischen Tradition seit 1904, dann aber auch durch die weit bekannte und als Universitätslehrbuch benutzte *Grammatik der serbokroatischen Sprache* von August Leskien (Heidelberg 1914, nachgedruckt 1976 im C. Winter Universitätsverlag). Heute finden Diskussionen an den Universitäten statt, wie man den veränderten politischen Gegebenheiten Rechnung tragen könnte. Eine der vorgeschlagenen Lösungen lautet »Serbisch und Kroatisch/ Kroatisch und Serbisch« (so auch das unlängst erschienene *Grammatikhandbuch des Kroatischen und Serbischen* von Barbara Kunzmann-Müller, erschienen im Peter Lang-Verlag, Frankfurt am Main), um den Varietäten der Sprache Serbiens und Kroatiens Rechnung zu tragen (eine Dolmetscherausbildung für die Mittlung zwischen beiden »Sprachen« gibt es freilich nicht). Nur: Die Muslime werden wieder nicht berücksichtigt. In keinem einzigen Lehrbuch der serbokroatischen Sprache (oder wie immer man sie bezeichnen möge) wird man die zwischen Muslimen üblichen Gruß- und Abschiedsformeln (Aselam alejkum, merhaba, Alah emanet) oder andere, für die Muslime charakteristische Wörter finden.

Das vorliegende Buch soll dem deutschsprachigen Leser Bosnien und die Herzegowina und seine muslimischen Bewohner näherbringen. Das Land war vierzig Jahre lang engstens mit dem Schicksal der Habsburgermonarchie verbunden. Es ist ein landschaftlich schönes, vielfältiges, ein auch an Bodenschätzen reiches Land, ein Land alter Kulturen, es war ein Land der Toleranz.

Zur Aussprache der bosnisch-serbokroatischen und orientalischen Namen und Termini

Bei der Aussprache der serbokroatischen Wörter ist folgendes zu beachten:

- c = wie deutsch tz
- č = deutsch tsch
- ć = ähnlich, in Bosnien gleich dem vorigen Laut
- dž = dsch stimmhaft
- đ = ähnlich, in Bosnien gleich dem vorigen Laut
- h = ch, Reibelaut, auch am Wortanfang und im -auslaut
- lj = wie italienisch gl in luglio
- nj = wie italienisch gn in montagna
- s = stimmloses s wie ß in hochdeutsch Straße
- z = stimmhaftes s wie s in hochdeutsch Rose, auch am Wortanfang und -ende
- š = sch, stimmlos
- ž = stimmhaftes sch, französisch j in journal, auch am Wortanfang und -ende

Serbokroatische Wörter tragen den Akzent nie auf der letzten Silbe. Daher sind zweisilbige Wörter stets auf der ersten Silbe betont, während in drei- und mehrsilbigen Wörtern die Betonungsstelle auf jeder außer der letzten Silbe liegen kann.

Im Kapitel über die muslimischen Namen und sporadisch auch anderswo setzen wir für den Kenner des Serbokroatischen gelegentlich Akzentzeichen auf die Vokale. Sie bedeuten:

- ˝ = kurz fallend
- ` = kurz steigend
- ^ = lang fallend
- ´ = lang steigend

Das Serbokroatische gehört zu den Sprachen mit musikalischem Akzent. Die obigen Zeichen bezeichnen drei Komponenten gleichzeitig, nämlich: die betonte Silbe, die Länge oder Kürze des betonten Vokals und den Tonverlauf.

Arabische und persische Wörter werden in einer vereinfachten Transkription wiedergegeben. Wenn zweckmäßig, wird die Länge der Vokale mit ^ transkribiert, z. B. islâm. Die Zeichen dž č ž š bezeichnen die gleichen Laute wie im Serbokroatischen, ferner

- th = interdentale Spirans, stimmlos, wie englisch th in thin
- dh = interdentale Spirans, stimmhaft, wie englisch th in this
- w = bilabiales w
- ´ = Kehlkopfverschluß, Knacklaut wie in hochdeutsch aus ´atmen

¢ = Kehlkopfpressung, z. B. ¢Alî, Ka¢ba
gh = uvulares (Zäpfchen-) r; das Zäpfchen flattert dabei nicht
q = weiter hinten im Rachen gebildetes k
r = ist Zungenspitzen-r in allen Sprachen; Zungenspitzen- und Zäpfchen-r sind im Arabischen und Persischen genau zu unterscheiden.
ch = ähnlich dem deutschen ach-Laut, aber stärkeres Reibegeräusch
Die »emphatischen« Konsonanten des Arabischen werden nicht eigens bezeichnet.

Eingedeutschte arabische (persische, türkische) Wörter wie Koran, Kaaba, Scheich, Derwisch, Fakir richten sich nach dem Duden.

Türkische Wörter werden in der modernen, gültigen türkischen Rechtschreibung wiedergegeben. Dabei ist auf folgende Besonderheiten zu achten:
ı (i ohne Punkt) = ähnlich dem russischen y; weiter hinten gebildet, zwischen i und u, ohne Lippenrundung
ç = wie deutsch tsch
c = dsch stimmhaft (siehe oben); entspricht dem dž in den anderen Sprachen
ş = stimmloses sch
ğ (g mit Häkchen) = entweder wie Zäpfchen-r vor Hintervokalen (vgl. oben gh) oder wie j vor Vordervokalen.

Den Namen Herzegowina schreiben wir in eingedeutschter Schreibweise, in Buchtiteln werden aber andere Schreibweisen nicht verändert. Die Originalschreibweise lautet Hercegovina.

Groß- und Kleinschreibung: Fremdsprachige Wörter im deutschen Text werden wie deutsche Wörter behandelt, während sie als in Klammern hinzugefügte Erläuterungen deutscher Begriffe stets mit kleinem Anfangsbuchstaben geschrieben werden.

I. Teil
Geschichte Bosniens und der Herzegowina

1. Allgemeines

Die Kriegswirren in Bosnien und der Herzegowina und die immer wieder veränderte politische Lage lassen aktuelle Angaben und Statistiken unter Berücksichtigung der Bevölkerungsverschiebungen nicht zu. Wir betrachten Bosnien-Herzegowina als die Einheit, die es vor dem Kriegsausbruch von 1992 war. 1994 wurde eine kroatisch-muslimische Konföderation gebildet, die ungefähr 30 % des Territoriums umfaßt, während die Serben etwa 70 % des Landes besetzt halten. Nach den internationalen Friedensplänen sollen die Muslime und Kroaten 51 %, die Serben 49 % des Landes erhalten. Was jedoch die Zukunft dem Land bringen wird, kann nur schwer abgeschätzt werden, zumal die Kampfhandlungen seit Frühjahr 1995 wieder zunehmen.

1.1 Die Zerstörungen der Kulturgüter

Zahlreiche der berühmtesten Kulturdenkmäler Bosniens und der Herzegowina sind heute völlig zerstört, dem Erdboden gleichgemacht oder »nur« schwer beschädigt. Zu den spektakulärsten Zerstörungen, die wir teilweise auch im Fernsehen verfolgen konnten, gehören: der Beschuß der Alten Brücke in Mostar (Abb. 51, 53), die 1566 erbaut worden war, bis zu ihrem Einsturz, die fast völlige Zerstörung des Stadtbildes von Mostar (Abb. 21, 54–56), der Beschuß und Brand des von Österreich-Ungarn 1896 erbauten Rathauses an der Miljacka in Sarajevo (Abb. 3), das die bosnisch-herzegowinische Nationalbibliothek beherbergte (das Rathaus ist bis auf die Grundmauern niedergebrannt, die Bibliothek vernichtet), die völlige Zerstörung der von Otto Wagner 1910 erbauten Hauptpost in Sarajevo, die Zerstörung des Olympischen Museums, das noch etwas

25

älter ist, die Beschädigung zahlreicher religiöser Baudenkmäler (Husrev-Beg-Moschee, Abb. 38), Alte orthodoxe Kirche und andere) und vieler anderer Kulturdenkmäler, Krankenhäuser, öffentlicher Einrichtungen, Wohn- und Industriegebäude usw. in ganz Bosnien-Herzegowina. Die berühmte Ferhad-Paša-Moschee aus dem 16. Jahrhundert in Banjaluka (Abb. 42, 43) wurde dem Erdboden gleichgemacht. Die Steine und der Schutt der Moschee wurden fortgebracht und in alle Winde zerstreut, damit die Muslime durch nichts mehr an ihre Existenz erinnert werden würden.

1.2 Sprache und neue Namen

Ein bedeutendes Merkmal der Identität eines Volkes ist seine Sprache. Da alle Bosnier dieselbe Sprache sprechen, müssen künstliche Unterschiede in sie hineingebracht werden. Die Serben schließen sich an die Schriftsprache in Serbien an, obwohl ihre bestehende, eigene Variante bisher völlig gleichberechtigt mit der serbischen Sprache in Serbien war. So werden die Lautfolgen ije und je durch e ersetzt, z. B. rijeka : reka »Fluß«, dijete : dete »Kind«, mjesto : mesto »Ort, Platz« usw. Die Muslime fügen mehr und mehr Wörter orientalischen Ursprungs in ihre Sprache ein und pflegen ihre Aussprache des Lautes [h], wo ihn die anderen nicht haben, z. B. kahva gegen kava oder kafa »Kaffee«, mehko gegen meko »weich«, lahko gegen lako »leicht«. Die Kroaten wiederum schließen sich an die Sprache Kroatiens an. Kein kroatischer Bosnier oder Herzegowze hätte bis vor kurzem tisuća »tausend« gesagt, sondern im Volk war nur das allgemein gebräuchliche hiljada bekannt. So vergrößern sich die sprachlichen Unterschiede und dienen der nationalen Differenzierung und Ausgrenzung.

Auch die Eigennamen sind Bestandteil der Sprache und damit der nationalen Identität. Vieles hat sich in Bosnien geändert; eine neue Bestandsaufnahme ist noch nicht erfolgt. Traditionelle Namen können verschwinden, um jegliche Erinnerung an die anderen Nationen auszumerzen. Die seit dem Mittelalter bekannte muslimische Stadt Foča heißt heute Srbinje. Auch andere Namen, die muslimisch anmuten, sind verändert worden. So erinnert der Name Vakuf (türkisch vakıf, arabisch waqf »religiöse Stiftung«) an die Osmanenzeit. Dem Städtchen Donji

Vakuf wurde der alte Name Skoplje wiedergegeben. Im serbischen Teil Bosniens wurden alle Namen, die an Bosnien erinnern, verändert: Bosanska Krupa, Bosanska Dubica, Bosanski Novi, Bosanski Brod haben das Eigenschaftswort »bosnisch« verloren.

Die Kroaten haben Duvno (Županjac) in der Herzegowina in Tomislavgrad (»Tomislavstadt«) in Erinnerung an den kroatischen König Tomislav umbenannt. Auch die Straßennamen in den Dörfern und Städten werden allenthalben im Sinne der herrschenden Nation umbenannt.

1.3 Geographie und Wirtschaft

Bosnien-Herzegowina hat eine Fläche von 51.129 qkm, davon Bosnien 42.010 und die Herzegowina 9.119 qkm. Die Einwohnerzahl beträgt rund 4,4 Millionen, die Bevölkerungsdichte 86 Einwohner pro Quadratkilometer, das Bevölkerungswachstum ist mit 0,9% deutlich höher, als es der jugoslawische Durchschnitt war. Hauptstadt des Landes ist Sarajevo mit 530.000 Einwohnern (um 1900 besaß es nur 38.000), die wichtigsten übrigen Städte sind: Banjaluka (Banja Luka) (195.000), Zenica (146.000), Tuzla (132.000), Mostar (126.000), Prijedor (112.000), Doboj (102.000), Bijeljina (97.000), Brčko (87.000), Bihać (71.000).

Auf dem Arbeitsmarkt gab es 1987 1,4 Mio. Erwerbstätige, darunter 442.000 Frauen. Rund 20 % der Erwerbstätigen sind in der Land- und Forstwirtschaft beschäftigt, 40 % in Industrie, Bergbau, Bauwesen, Handwerk, 40 % im Dienstleistungssektor. Die Stadtbevölkerung ist heute auf rund 40 % angewachsen.

Bosnien-Herzegowina bildet den Übergang von der Balkanhalbinsel zu den Alpengebieten. Bosnien gehört größtenteils dem Donau-Save-Gebiet an, die Herzegowina aber liegt gänzlich im Einzugsbereich der Adria. Bosnien öffnet sich nach Norden zur Save-Ebene (Posavina), nach Süden hin schließen sich Hügellandschaften an, dann Mittelgebirge, welchen schließlich die Hochkarstzone mit Bergen bis 2.000 m Höhe folgt. Das Klima ist kontinental, mit kalten Wintern und heißen Sommern. Die wichtigsten Flüsse, die in das Save-Donau-System entwässern, sind von Westen nach Osten die Una (teilweise Grenzfluß zu Kroatien), der Vrbas, die Bosna (nach der das Land benannt ist) und die Drina (Grenzfluß gegen Serbien). Die Save bildet im Norden die Grenze gegen Kroatien.

Die Herzegowina ist großteils bewaldetes Karstgebirge mit mediterranem Klima. Sie besitzt eine kurze Küste (23 km) bei Klek–Neum in der Nähe der Mündung des einzigen größeren Flusses, der Neretva (Narenta). Charakteristisch sind die Schlund- oder Karstflüsse, die nach Durchquerung fruchtbarer Poljen wieder im Karst verschwinden.

Bosnien-Herzegowina ist fast zur Hälfte (45 %) von Wäldern bedeckt, darunter sind viele Laubwälder (besonders Buchen). In den Wäldern findet man reichen Wildbestand, auch Bären und Wölfe.

Das Land ist reich an Wasserkräften und Rohstoffen. Die wichtigsten Wirtschaftszweige sind die Land- und Forstwirtschaft. Die landwirtschaftlich genutzte Fläche liegt auch heute noch bei 45 %. Bedeutend sind der Tabakanbau und der Weinbau in der Herzegowina und die großen Pflaumenplantagen in der Posavina. Dort wird der Zwetschkenschnaps, der Schliwowitz (šljivovica), gebrannt.

Seit den 50er Jahren haben Bergbau und Schwerindustrie einen immer wichtigeren Platz eingenommen. Die Reichtümer an Bodenschätzen sind schon teilweise seit dem Altertum bekannt. Kohle-, Eisen- und Stahlindustrie sind im Raum Tuzla und im Gebiet Sarajevo-Zenica konzentriert. Gefördert werden auch Buntmetalle und Salz.

Tourismus und Fremdenverkehr sind trotz der Olympischen Spiele von 1984 noch relativ schwach entwickelt. Die Schigebiete sind international noch immer wenig bekannt. Die Thermal- und Mineralbäder würden einen Ausbau verdienen. Der Kurort Ilidža (bedeutet im Türkischen »Bad«; heute Vorstadt von Sarajevo) wurde schon in der k. u. k. Zeit ausgebaut.

Das Eisenbahnnetz wurde während der österreichisch-ungarischen Verwaltung geschaffen, im Ersten und Zweiten Jugoslawien auf Normalspur umgerüstet, manche Strecken wie die Bahnlinie Sarajevo–Višegrad wurden aber wieder eingestellt. In den letzten Jahrzehnten hat man große Anstrengungen unternommen, um das Straßennetz (21.000 km) auszubauen, dennoch gibt es noch immer zu wenige gute Straßenverbindungen.

Im Bildungswesen wurden gewaltige Fortschritte erzielt. 1966 wurde die Bosnisch-herzegowinische Akademie der Wissenschaften und Künste gegründet; heute bestehen Universitäten in Sarajevo (gegründet 1947), Banjaluka (1974), Tuzla (1975) und Mostar (1977) (mit Fachhochschulen und anderen Arten hoher Schulen), dennoch ist die Analphabetenrate noch immer relativ hoch.

Seit 1990 entwickelte sich ein demokratisches Mehrparteiensystem. Führende Partei der Muslime wurde die Partei der demokratischen Aktion (Stranka demokratske akcije). Leider hatten – wie schon zu Zeiten der Monarchie – die Parteien keine sozialen, sondern nationale Programme, wodurch es schließlich, auch durch Einmischung von außen, seit 1992 zu den bekannten katastrophalen Ereignissen in Bosnien-Herzegowina kam.

2. Geschichte

2.1 Die älteste Zeit

Im Altertum wurde die Balkanhalbinsel von den Illyrern im Westen, den Thrakern im Osten und makedonisch-epirotischen Stämmen im Süden eingenommen. Die Grenze zwischen Illyrern und Thrakern wurde etwa von der Morava gebildet. Alle drei Völker waren Binnenvölker. In den Bergen lebten Hirten, in den Ebenen primitive Ackerbauern. An den Küsten siedelten Griechen; sie gründeten die ersten Ansiedlungen an der adriatischen Küste und auf den dalmatinischen Inseln (z. B. Hvar, griechisch Faros). Die Illyrer waren Räuber, es herrschten das Recht des Stärkeren und die Blutrache.

Im 4. und 3. Jahrhundert v. Chr. wanderten die Kelten über die Balkanhalbinsel. Die Illyrer wurden teilweise verdrängt. In Epirus hielten sich aber illyrische Königreiche. Alexander der Große (gestorben 323 v. Chr.) war die erste historische Persönlichkeit, die die ganze Balkanhalbinsel unter ihre Herrschaft brachte, wenigstens nominell. Seine Persönlichkeit lebte auch 1.500 Jahre später im mittelalterlichen serbisch-bosnischen Alexanderroman (der »Aleksandrida«) weiter. Alexanders Nachfolge wurde durch die Römer angetreten. Sie brachten vom Zentrum Rom aus alle drei südeuropäischen Halbinseln unter ihre Kontrolle. Die illyrischen Stämme auf dem Gebiet Bosnien-Herzegowinas wurden etwa um die Zeitenwende unterworfen. Das Land war wichtig für die Sicherung der dalmatinischen Provinzen; interessant war die Ausbeutung der Bergwerke (die heutigen, später entstandenen Namen der bosnischen Orte Olovo »Blei«, Srebrenica – von srebro »Silber«, Tuzla – zu türkisch tuz »Salz«, im Altertum Salinae) zeugen heute noch von der alten Bergbautradition.

Unter Augustus waren die Grenzprovinzen am rechten Donauufer: Noricum, Pannonia, Illyricum, Moesia (bis zum Donaudelta). In diesem Raum begann sich die römische Kultur auszubreiten. Besonders in Dalmatien faßte römisches Wesen Fuß, die Küstenstädte waren von Römern bevölkert. Das Land war in drei Gerichtssprengel geteilt: den Scardonischen (Westbosnien), den Salonitaner (mit Split als Mittelpunkt, hinaufreichend bis zur Save) und den Narentaner (Süddalmatien, Herzegowina, Montenegro, Nordalbanien). In einem langwierigen Assimilierungsprozeß wurde die illyrische Sprache durch die lateinische ersetzt. Die Römer bauten zahlreiche Straßen. Sie verbanden die Küstenstädte miteinander, ferner Salonae (heute Solun nahe Split) mit Banjaluka und Sisak (Siscia, dem Hauptort des unteren Pannonien), eine andere Straße führte Richtung Sarajevo; Hauptstraßen gingen nach Marsonia (Brod), von dort nach Sirmium (Mitrovica), beide waren mit Aquincum (Budapest) verbunden.

In den ersten drei Jahrhunderten n. Chr. blieb die territoriale Einheit des Römischen Reiches noch bewahrt. Eines der großartigsten Bauwerke jener Zeit ist der Palast des Kaisers Diocletian in Split. Nach dem Tod des Kaisers Theodosius (395) wurde das Reich unter seinen Söhnen geteilt: Arcadius erhielt den Osten, Honorius den Westen.

Die germanische Völkerwanderung (Goten, Langobarden) berührte das Land im 5. Jahrhundert. Viel nachhaltiger aber war der Einfall der Awaren (Turaner), in deren Gefolge sich die Slawen über die ganze Balkanhalbinsel ergossen. Im 6. Jahrhundert besiedelten die Slawen die Balkanhalbinsel bis nach Thessalien. Kaiser Maurikios versuchte in eigener Person gegen die Donauslawen ins Feld zu ziehen (um 600), jedoch ohne Erfolg. Das von der Wolga stammende Turkvolk der Protobulgaren gründete 681 unter dem Khan Asparuch ein bulgarisches Reich. Seine turkvölkische Oberschicht wurde zwar in wenigen Generationen slawisiert, hinterließ aber den Slawen ihren bulgarischen Namen und einige Wörter ihrer Sprache. Die Slawen in Griechenland wurden hellenisiert. Von ihrem einstigen Vordringen zeugen slawische Ortsnamen, selbst auf der Halbinsel Peloponnes und einigen nordgriechischen Inseln.

Bis gegen Ende des 8. Jahrhunderts herrschte Byzanz über die Balkanhalbinsel. Dann begann das fränkisch-römische Kaiserreich nach Osten zu drängen; die Interessensgebiete der Karolinger und Byzantiner stießen im kroatischen Königreich aufeinander. Die wichtigsten Kulturträger waren die dalmatinischen Städte mit ihrer damals noch romanischen Bevölkerung. Bosnien stand zwar irgendwie unter byzantinischer Herrschaft, in Wirklichkeit gehörte es niemandem. Die dort ansässigen Stämme bewahrten daher ihre patriarchalische Verfassung und ihr Heidentum viel länger als die Kroaten. Bei beiden blieb die noch aus der

Awarenzeit herrührende Würde des Ban (Banus) erhalten. Der Name Bosnien bezeichnete in jener Zeit ein kleines Gebiet am Flusse Bosna.

Die Position des Oströmischen Reiches wurde im 10. Jahrhundert durch die Ungarn, durch ihre Einnahme der Pannonischen Ebene, beeinflußt. Sie unterwarfen sich bald der christlichen Idee. König Stefan (ungarisch István, gestorben 1038) nahm das Christentum unmittelbar vom Papst an, und schon im 11. Jahrhundert bewegten sich die Ungarn der Adria zu. Ab dem 10. Jahrhundert erstarkte auch die Republik Venedig (Venezien).

Dem ungarischen Königreich gelang 1091 bzw. 1102 die Einverleibung des kroatischen Königreichs durch die Personalunion (unter König Koloman). Die Serben, die sich im 12. Jahrhundert formierten, nahmen sich einerseits die Byzantiner, andererseits aber auch die Ungarn zum Vorbild. Das bosnische Banat und Hum (die spätere Herzegowina) traten erst langsam in ihre Interessenssphären ein. Unter Béla II. (1137) erstreckte sich die Macht Ungarns über Bosnien. Seit 1138 nannte sich der ungarische König Rex Ramae »König von Rama (Bosnien)«. Die Rama ist ein kleiner Fluß, der in der Nähe von Jablanica in die Neretva mündet und im Grenzgebiet zwischen Bosnien und der Herzegowina liegt. Stellvertreter des Königs war der einheimische Ban. Der erste Ban, der uns dem Namen nach bekannt ist, war Borić. Er unterstützte den ungarischen König in den Kämpfen gegen den byzantinischen Kaiser Manuel. Gegen Ende des 12. Jahrhunderts wurden die kroatischen Gebiete südlich der Kupa und Una an Ungarn angeschlossen. Ungarn hatte Interesse an Bosnien, weil seine slavonischen Komitate diesem unmittelbar benachbart waren.

2.2 Die Bogumilen

Der Papst stützte sich bei der Verbreitung des Katholizismus auf Ungarn. So fiel der historische Beginn der Länder Bosnien und Hum (Herzegowina) mit dem Kampf gegen die vom Osten eindringende Religion der »bosnischen Christen«, die gegen das Papsttum gerichtet war, zusammen. Parallel mit dieser Bewegung verlief die bosnisch-herzegowinische Geschichte, etwa von 1180, unter dem Ban Kulin, bis zum Fall des bosnischen Königreichs 1463. Dabei können wir zwei Hauptphasen der Geschichte unterscheiden: a) das Banat bis 1377, b) das Königreich bis

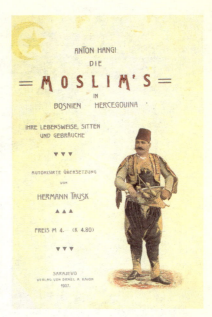

1 · 2

3

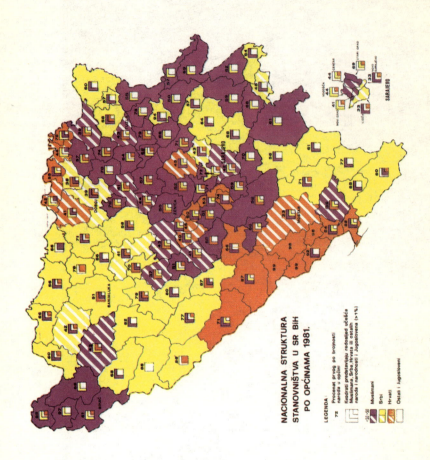

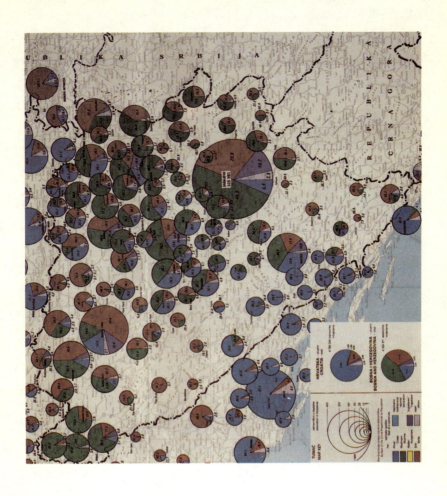

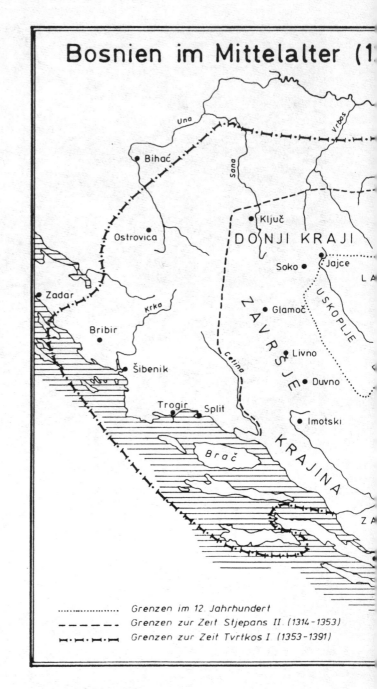

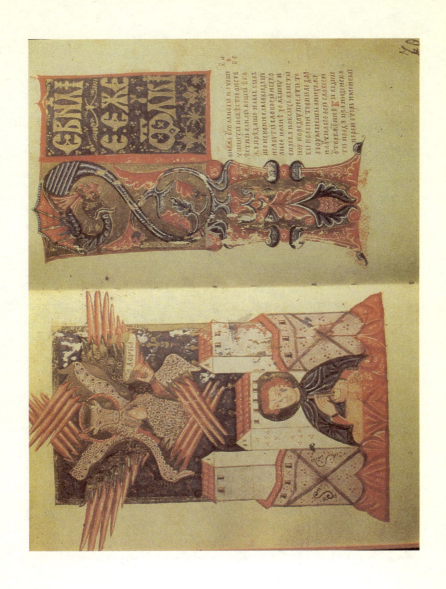

SARAJEVO. — САРАЈЕВО.

11
12

13
14

15
16

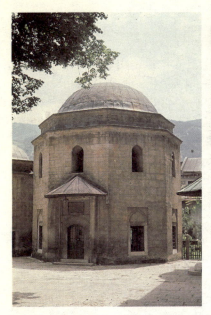

DOBOJ, Ansicht auf die Ruine und die Landesbank
Pogled na grad i Landesbanke

17 · 18
19

Tuzla — Тузла

22 · 23
24

Das Getreidewägen.

25
26

27 · 28
29 · 30

31
32

1463. Beide Perioden sind eng mit der Geschichte des Bogumilentums verbunden.

Die Bewegung der Bogumilen entstand im 10. Jahrhundert in Bulgarien, ihre Wurzeln gehen auf die Paulikaner in Armenien und die Manichäer zurück. Im 3. Jahrhundert trat in Persien der Prediger Manes, der Elemente der christlichen, persischen und buddhistischen Religion verband, auf. Ausgangspunkt der Lehre war der Dualismus eines guten und eines bösen Gottes. In der Welt herrsche das Böse, das durch geistige Wiedergeburt überwunden werden müsse. Er unterschied zwischen den Vollkommenen (perfecti) und den Zuhörern (auditores): Die ersteren sollten strenge Asketen sein, die letzteren hätten auf die Vollkommenen zu hören. Die Anhänger der Lehre durften weder Menschen noch Tiere töten. Manes anerkannte das Neue Testament, er schrieb auch seine eigenen Prophezeiungen. Es gäbe vier Propheten: Zarathustra, Buddha, Jesus und Manes. Die Lehre breitete sich nach Asien aus; in Europa wurde sie von den Römern verfolgt.

Im 7. Jahrhundert verbreitete sich in Armenien die ähnliche Sekte der Paulikaner. Der böse Gott habe die Welt erschaffen, und von ihm sei auch das Alte Testament durchdrungen; daher stieß es auf Ablehnung. Die Paulikaner negierten die Organisation der Kirche. Kein Wunder, daß die byzantinische Kirche einen heftigen Kampf gegen sie führte. Die Paulikaner wurden in mehreren Wellen von byzantinischen Kaisern ausgesiedelt, so unter Konstantin V. nach Thrakien und Makedonien als Grenzwächter, ebenso unter Leo IV. 778 (syrische Jakobiten). Zweihundert Jahre später übersiedelte Kaiser Johannes Tsimiskos Paulikaner aus Armenien nach Thrakien, wo sie in der Nähe von Philippopel (Plovdiv) angesiedelt wurden. Diese Umsiedlung war vom antiochischen (syrischen) Patriarchen Theodor gefordert worden, um die Paulikaner loszuwerden. Unter ihrem Einfluß verbreitete und festigte sich die Bewegung in Bulgarien (unter dem legendären Popen Bogumil, nach dem ihre Anhänger Bogumilen genannt wurden). Die erste Angabe über sie findet sich um die Mitte des 10. Jahrhunderts in einem Sendschreiben des Patriarchen Theophylakt an den bulgarischen Zaren Peter. Um 972 schrieb der Presbyter Kosmas seine »Rede gegen die Bogumilen«. Sie predigten Ungehorsam gegenüber dem (bulgarischen) Zaren und der

Obrigkeit; sie seien gegen die Feudalherren, gegen die Priester und gegen die Sklaverei. Die Ehe wurde von ihnen verworfen. In Bulgarien verbreitete sich das byzantinische Staatssystem mit Feudalherren, Leibeigenen und Sklaven immer mehr, wogegen die Bogumilen sich auflehnten.

Nach ihrer Lehre ist die Welt Materie, der Mensch eine Schöpfung Satanails. Aufgabe des echten Christen ist es, die Materie zu überwinden, und zwar durch Enthaltsamkeit von der Ehe, von Fleisch und Alkohol; der Mensch solle kein Eigentum besitzen. Dieses mönchische Ideal ist nur den Vollkommenen möglich; die gewöhnlichen Christen sollen auf die Vollkommenen hören und vor ihrem Tod die geistliche Taufe empfangen. Die Bogumilen hielten sich an das Neue Testament, erklärten aber gewisse Dinge auf ihre Weise: die Wunder seien nur symbolisch zu verstehen; Jesus hatte keinen menschlichen, sondern einen scheinbaren Körper. Vom Alten Testament anerkannten sie die Psalmen Davids und die Propheten. Sie verwarfen die kirchliche Organisation und den Kirchenbesitz, aber sie schufen doch ihre eigene Hierarchie. So sind uns die Ränge Djed oder Did (wörtlich »Großvater«), Starac (»Alter«) und Gost (»Gast«) überliefert. An der Spitze der Kirche stand der Djed/Did (Bischof). Starac scheint niedriger gewesen zu sein als Gost. In Ragusaner Quellen wird der Starac als Strojnik (Administrator) bezeichnet; Gost war vielleicht der Vorsteher eines Klosters. Manche Bischöfe sind uns dem Namen nach bekannt, so kennen wir den Djed Radomir, dessen Name uns aus der Handschrift des Christen Hval von 1404 überliefert ist.

Das Bogumilentum breitete sich rasch aus, nach Italien, wo die Prediger Patarener, und nach Frankreich, wo sie Bougres (= Bulgaren) oder Katharer (von griechisch katharós »rein«) genannt wurden. (Aus dem Wort Katharer ist das deutsche Wort »Ketzer« entstanden.) Um 1180 verbreitete sich die Sekte nach Serbien, aber der serbische Großžupan (Gaufürst) Stefan Nemanja unternahm strenge Maßnahmen gegen sie, sodaß sie in Serbien nicht Fuß fassen konnte.

Die »Bosnische Kirche« war vom 13. bis 15. Jahrhundert eine selbständige, unabhängige Kirche. Genannt wurde sie »crkva bosanska« oder »ecclesia Sclavoniae«. Die Gläubigen nannten sich ausschließlich Krstjani (»Christen«). Der Terminus »Bogumilen« wurde in Bosnien nie gebraucht.

Die häretische Bosnische Kirche entwickelte sich aus dem katholischen Bistum für Mittelbosnien (die Ecclesia bosnensis wird zum ersten Mal in der zweiten Hälfte des 11. Jahrhunderts genannt). Als Sprache der Liturgie diente das Kirchenslawische. Es scheint, daß zunächst die glagolitische Schrift in Gebrauch war, später die kyrillische (die sogenannte »Bosančica«, die »bosnische Schrift«). Der Bischof wurde aus den Vollkommenen gewählt (älteste Angabe auf der Steinplatte des Ban Kulin, etwa 1182/83). Auch Papst Innozenz III. trat gegen die Bosnischen Christen auf, trotzdem sind, wegen fehlender historischer Quellen, wichtige Details ihrer Lehre bis heute unklar. Man nimmt an, daß sie dem gemäßigten Dualismus angehörten.

1203 kam es zur offiziellen Aussöhnung mit Rom, dennoch änderte sich in Bosnien nichts, sodaß die Römische Kurie 1232 energischere Maßnahmen ergreifen mußte. Es wurden zunächst der Dominikanerorden eingeführt und ein fremder Bischof vorgesetzt. Rom unterstützte die Bestrebungen Ungarns, sich Bosnien ganz einzuverleiben, auch kirchlich. Freilich führte dies nicht zum gewünschten Erfolg. 1239 wurde der Sitz der Kirche nach Đakovo in Kroatien versetzt. Die Dominikaner konnten sich nicht halten.

Im 14. Jahrhundert wurde die Kirche in Bosnien zu einem wichtigen politischen Faktor; sie vermittelte zwischen dem Ban und seinen Adeligen, sie beaufsichtigte diese auch. 1339 versuchte Rom, Bosnien mit anderen Mitteln zurückzugewinnen. Der Ban Stjepan II. Kotromanić wurde bekehrt und half dabei. In den Bergwerkszentren ließen sich erstmals Minoriten (Mala braća), welche später Franziskaner genannt wurden, nieder. Das Franziskanervikariat wurde zur einzigen katholischen Organisation (der katholische Bischof, der Bosnien verlassen hatte, war nicht zurückgekehrt). Obwohl König Tvrtko – zumindest äußerlich – Katholik war, verringerte sich der Einfluß der Bosnischen Kirche nicht wesentlich.

Die römische Kirche segnete den Krieg König Sigismunds (1405–08) gegen Bosnien als Kreuzzug ab; trotzdem verlor die Bosnische Kirche nichts von ihrer Bedeutung. Die Macht der Feudalherren wurde inzwischen immer größer.

König Stjepan Tomaš ließ sich in der Hoffnung auf Unterstützung gegen die Türken 1445 als Katholik taufen. Seit der Eroberung durch die Türken wurde die Bosnische Kirche in den Quellen nicht mehr erwähnt. Sie verschwand zusammen mit dem Staat und dem Adel.

2.3 Die bosnischen Bane

Die erste historisch bekannte Persönlichkeit war der erwähnte Ban Kulin, der bis 1204 die Oberhoheit Ungarns anerkannte und den Katholizismus annahm, bald aber als Bogumile lebte. Bekannt ist sein Vertrag mit den Ragusanern 1189, der älteste kyrillische Text in der Volkssprache im serbokroatischen Sprachgebiet.

Er lautet in deutscher Übersetzung:

> Im Namen des Vaters und des Sohnes und des Heiligen Geistes.
> Ich, der bosnische Ban Kulin, schwöre dir, Fürst Krvaš, und allen Bürgern Ragusas (Dubrovniks), ein wahrer Freund zu sein, von jetzt an für immer, und wahren Frieden zu halten und den echten Glauben, solange ich lebe.
> Alle Ragusaner, die Handel treiben, sollen sich in meinem Reich frei niederlassen oder bewegen können, und sie sollen im rechten Glauben und mit rechtem Herzen ohne Arglist behandelt werden. Allerdings dürfen sie mir freiwillig etwas schenken. Von meinen Zöllnern darf ihnen nicht Gewalt angetan werden. Solange sie bei mir sind, soll ihnen ohne jeglichen bösen Hintergedanken Rat und Hilfe gewährt werden. So helfe mir Gott und dieses Heilige Evangelium.
> Ich, Radoje, der Diakon des Bans, habe diese Urkunde auf Geheiß des Bans geschrieben, im Jahre 1189 seit der Geburt Christi, am 29. August, am Tag der Enthauptung Johannes des Täufers.

In einer Inschrift von 1204 heißt es: »Gott gebe dem Ban Kulin und seiner Frau Vojsava Gesundheit«. Die Erinnerung an Kulin lebt bis heute fort. In Bosnien sagt man von der guten alten Zeit des Kulin: »Von dem Ban Kulin und den guten Tagen« (»od Kulina Bana i dobrijeh dana«).

Ihm folgte der Ban Ninoslav (1204–1251), wahrscheinlich einer seiner Verwandten, nicht einer seiner Söhne. Diese wurden von den Bogumilen an der Herrschaft gehindert.

Die ungarischen Könige Béla IV. und Stefan V. dehnten das Reichsgebiet so weit aus, wie es die natürlichen Verhältnisse gestatteten, bis an die Ausläufer der Dinarischen Alpen. In den Grenzgebieten wurden Banate errichtet: Banat Bosnien (Oberbosnien und Posavina), Banat Usora (Nebenfluß der Bosna), Banat Soli oder Tuzla, Banat Mačva. In der Ramagegend regierten einzelne Vasallen, und im Südwesten fielen einzelne

Teile an mächtige kroatische Adelige als Lehen (z. B. an die Familie Šubić).

Im Westen errangen die Grafen von Bribir (in Dalmatien, nördlich von Šibenik) aus dem Geschlecht der genannten Šubići immer mehr Macht; sie nannten sich gegen Ende des 13. Jahrhunderts auch Herren von Bosnien (Banus Croatiae, Dalmatiae et dominus Bosnae). Der östliche Teil Bosniens kam als Lehen in den Besitz des serbischen Königssohns Stefan Dragutin, der, mit der ungarischen Prinzessin Katharina verheiratet, den Katholizismus annahm. Die Orthodoxie blieb aber dank den Königen Uroš Milutin und Uroš Dečanski den Serben erhalten.

Als die Arpaden in Ungarn ausstarben, kam es 1301 zum Dynastiewechsel. Den Thron bestiegen die Anjous. Die Grafen von Bribir besaßen Westbosnien und Dalmatien. So gerieten sie in Widerspruch gegenüber dem König Robert. Graf Mladen wurde von ihm niedergeworfen.

In den Gebieten des Bosnaflusses lebte die Dynastie Kulins weiter. Ninoslavs Verwandter Prijezda war katholisch und erhielt Schenkungen vom König. Er hatte zwei Söhne: Stefan Kotroman und Prijezda. Der erste wurde Stammvater der bosnischen Dynastie. Er heiratete Elisabeth, die Tochter des serbischen Prinzen Stefan Dragutin (dessen Frau war die Tochter des Arpadenkönigs Stefan V.), sodaß in Kotromans Sohn, Stefan Kotromanić, bosnisches, serbisches und ungarisches Blut floß. 1323 erhielt er von Karl Robert das geeinigte Bosnien zum Lehen. Bosniens Geschichte hing im Zeitalter der Anjous (1308–1395) eng mit der Ungarns zusammen.

Inzwischen können wir das Erstarken des Nachbarn Serbien beobachten. Der bedeutendste Herrscher war Stefan Dušan Silni (der Mächtige), der den Titel Kaiser der Serben, Griechen und Bulgaren annahm. Bekannt ist sein Gesetzbuch, der Zakonik von 1349 und 1354.

Unter Kotromanić wurde auch die Herzegowina (Hum) Bosnien einverleibt. Sie war bis zum 12. Jahrhundert ein serbisches Teilfürstentum.

Sohn Karl Roberts war Ludwig I. (Lajos), der seine Interessen weit ausdehnte und sogar mit Venedig Krieg führte. Er heiratete eine Tochter Stefan Kotromanićs. Dieser hatte keine männlichen Erben, und so wurde Tvrtko, ein Neffe, sein Nachfolger.

Der Serbenzar Stefan Dušan und der Ungarnkönig Ludwig waren

starke Herrscherpersönlichkeiten. Nach ihrem Tod brach die Epoche der Osmanen an. Während sich Byzanz noch hielt, fiel als erstes Bulgarien. Dann kam es zur schicksalsträchtigen Schlacht auf dem Amselfeld 1389 zwischen den Serben und Türken. Tvrtko benützte die Niederlage der Serben, um einzelne serbische Gebiete an sich zu bringen.

Die Anerkennung der Oberhoheit Ludwigs durch Tvrtko wird in der Inschrift von Drežnica bestätigt: »Dies hat geschrieben der Diener Gottes und des Heiligen Demetrius in den Tagen der Regierung des Herrn ungarischen Königs Ludwig (Loiš) und des Herrn bosnischen Bans Tvrtko.« Seine Regierungszeit als Ban dauerte bis 1377.

2.4 Das bosnische Königreich

König Ludwig (gestorben 1382) mußte seine neue Eroberung Dalmatien sichern und gewährte Tvrtko Unterstützung. Dieser ließ sich 1377 im Kloster Mileševo (heute im Sandžak, Serbien) zum König von Bosnien und Serbien salben. Ludwig hinterließ keine Nachkommen; die ungarische Staatsgewalt war geschwächt, und so konnte Tvrtko dalmatinische Städte unter seine Herrschaft bringen.

In die Schlacht auf dem Amselfeld schickte Tvrtko den Serben Hilfstruppen (nach türkischen Quellen unter seiner persönlichen Führung). Die serbische Niederlage brachte ihm letztlich Vorteile: Er brachte ganz Bosnien samt dem Tal der Drina, Novipazar (den späteren Sandžak), die Herzegowina und einen Teil Montenegros unter seine Herrschaft. Er starb 1391, nicht lange nach der Schlacht auf dem Amselfeld, wodurch die Vollendung und Konsolidierung seiner Eroberungen verhindert wurde. Der dalmatinische Besitz ging alsbald verloren. Tvrtko hatte ihn noch zu seinen Lebzeiten aufgegeben, weil er einsah, daß die Städte mit ihrer romanischen Bevölkerung nicht gehalten werden konnten.

Dennoch: Bosnien und Hum organisierten sich als ein Staatswesen, eine territoriale Einheit. Die Königswürde wurde von den christlichen Mächten anerkannt. Das Reich hatte keine feste Hauptstadt, Residenzen waren u. a. die Burgen Bobovac, Ključ und Jajce. Das Königreich konnte dem Islam wenigstens eine Zeitlang Widerstand leisten.

Im Westen erkannte man endlich, daß eine neue Macht aufgestanden war, die die Christenheit vernichten wollte. Kaiser Sigismund versuchte, die Türken unter ihrem Sultan Bajazid I., dem »Blitz«, in der Schlacht von Nikopol (an der Donau in Bulgarien) 1396 zu besiegen, was aber nicht gelang. Nur Timur Lenk, der das Türkische Reich vom Osten her bedrohte, rettete damals Ungarn und Byzanz.

Die serbischen Despoten Stefan Lazarević und Georg Branković, Vasallen der Türken, waren gierig auf bosnische Länder; so brachten sie Srebrenica an sich. Branković zahlte dafür mit seiner Tochter Mara, die in den Harem des Sultans aufgenommen wurde. Auch König Tvrtko zahlte Tribut an den Sultan.

In der Erbfolge des bosnischen Königreichs galt das Seniorat: Nicht der älteste Sohn, sondern der älteste Bruder oder Brudersohn erhielt den Thron. Nach Tvrtko kam sein Bruder (vielleicht Vetter) Stjepan Dabiša, nach dessen Tod kurz seine Witwe Jelena Gruba, dann Tvrtkos Sohn Tvrtko II., mit dem die Kotromanići ausstarben. Sein Gegenkönig war Stjepan Ostoja, der illegitime Sohn (oder Neffe) Tvrtkos (gestorben 1418), dem kurz (bis 1421) sein Sohn Stjepan Ostojić folgte. Auf Tvrtko II. folgte wieder dessen natürlicher Sohn Stjepan Tomaš (gestorben 1461) und diesem sein Sohn, der letzte bosnische König, Stjepan Tomašević (bis 1463).

Das bosnische Königreich währte weniger als hundert Jahre und kann nicht als voll souveräner Staat betrachtet werden. Es stand stets zwischen Ungarn und den Türken, oft hielten die Könige es mit beiden. Ungarn betrachtete sich als das Schwert der Christenheit in Mitteleuropa. Die Türken hatten auch noch nicht festen Fuß auf dem Balkan gefaßt; Konstantinopel wurde ja erst 1453 erobert, die Festung Belgrad war damals noch nicht in türkischer Hand.

Tvrtko unterstützte die mächtigsten Familien des Landes, um die Königswürde an sich und seine Familie zu binden. Das war ungünstig, da jeder versuchte, möglichst viel Macht an sich zu reißen. Die wichtigsten Vojvoden (Magnaten) waren Hrvoje Vukčić Hrvatinić (in seinem Auftrag wurden zwei berühmte Handschriften abgefaßt, das Missale in glagolitischer Schrift und die Handschrift des bosnischen Christen Hval, Abb. 9, 10), Sandalj Hranić, der Gebieter des Landes Hum, und Pavao Radinović, Herr über die Bergwerke in Olovo und über den Markt Prača, wo er seine Burg Pavlovac erbaute.

Hrvoje Vukčić gründete die Festung Jajce (Abb. 44). Er wollte dem neapolitanischen Königssohn Laudislaus zum Thron verhelfen und erhielt von diesem Split mit dem Titel eines Herzogs von Split (Dux spalatensis). 1412 traten auf dem Ritterturnier in Ofen die bosnischen Ritter in Erscheinung, wie der polnische Chronist Jan D¬ugosz schreibt. Das freundschaftliche Verhältnis Hrvojes zu König Sigismund dauerte so lange, bis ihn Sandalj Hranić aus Hum aus dessen Gunst verdrängte. Beide hielten es aber auch mit den Türken, und Hrvoje gab dem Sultan den Rat, aus dem heutigen Südostbosnien einen eigenen Sandžak zu bilden.

Die Könige zahlten an die Türken Tribut. Inzwischen begannen fromme Derwische, den Islam zu verbreiten.

1448 errichtete Stjepan Vukčić Kosača mit Unterstützung der Türken ein Herzogtum in Hum. Den Titel eines Herzogs vom Heiligen Sava (dem serbischen Nationalheiligen) erhielt er allerdings von Kaiser Friedrich III. Seither besteht der Name Herzegowina (»das Land des Herzogs«).

Ab 1440 zeichnete sich Johann (János) Hunyady in den Kämpfen gegen die Türken aus, und es schien die Zeit gekommen, daß die vereinten Heere der Christen den Türken standzuhalten vermöchten. Bis 1456 blieb Johann Hunyady Lenker der bosnischen Politik. Seine Siege bewirkten, daß viele Bosnier zum Katholizismus übertraten. Hunyady konnte den bosnischen König zum Frieden mit Georg Branković zwingen (1451). Er wollte nun das Land mit Gewalt rekatholisieren und trieb auf diese Weise viele Adelige und Bogumilen in die Arme des Islam. Alle Streitigkeiten nahmen durch die Eroberung Konstantinopels 1453 durch Mehmed II. ein Ende. Der Sieg Hunyadys bei Belgrad 1456 zögerte das weitere Vordringen der Osmanen noch einmal hinaus.

Stjepan Tomaš ließ sich taufen und wollte einen Kreuzzug unternehmen. Er verheiratete seinen Sohn Stjepan Tomašević mit einer Enkelin des Georg Branković, um dadurch die serbischen Länder zu gewinnen. Er erhielt Smederevo. Doch durfte er es sich mit den Türken nicht verderben. Dadurch wurde König Matthias Corvinus (der Sohn Hunyadys) mißtrauisch. Smederevo ging bald verloren, und erst von da an blieb Serbien für die nächsten Jahrhunderte türkisch.

Als Stjepan Tomašević die Herrschaft antrat, beschränkte sich sein

Reich schon auf die westlich der Bosna liegenden Gebiete; der Osten war bereits türkisch. Der letzte König suchte sein Heil beim Papst, indem er sich 1461 als päpstlicher Vasall krönen ließ. Als er dem Sultan öffentlich den Tribut verweigerte, hatte er sich verrechnet, denn der Westen kam ihm nicht zu Hilfe. Mehmed II., El Fâtih (»der Eroberer«), besiegte Bosnien mit Leichtigkeit. Der König wurde ermordet.

Weder das Banat Bosnien noch das Königreich besaßen wirklich die volle Souveränität. Das Königreich stand entweder unter der Oberhoheit der Ungarn oder der Türken, zeitweise besaßen sie beide. Die Herrschaft wurde von den mächtigen Adeligen, weniger vom König, ausgeübt. Einen Mittelstand gab es nicht, Ansätze dazu bestanden vielleicht bei den eingewanderten Bergleuten, den Sasi (Sachsen), und den Ragusanern in den Städten, die um die königlichen Residenzen entstanden (Olovo, Srebrenica). Es gab nur zwei Stände, die Krieger und die Bauern und Hirten.

Der König war Oberbefehlshaber über sämtliche von den Magnaten aufgestellten Truppen; er hatte das Recht der Kriegserklärung und Friedensschließung. Die Magnaten rebellierten aber oft gegen den König und leisteten seinem Aufruf nicht Folge, sondern verbanden sich im Gegenteil immer wieder mit dem Feind. Der König war oberster Richter, aber gegebenenfalls wandte man sich auch an den ungarischen König oder den Papst.

Der König besaß das Prägerecht (freilich nahm sich auch Hrvoje Vukčić das Recht heraus, Münzen zu prägen). Der König schloß Verträge, er zahlte zeitweilig Tribut an die Türken; andererseits machte ihm Ragusa regelmäßig Geschenke. Mittelpunkte des Handels waren Fojnica, Kreševo, Podvisoki, Olovo, Srebrenica und Zvornik. Exporte aus Bosnien waren: Erzeugnisse der Viehzucht, Felle und Häute, Leder, Fett, Wolle, Käse, Pelze jagdbarer Tiere. Einträglich war auch der Sklavenhandel. Nach Bosnien wurden Erzeugnisse der Textilindustrie eingeführt. Der Handel stand in enger Beziehung mit dem Bergbau; es gab Silber-, Blei-, Kupfer- und Eisenbergwerke. Der Bergbau wurde mit italienischem Kapital und deutschen Bergleuten in Schwung gebracht. Neben den Sachsen lebten auch Goldschmiede und Kaufleute aus Italien, Dalmatien und Ragusa im Lande. Sachsen gab es auch in Serbien (Novo

Brdo) und Bulgarien. Die Bergbauterminologie ist noch heute deutsch beeinflußt. Das Dorf Sase bei Srebrenica erinnert an die mittelalterlichen Bergleute aus Sachsen.

2.5 Die Türkenzeit

Ab 1463 überlagerte die türkische Kultur und Zivilisation die bosnische. Die Türken mit ihrer zentralen Verwaltung sind als Schöpfer des heutigen Bosnien zu betrachten. Die türkische Zivilisation war zweifellos höherstehend als die bosnische mit ihrem Raubrittertum. Die Verwaltung war zentralistisch und gut organisiert.

Kaum war Bosnien gefallen, begann Matthias Corvinus seine Südgrenze persönlich zu verteidigen. Schon im selben Jahr 1463 drang er mit seinem Heer in die bosnische Krajina (Bihać, Banjaluka, Jajce) ein, und es gelang ihm, letztere Stadt zu erobern. Es war nur ein Hinauszögern, denn Jajce fiel endgültig 1528. 1471 verlieh Corvinus dem ehrgeizigen Magnaten Ujlaky den Titel eines bosnischen Königs (Titularkönig); darauf setzten auch die Türken einen König ein (Matija Krstić 1476). Matthias Corvinus führte noch mehrere Feldzüge gegen die Türken nach Vrhbosna (Sarajevo). Er starb 1490, dann kamen die Jagellonen auf den ungarischen Thron.

Als Sulejman II., der Prächtige, der bedeutendste Sultan des 16. Jahrhunderts, den Thron bestieg, war das Schicksal Bosniens besiegelt. Belgrad fiel 1521. Bei Mohács wurde 1526 dem westbosnischen Banat ein Ende gemacht, Jajce wurde aufgegeben, und damit erst begann die Geschichte des Paşaliks Bosnien. Die Herzegowina bildete schon seit 1483 ein besonders verwaltetes Territorium. Sulejman der Prächtige belagerte Wien 1529 und Güns (Kőszeg) 1532.

2.6 Das Itinerarium 1530

Die Erinnerung an das Königreich Bosnien bestand im Westen aber weiter. Im Jahre 1530, das war kurz nach der Belagerung Wiens, sandte König Ferdinand eine Gesandtschaft an den Sultan nach Istanbul. Dieser Gesandtschaft gehörte als lateinischer Dolmetscher der Slowene Benedikt Kuripešič (Curipeschitz) an. Er veröffentlichte die Aufzeichnungen jener Mission 1531 und beschrieb besonders ausführlich die Route durch

Bosnien (durch das »Königreich Bossen«). Die Delegation konnte wegen der kriegerischen Ereignisse nicht den üblichen Weg über Belgrad nehmen, sondern mußte den viel beschwerlicheren Weg durch Bosnien antreten. Dieser Tatsache verdanken wir die erste Reisebeschreibung dieses Landes.

Das Buch wurde unter dem Titel »Itinerarium Wegrayß Kün. May. [= Königlicher Majestät] potschafft gen Constantinopel zu dem Türckischen keiser Soleyman. Anno xxx [= 1530]« veröffentlicht. Daneben ist auch noch eine handschriftliche Variante, eine gleichzeitige Abschrift der verschollenen Urschrift des Itinerariums, die 1910 in Innsbruck von Eleonore Gräfin Lamberg-Schwarzenberg veröffentlicht wurde, erhalten. In dieser Variante wird das Land »Wossen« genannt.

Wir wollen hier den Empfang durch Husrev Beg (Abb. 34) und die Beschreibung Niederbosniens (nach der Innsbrucker Ausgabe, Anmerkungen der Herausgeberin in eckigen Klammern, meine Anmerkungen sind durch den Zusatz GN gekennzeichnet) wiedergeben:

»Am Erichtag den dreyzehennden Septembris von Rakhovitza zu ainem dorff Blascheva [heute Blažuj oder Alt-Vrhbosna], so vor etlichen jaren vasst [= sehr, GN] ain große stat gewest, aber yezt khaumb in die zehen oder zwelf heuser hat, khumben zu dem Wossna [die Bosna], darüber geritten, alda Murat Vaivoda [vojvoda = Herzog, Anführer, GN] ungeverlich [ungefähr, GN] mit ainhondert dreissig woll und schöngeputzten pherdten den herrn [nämlich den Führern der Gesandtschaft, Joseph von Lamberg und Nikola Jurišić, GN] entgegen khumben, sy schön und eerlichen emphangen und in ain clains dörfl, Khanatza genannt belaidt [geleitet, GN], alda uber nacht beliben [geblieben, GN].

Ungeverlich über anndert halbe stundt haben sich die herrn zu dem Ussreffweg Bascha [Husrevbeg Paša, GN] im khunigreich Wossen sambt allen dienern erhebt; etlich tapher Turggen vor inen geritten, welcher in ainem annndern dorf zu Glovogedin [vielleicht Kovači und Glavogodina in der Gemeinde Hrastince] ein wenig ob unnsers dörfflein gewest.

Als wir aber nahennt zu dem leger [nahe zu dem Lager, GN], darin er gewont, khumben, sindt die herrn von iren rossen abgestannden, und durch zwo lannge zeill der Turggen ganngen, welche in schönen gulden, samat, seiden stuckhen, in tumpanen [in der gedruckten Fassung tumbinen, vielleicht Turbanen, könnte aber auch aus tumbak = goldgelbe Kupferlegierung (für Steigbügel und andere Metallgegenstände) kommen, GN] und gulden sarkhale [vielleicht türkisch şarköy »Teppich aus Pirot«, mit Suffix -le »mit Teppich«, GN] geziert und aufgeputzt auf das aller tapferist gewesen.

Als aber die herrn durch die erst zeill ganngen zu dem thor oder hütten, so aus schönem gruenem laub gemacht und ain claines pühel [im Druck bächle] darein verfangen gewest, haben sich zwen des Bascha obrist camerlin gar eerlichen vor den herrn mit ihren häuptern genaigt, greiffundt [greifend, GN] auf ir aigne prust mit flacher hanndt; dergleichen sich die herrn auch gegen inen genaigt.

Nachmals hinein unnder die hütten ganngen, alda der Bascha, (der ain grosser faister man ist), in seiner magnificenz [= Pracht, Erhabenheit, GN] gesessen, und auf der erden auf dem gras unnder seinem fueß vasst ain schöner töbich [ein sehr schöner Teppich, GN] gewest, die herrn für in ganngen [vor ihn getreten, GN], er sy schön und erberlichen [ehrbarlich, GN] mit aller höfligkhait emphangen und nider haissen sitzen. Sy mit ime in die zwo stundt geredt und wider an die herberg gezogen.«

Man kann annehmen, daß die Sprache, in der zumindest Nikola Jurišić mit dem Paša geredet hat, die serbokroatische gewesen sein wird. Der lateinische Dolmetscher scheint seine Kenntnis der lateinischen Sprache wenig gebraucht zu haben. Da er aber Slowene war, konnte er sich zur Not in seiner Muttersprache verständigen. Weil Nikola Jurišić nach der Überlieferung nicht deutsch konnte, war es wohl Kuripešič, der anderen Mitgliedern der Gesandschaft alles Nötige verdeutschen mußte.

Als die Reisenden in die Stadt Verchbossen (Sarajevo) einziehen, werden sie Zeugen, wie »fünfzehen oder sechzehn khinderlein, khnablein und diernlein, wie das viech bey unns getriben, dann man sy heut am markht nicht alle verkhauffen mügen. Es soll Gott erbarmen!«

Es folgt die Beschreibung Niederbosniens, das am Flusse Una beginnt und sich bis zur Stadt Vrhbosna (Sarajevo) erstreckt. Wir wollen hier nur wiedergeben, was Kuripešič über die Bevölkerungsverhältnisse sagt:

»Item wir haben in berürtem khünigreich Wossen dreyerley nation und glaubens völkher gefunden. Die ersten sein die alten Wossner; die sein des Römischen Cristlichen glaubens, die hat der Turgg in eroberung des khünigreichs Wossen in irem glauben angenommen [übernommen, GN] und darinnen beleiben lassen.

Die annderen sein Surffen [= Serben, GN], die nennen sie Wallachen und wir nennens Zisttzn oder Marthalosen. Die khamen von dem ort Smedravo [Smederevo, GN] und Khriechisch Weissenburg [= Belgrad, GN] und haben Sanndt Pauls glauben [sind orthodox, GN]. Die achten wir auch für guet Cristen, dann [= denn, GN] wir finden khlain [im Druck: kain, GN] unnderschaidt von dem Römischen glauben.

Die drit nation sein die rechten Turggen; dieselben und sonderlich, so khriegsleut und ambtleut sein, herschen mit grosser tiraney über baid vorgemelt nation Cristen und underthanen; yedoch so hat sy [nämlich die Christen, GN] der Türggisch khaiser bisheer, allain damit sy das landt gepaut, bey irem glauben gelassen one allein [mit Ausnahme derer, GN], welche sich jungerhait [wegen ihrer Jugend, GN] oder aus leichtferttigkeit in Turggischen glauben ergeben haben; hat inen auch vergundt ire priester, khirchen und annder ordnungen zuhalten.«

Unter den oben genannten Walachen versteht man die slawisierte, ursprünglich romanische Hirtenbevölkerung der Balkanhalbinsel. Da sie meist den orthodoxen Glauben annahmen, wurde der Terminus auch für die Serben verwendet. Unklar sind die Zisttzn. An einer anderen Stelle werden sie Zitzen genannt. Im Druck steht Zigen (was auch als Zigeuner interpretiert wurde, offenbar aber falsch ist). Vielleicht hat dieser Terminus mit den Tschitschen (Ćići), die wir heute aus Istrien (Ćićarija) kennen, zu tun. Unter Martolosen versteht man serbische Hilfstruppen im Dienste der Türken.

Es folgt (auf S. 43) die Beschreibung Oberbosniens, das sich ungefähr von Verchbossen (Sarajevo) bis Zvečaj (Svetzay) oder Mitrovica »zu dem pach Ibar« erstreckt, also das heutige Ostbosnien und den Sandžak bis zum Fluß Ibar umfaßt. »Die inwoner des lannds sein von zwayer nation, das sein Turggen und Surffen, davon vorgemelt ist.« Das bedeutet, daß die Bevölkerungsverteilung in Bosnien schon im 16. Jahrhundert vorgezeichnet ist: Die Katholiken leben in Westbosnien, die Muslime und die Serben sind über das ganze Land verbreitet.

Benedikt Kuripešič verfaßte noch ein kleineres Werk: *Ein Disputation oder Gesprech zwayer Stalbuben, So mit Künigklicher Maye.[stät] Potschafft bey dem Türckischen Keyser zu Constantinopel gewesen,...* ebenfalls 1531 erschienen. Dort ist die Rede davon, daß die türkischen Bosnier eigentlich zum Islam übergetretene Christen seien (alle Zusätze in eckigen Klammern von mir):

»Als wir des ersten tags jnn die Türkey kamen, das ist zu Camer Gerad [Kamengrad], wölches ist ein ortschloß [Grenzburg, GN], vnnd baß den andern schlösser besetzet [besser als andere Schlösser, GN], allda hast du zu fuß uber zweyhundert dienst leijt nicht gesehen, der seind wohl halb Christenkinder, so jn der jugent gefangen, vnnd den Türkischen glauben an sich genommen, wi sy selbs gesagt haben, dann [denn] die paurn vnd vnderthanen daselbst sind all Christen. Darnach hastu bey den andern flecken als Glutzschs [Ključ] Sarickhol [?] vnd Brusitz [Prusac], byß gar zu dem Wascha [Paša], glaub vber zweyhundert dienstleut zu roß und fuß gesehen, allein das heer so gegen vns gezogen ist, vnd auff Crabaten [nach Kroatien] gereyset, das vnder dem selben heer drey tausent starck nicht gewesen, halber tail Christen vnd Christen kinder gewesen, das magstu bey den abnemen. Der öberst Hauptman Murat Vaiuada [vojvoda = »Anführer«] der nechst nach jm schaur Vaiuada [Džafer (?) vojvoda], vnnd alle die so mit den selbigen zweyen, gegen vnsern herren geriten [unseren Herren entgegen geritten, GN], seind alle Christen kinder.«

2.7 Das Lehenssystem

Durch die osmanische Eroberung kam es zur Umgestaltung des bosnischen Volkswesens. Die alte türkische Staatsverfassung war eine Mischung aus gesellschaftlicher Gleichheit und Despotismus. Alle Osmanen waren vor dem Gesetz gleich. Selbst der Ärmste konnte Karriere machen; die Geburt hatte keinen Einfluß, es galt die Fähigkeit. Bei den Türken gab es nicht einmal Familiennamen. Wo die Türken als Eroberer auftraten, wurden die alten Werte beseitigt. Nur Bosnien blieb eine Ausnahme: Der alte Adel behielt seine Privilegien, indem er zum Islam übertrat. Natürlich waren es nicht nur die Adeligen, die den Islam annahmen. Eine große Gruppe von bosnisch-herzegowinischen Begs (Adeligen) wurde von den Nachkommen der aus dem Knabenzins hervorgegangenen Janitscharen (janjičari, janičari, jenjičari) gebildet. Manche nehmen an, daß auch ein größerer Teil der Vlahen (Vlah, Mehrzahl Vlasi = Walachen), slawisierte romanische Hirtenbevölkerung, zum Islam übertrat. Ihre Nachkommen bilden die muslimische Landbevölkerung. Die

Frage der Islamisierung ist aber bis heute noch nicht endgültig gelöst. Zu sehr sind die Ansichten über die Islamisierung von der jeweiligen ethnischen Zugehörigkeit des Autors geprägt.

Die Bosnier wurden nun Untertanen eines großen, mächtigen Reiches. Sie konnten für ihre Verdienste belohnt werden und selbst am Hof des Sultans Karriere machen. Der Boden des Landes wurde zum Staatseigentum erklärt, aber den alten, zum Islam übergetretenen Eigentümern überlassen. Ein starkes Heer, eine geschickte Verwaltung und der Islam waren die Säulen des Reiches. Verdiente Krieger erhielten Lehen, wie im Westen. Nur, das System war ein anderes.

Im Westen erhielt der Ritter ein Lehen zur Nutzung, einen Grundbesitz, ohne Rücksicht auf seine Ertragsfähigkeit. Im türkischen Reich war es gerade der Ertrag, der den Gegenstand des Lehens bildete. Der Sultan bestimmte nach den Verdiensten des einzelnen die Höhe des Ertrags, mit welchem er seinen Getreuen, den Lehensherrn (spahija, türkisch sıpahı), belohnen wollte. Es wurde ein Lehen ausgesucht, das diesen Bedingungen am besten entsprach. Dieses Lehen konnte auch in Anatolien oder selbst in Ägypten liegen. Der Lehensherr war nicht an seinen Grund gebunden. Er lebte nicht auf ihm, sondern in einer Stadt in Bosnien. Die Lehen konnten nicht vererbt werden, sie waren nicht Besitz, sondern eine Art Gehalt. Selbst die christliche Religion war kein Hindernis, ein Lehen zu erhalten, wenngleich dies seltener vorkam. Die Lehen waren ihrer Größe nach klassifiziert: Hissari-gedik (Garnisonslehen), Timar (Kleinlehen, jährlicher Ertrag unter 20.000 Akča), Zijamet (Großlehen, Ertrag von 20.000 bis 99.000 Akča). Die Söhne der Lehensbesitzer hatten Anspruch auf das Lehen nur, wenn sie minderjährig waren, sonst mußten sie es sich selbst erwerben. So konnten die Lehen durch Generationen in derselben Familie bleiben. Die Lehensverleihung wurde vom Paša vorgeschlagen und vom Sultan mittels Ferman (Urkunde) vorgenommen. Diese Lehensbriefe bildeten die Grundlage für den Besitzstand (eine Art Grundbuch). Die Lehensbesitzer mußten gepanzerte Reiter stellen und diese verköstigen. An den bosnischen Grenzen ruhte der Grenzkrieg nicht bis zum Ende des 18. Jahrhunderts, und die Hohe Pforte überließ den Grenzschutz den bosnischen Lehensmännern, wodurch sich eine gewisse bosnische Identität herausentwickelte. Durch das

Lehenssystem und die türkische Verwaltung erhielten die balkanischen Städte ihren muslimischen Charakter. Die christlichen Bauern lebten auf dem Land. Dadurch bewahrten sie aber auch ihre Sitten und blieben eher Christen (Raja). Der Terminus Raja kommt aus dem Arabischen und bedeutet »Herde«. Man benutzte ihn zur Bezeichnung der rechtlosen Untertanen.

Bosnien wurde bis 1583 als Begluk, dem auch zeitweise die Herzegowina angehörte, verwaltet. Dann wurde es zum Pašaluk (türkisch paşalık) erhoben, das die Sandžaks von Sarajevo, Zvornik, Požega (Slawonien) und Banjaluka umfaßte und dem der Beg der Herzegowina unterstellt war. An der Spitze des Sandžaks stand der Beg mit seinem Stellvertreter, dem Alaibeg.

Die islamische Bevölkerung (die Lehensherren und ihre Soldaten) mußten von den Christen erhalten werden. Die Steuern, die dem Staatsschatz zuflossen, waren folgende: 1) direkte Staatseinkünfte (Kopfsteuer, Zölle), 2) außerordentliche Steuern, 3) grundherrliche Abgaben. Zu diesen gehörten: der Zehent an Getreide und Tieren, den Mohammedaner und Christen zahlten. Der Zehent wurde als Entgelt den Lehensbesitzern überlassen. Der christliche Kmet (Leibeigene) trug vor allem die Kopfsteuer und den Zehent, und es hätte sich bei diesen Verhältnissen in der Türkei ein allgemeiner Wohlstand entwickeln können, wenn die Abgaben vom Staat kontrolliert worden wären; so aber kam es bald zu Willkür und Korruption.

Die einheimischen Muslime erlangten sehr bald Staatsanstellungen, sie wurden Richter und Gelehrte (geistlicher Stand, »Glaubensdiener« = vjerski službenici). So mancher machte Karriere am Hof oder in der Armee.

Während im Westen der Grundsatz galt »Cuius regio, eius religio« (der Herrscher bestimmte die Religion seiner Untertanen), hielten die Bauern und Hirten Bosniens und der Herzegowina an ihren Religionen im allgemeinen fest. Sehr geschickt verhielten sich die Franziskaner, sodaß sie im Ahdname (Urkunde) Sultan Mehmeds II. schon 1463 Privilegien erhielten. Von Rom aus half das im 15. Jahrhundert gegründete Collegium illyricum, das speziell für den Balkan Missionare erzog. So verdanken wir beispielsweise die erste kroatische (»illyrische«) Grammatik gerade dieser Institution. Der Jesuit Bartol Kašić (Cassius) verfaßte 1604 seine *Institutionum linguae illyricae libri duo* als Lehrbuch für die Balkanmission. Während die Sprache seiner Grammatik eindeutig Kroatisch war (er stammte von der Insel Pag), bediente er sich später des »bosnischen« Dialekts, da dieser am weitesten verbreitet war.

Die Franziskaner imponierten als Ärzte und mit ihren Reliquien. Bei den Orthodoxen war die Abneigung gegen die Franziskaner mit ihrem Latein genauso groß wie gegen die Türken mit ihrem arabischen Koran. Bei den Orthodoxen wurde Serbisch-Kirchenslawisch verwendet, aber man muß sagen, daß das Niveau der serbischen Geistlichkeit äußerst niedrig war. Die Serben waren geschickte Händler und, verstärkt durch Griechen und Zinzaren (Aromunen), bildete sich bei ihnen ein geachteter Handelsstand heraus.

Einer der bedeutendsten türkischen Statthalter war der oben erwähnte Gazi Husrev Beg (gazi bedeutet »Held, Sieger«). Er kam 1506 aus Ägypten nach Bosnien. Sein Vater war Bosnier, Feldherr Sultan Bajazids II. und mit einer von dessen Töchtern verheiratet. Er war der einzige, der lange Zeit Bosnien vorstand und daher viel für das Land tun konnte. Die Stadt Sarajevo verdankte ihm den Ruf, den sie in der islamischen Welt genoß. Er verwendete alle seine Einkünfte für fromme Stiftungen (vakuf) und wohltätige Zwecke. So ließ er die nach ihm benannte Moschee (Abb. 38), die Gazi Husrev begova džamija, erbauen, weiters Armenküchen (imaret), er errichtete ein Spital und die nach ihm benannte Bibliothek (mit dem Sitz in der Sultansmoschee), er verwendete Unsummen für die Bekehrung christlicher Untertanen. Trotzdem bewilligte er den Bau der ersten christlichen Kirche. Er nahm mit seinen Truppen an der Schlacht von Mohács 1526 und an den Belagerungen von Wien und Güns teil. Er führte ständige Kämpfe gegen die Venezianer, gegen ungarische und kroatische Magnaten (Zrinjski, Frankopan). 1541 fiel er im Kampf gegen die aufständischen Kuči in Montenegro. Nach Husrev Beg wurden schon einheimische Bosniaken Begs. Jeder versuchte, sich und seine Verwandten zu bereichern. Diese Bereicherung erfolgte durch Überfälle auf die Nachbarstaaten (zum Zeichen des Sieges sandte man abgeschnittene Ohren und Nasen nach Konstantinopel). Kroatische und ungarische Haiduken vergalten es mit gleichem.

Bis zum Ende des 16. Jahrhunderts folgte die beinahe erbliche Statthalterschaft der Sokolovići. Der Bedeutendste aus dieser Familie war Mehmed Sokolović, der Großwesir dreier Sultane (Sulejmans II., Selims II., Murads III.; vgl. die Zeittafel S. 62). Er vergaß nie seine Heimat Bosnien, er ließ dort grandiose Bauwerke wie die berühmte Brücke von Višegrad (Abb. 49) erbauen, er verhalf seinem Bruder zum serbischen Patriarchenthron.

2.8 Primož Trubar (Primus Truber)

In Deutschland war das 16. Jahrhundert die Zeit des Protestantismus, gleichzeitig die Zeit der unmittelbaren Bedrohung durch die Türken (Aufrufe gegen die Türken). Erinnern wir uns an 1529, an die Belagerung Wiens durch Sulejman den Prächtigen.

Eine gewisse Erweiterung der Kenntnisse über die Südslawen im deutschen Sprachraum wurde durch den Slowenen Primož Trubar, den Schöpfer der slowenischen Schriftsprache, erreicht. Seit 1550 veröffentlichte er im Sinne des Protestantismus Bücher in slowenischer Sprache, Katechismen, Teile der Bibel. Vertrieben aus seiner Heimat Slowenien, fand er in Deutschland Exil.

Während er mit seinen ersten slowenischen Büchern noch hoffte, daß sie auch von den Kroaten verwendet werden würden, erkannte er einige Jahre später, daß dies doch nicht möglich sein würde, und er plante die Organisation des kroatischen Buchdrucks. Im deutschen Vorwort zum ersten Teil des Neuen Testaments sagte Trubar, daß die kroatische Sprache mit zweierlei Buchstaben [nämlich den glagolitischen und kyrillischen, GN] geschrieben wird »und dise Sprach würdt nicht allein durch gantz Croatien und Dalmatien geredt, sonder es redens auch jr vil Türcken [muslimische Slawen, GN]. Vnd ich hab von jren vielen gehört, sie würdt auch zu Constantinopel in des Türckischen Keisers Hoff geredt vnd geschriben [Serbokroatisch stand als Diplomatensprache in Gebrauch, GN]. Vnd wir Creiner vnd Windischen versteen sie nach aller notturft...« 1560 präzisierte er im deutschen Vorwort zum Zweiten Teil des Neuen Testaments das »kroatische« Sprachgebiet. Er erwähnte, daß Herr Stephan Consul, ein gebürtiger Histerreicher [aus Istrien], die vier Evangelisten, die Apostelgeschichte und andere Bücher aus der slowenischen Sprache in die kroatische Sprache und Schriften übersetzt habe, »Wölche Spraach vnd Geschrifften, gebrauchen alle Crobaten, Dalmatiner, Boßner, Syrffen [Serben] vnd Türcken biß gehn Constantinopel.« 1561 wurde Trubar Leiter der »Windischen, Krabatischen und Cirulischen Druckerei« in Urach bei Tübingen, deren ein vornehmliches Ziel die Missionierung der Balkanslawen war. Als für die Übersetzertätigkeit schließlich auch zwei uskokische [geflüchtete] »Priester des griechischen Glaubens« [serbisch-orthodoxe], einer aus Serbien, der andere aus Bosnien, angeworben wurden, verbesserten sich Trubars Kenntnisse über die Balkanländer und Bosnien abermals. So heißt es in der dem König Maximilian von Böhmen gewidmeten deutschen Vorrede zum kroatischen, glagolitischen Ersten Halbteil des Neuen Testament von 1562, daß das arme christliche windische und kroatische Volk, das an der türkischen Grenze und unter den Türken in Bosnien, Serbien, Bulgarien und den umliegenden Ländern wohnt, sich alle der windischen Sprache bedienen und einander zur Not verstehen. Und weiter: »Dise Christen in Seruia [Serbien] allesampt, vnd ein theil zu vnd vmb Boßna, sein (wie sie sagen) des Griechischen Glaubens, sie halten nichts von der Römischen Meß, sie haben ein besondere lange Meß in jrer eignen gemeinen Syrfischen vnnd Crobatischen Sprach.« Das heißt, daß das Serbisch-Kirchenslawische als mit dem Kroatischen identisch betrachtet wird, und für alle südslawischen Idiome wird der Terminus »windisch« gebraucht, an anderen Stellen wiederum bedeutet es soviel wie »slowenisch« im modernen Sinn. Den Terminus »windisch« in der Bedeutung »(süd)slawisch« finden wir auch schon bei Kuripešič. Als er von Serbien auf seiner Botschaftsreise nach Bulgarien kam, stellte er fest, daß dort auch eine windische Sprache gesprochen werde. Sie sei aber weniger gut zu verstehen als in Serbien (Nachdruck 1983: 46; in der Innsbrucker Ausgabe steht S. 53: »haben auch ain Windische sprach, die unns etwas wenig unverständlicher [die uns ein bißchen unverständlicher ..., GN] dann der Surffen sprach gewest«). Die Vorstellungen und Kenntnisse von Völkern und Sprachen der Balkanhalbinsel waren im 16. Jahrhundert eben andere als heute.

2.9 Der Niedergang des Türkischen Reiches
Der Papst versuchte, Kaiser Rudolf II. (der ja gleichzeitig König von Ungarn war) für den Krieg gegen die Türken zu interessieren. Alle christlichen Mächte wurden einbezogen, auch Venedig. Eine wichtige Rolle spielten die Uskoken (uskok = Flüchtling), die als Räuber ständige Unruhestifter waren. 1594 wurde ein Sieg über den Paša von Bosnien erreicht; die Bosnier wollten einen König, und zwar den Erzherzog Maximilian, und sie wollten ihre Besitzungen wieder zurück. Die Türken blieben jedoch Herr der Lage. Die Lage der Christen verschlimmerte sich, die Privilegien der Franziskaner wurden beschränkt, Kriegssteuern eingehoben. In Deutschland kam es zum Dreißigjährigen Krieg, weswegen jede Hilfe für die aufständischen Bosniaken erliegen mußte. Die Willkür durch die Türken nahm immer mehr zu.

Schwer lastete der Knabenzins (Kindertribut). Alle drei bis vier Jahre wurden Knaben zusammengetrieben und zu den Janitscharen (yeni çeri = Neues Heer, unter dem Sultan Orchan gegründet) gebracht. Die Knaben wurden in Istanbul erzogen.

1622 wurde von Papst Gregor XV. die Propaganda fidei gegründet, ein geistliches Büro für die Missionstätigkeit. Die Franziskaner-Missionen wurden Visitationen unterzogen und unterstützt. Das Recht der Bestätigung des Bischofs hatte der König von Ungarn, also die Habsburger, die nie auf dieses Recht verzichteten und so häufig in Konflikt mit dem Papst kamen.

Der glänzende Feldzug der Habsburger gegen die Türken, der eigentlich 1683 mit der zweiten Belagerung Wiens begann und mit dem Frieden von Karlowitz 1699 unter Kaiser Leopold I. endete, war für Bosnien von großer Bedeutung. Die Savelinie wurde wieder zur Staatsgrenze. Ungarn wurde von den Habsburgern zurückerobert. 1690 erfolgte die Ansiedlung der Serben in Südungarn. Auf der Flucht vor den Türken wurden sie gerne von Habsburg zum Schutz der Grenzen und als Siedler in der heutigen Vojvodina aufgenommen.

Diese Ansiedlung der Serben stand mit dem Verlust von Ofen durch die Türken in Zusammenhang, weil diese die von ihnen besetzten Teile Ungarns, Kroatiens und Slawoniens räumen mußten. Der Markgraf Ludwig Wilhelm von Baden errang in Bosnien militärische Erfolge. Kaiser Leopold beabsichtigte, Bosnien zu erobern. So herrschte große Begeisterung für Habsburg, selbst in Serbien. Die Bestrebungen wurden aber von den Venezianern hintertrieben, die Angst um ihre Republik hatten. 1697 wurde Sarajevo von Prinz Eugen eingenommen; dies hatte aber keine politischen Folgen, Bosnien blieb den Türken erhalten. Der Paša verteidigte Sarajevo mit Geschick. Die Erwartung Prinz Eugens, daß sich die Christen allgemein erheben würden, erfüllte sich nicht. Dazu kam der rauhe Winter, und Eugen war gezwungen, sich zurückzuziehen, nachdem er noch Vareš niedergebrannt und dessen Einwohner ermorden lassen hatte. Prinz Eugen führte 40.000 Christen mit sich, die er in der Gegend von Brod ansiedelte. Der Friede von Karlowitz setzte Una und Save als Grenzen Österreichs fest.

1716–18 begann der offensive Krieg Prinz Eugens, der die Befreiung der Balkanländer zum Ziel hatte. Den Besitz Bosniens müsse man durch die Okkupation Serbiens sichern. So war Eugens wichtigstes Ziel die Eroberung Belgrads. Der Kaiser (Karl VI.) war vom Ergebnis des Friedens von Passarowitz (Požarevac) 1718 enttäuscht. Die Gewinne standen in keinem Verhältnis zu den Anstrengungen. Seine Sorge war außerdem die Pragmatische Sanktion, nämlich die Sicherung der Thronfolge auch in weiblicher Linie für seine Tochter Maria Theresia.

Nun traten erstmals auch die Russen offen in der Balkanpolitik auf. Gemeinsame russisch-österreichische militärische Aktionen wurden von 1736–39 durchgeführt. 1739 gingen die Gewinne im Frieden von Belgrad den Kaiserlichen wieder verloren, die Festung Belgrad war nur kurzzeitig Habsburger Besitz. Maria Theresia hielt sich aus den balkanischen Eroberungen heraus. Ihrer Meinung nach wäre ein Engagement nur von Nachteil für die Monarchie gewesen. Kaunitz war jedoch anderer Meinung und gewann dafür auch Joseph II. Er glaubte, daß Bosnien, Serbien, Albanien, Griechenland, Morea (Peloponnes), teilweise die Walachei, Bulgarien und Rumelien (Thrakien, Makedonien) an Österreich fallen, und Istanbul zum Freihafen erklärt werden sollte. 1787 ergriff Joseph II. die Offensive. Es kam zwar zu einzelnen Erfolgen durch den General Laudon, der durchschlagende Erfolg blieb aber aus, und letztlich bedeutete der Status quo einen Sieg für die Türkei. Man hatte nicht mit dem zähen Widerstand der Türken gerechnet, auch Katharina die Große nicht.

Rußland nahm sich nun immer mehr der orthodoxen Slawen an, so wie Österreich der katholischen. Der katholische Bischof von Bosnien wurde vom österreichischen Kaiser Franz I. protegiert.

Die serbischen Aufstände ab 1804 übten großen Einfluß auf Bosnien aus. Zunächst ließen sich selbst die Franziskaner von einer Begeisterung für Serbien anstecken. Kaiser Franz I. interessierte sich persönlich für Bosnien, und er vertrat die Meinung, daß auf die Katholiken derart einzuwirken sei, daß sie erkennen würden, ihre Befreiung könne nur von Österreich ausgehen. Franz legte 1806 die deutsche Kaiserwürde zurück, seine Interessen als österreichischer Kaiser (ab 1804) mußten daher nach Südosten gerichtet sein. Erzherzog Carl und die Generäle befürworteten die Erweiterung der Monarchie nach Südosten. Die venezianische Republik war in Dalmatien gefallen, Frankreich hatte es besetzt und die Illyrischen Provinzen errichtet. Nach der Niederlage Napoleons wurde Dalmatien von den Habsburgern eingenommen.

In diese Zeit fällt der Beginn der Reform der serbischen Schriftsprache durch Vuk Karadžić, die den Boden für die Entstehung der Illyrischen Bewegung in den dreißiger Jahren des 19. Jahrhunderts in Kroatien vorbereitete. Ihr Ziel war die Durchsetzung einer gemeinsamen Schriftsprache für alle Südslawen, was in der zweiten Hälfte des Jahrhunderts für Kroatien und Serbien tatsächlich gelang. Schließlich verbreitete sich die nationale Romantik auch auf Bosnien.

Nach dem Wiener Kongreß 1815 war man der Meinung, das Osmanische Reich solle als solches erhalten bleiben. 1821 kam es zur griechischen Revolution, 1828/29 zum türkisch-russischen Krieg. Die Regierung in Istanbul war zu Reformen bereit, doch nun kam die alttürkische Reaktion aus Bosnien. 1807 schon hatte es einen Janitscharenaufstand gegen Sultan Selim und den Nizam-i džedid (die neue Heeresordnung) gegeben. Die bosnischen Muslime stellten sich gegen den Sultan; schließlich wurde aber 1826 das Janitscharenkorps aufgelöst. Die Bosnier waren gegen die Reformen, gegen die neuen europäischen Uniformen; sie wollten die alten Zustände wieder. Führer des Aufstandes war Husein Kapetan von Gradačac. Die Kapetanschaften (Kapetan = Grenzhauptmann) waren als erbliche Grenzbezirke zur Verteidigung der türkischen Grenzen eingerichtet. Husein machte sich eigenmächtig zum Wesir, zog ohne Einwilligung des Sultans in Travnik ein, verlieh Orden und Lehen; seine Widersacher ließ er aus dem Weg räumen. Durch Neid und durch die Gegnerschaft herzegowinischer Begs kam er zu Fall, floh nach Österreich und starb schließlich in Istanbul. Um die Treue der Herzegowiner, die Husein bekämpft hatten, zu belohnen, willigte der Sultan 1833 in die Lostrennung der Herzegowina von Bosnien ein. Zum Statthalter wurde Ali Rizvanbegović aus Stolac erwählt.

Der Sieger im Namen des Sultans war Ibrahim Paša. Er wollte den Sitz der Landesregierung nach Sarajevo verlegen, was aber zunächst nicht gelang.

1839 wurde der Hatt-i šerîf (chatt = Handschrift) von Gülhane verkündet, der die Erneuerung des osmanischen Reiches bewirken sollte. Er garantierte: 1) die Würde der Person und des Eigentums jedes Untertans, 2) die gerechte Verteilung der Steuern, 3) die Regelung der Rekrutierung, 4) die Umgestaltung der administrativen und richterlichen Ordnung. In Bosnien-Herzegowina hatte der Erlaß, der öffentlich verlesen wurde, wenig Effekt. Die Macht lag in der Hand der Begs, von Gleichberechtigung aller Untertanen war keine Rede. Erst Mehmed Tahir Paša versuchte 1848 die Reformen (tanzimat) durchzuführen, was schließlich zu dem blutigen Aufstand von 1850 führte. Er selbst starb schon vorher, und mit der Durchsetzung der Reform wurde Omer Paša Latas betraut. Er zwang den Aufstand der Begs und Pašas nieder. Sarajevo wurde nun wieder Residenz des türkischen Gouverneurs (vorher Travnik). Dennoch war die Türkei weiter im Niedergang begriffen, die Pašas, die obersten Beamten des Sultans, setzten einfach ihre alte Wirtschaft fort. So wurden das Kavallerieregiment, zu dessen Aufstellung die alten Lehensbesitzer verpflichtet waren, und auch das vorgesehene Infanterieregiment einfach nicht aufgestellt. Mit den Steuern war es ähnlich. Auch der Handel lag darnieder, es gab auch praktisch keine Ausländer, keine Sicherheit, schlechte Straßen usw.

Die Katholiken hatten drei Klöster in Bosnien, zwei in der Herzegowina, außerhalb dieser war ihnen in festen Häusern kein Gottesdienst gestattet; sie mußten im Freien zusammenkommen. Die Orthodoxen hatten Bischöfe, die ihnen vom Patriarchen von Konstantinopel vorgesetzt wurden. Während die Franziskaner doch von den Türken geachtet waren, war das bei der orthodoxen Geistlichkeit nicht der Fall.

In den Balkanprovinzen, in denen die türkische Herrschaft beseitigt war, wanderte die muslimische Bevölkerung aus (aus Serbien, Slawonien, Griechenland, schon früher aus Ungarn). Dieses Schicksal der Auswanderung wurde den bosnischen Muslimen langsam bewußt, und die Alternative war: entweder Serbien-Montenegro bzw. Rußland oder Habsburg.

1853 entbrannte der Krimkrieg, und damit trat die orientalische Frage auf die Tagesordnung. Die Balkanfrage kam in Bewegung, christliche Aufstände brachen in der Herzegowina aus, in Serbien wurden die Türken aus den letzten Festungen vertrieben, Rumänien entstand als Fürstentum, die Bulgaren erhoben sich.

1875 brach ein Aufstand in der Herzegowina gegen die türkische Herrschaft aus. Der Aufstand wurde niedergeschlagen und ein neues Tanzimat veröffentlicht (Abschaffung der Zehentsteuer, freie Ausübung des Gottesdienstes, Vernehmung der Angeklagten in ihrer Muttersprache). Durch den russisch-türkischen Krieg 1877/78 wurde Bosnien-Herzegowina nur wenig unmittelbar in Mitleidenschaft gezogen, doch wurde sein weiteres Schicksal auf dem Berliner Kongreß 1878 besiegelt.

2.10 Die Verbreitung des Islam

Der Beginn der Islamisierung der Balkanbevölkerung hängt jedenfalls mit den türkischen Eroberungen zusammen, mit der Setzung militärischer und administrativer Maßnahmen. Die militärische und administrative Festigung war besonders stark in den Städten, dann auch in den Tälern und Ebenen. Die Kolonisation aus Kleinasien war relativ schwach, im Kosovo wurden Türken und Tscherkessen angesiedelt, das war aber in Bosnien-Herzegowina nicht der Fall.

Die Islamisierung war je nach Region verschieden stark. Die Ansichten der Historiker über die Islamisierung sind je nach Nationalität und Religion verschieden; die Muslime werden von den einen als »Renegaten« betrachtet, die anderen sehen die Türken als Retter der Bogumilen vor den Verfolgungen durch die Katholiken und Orthodoxen. Die Wahrheit ist komplizierter, sowohl was die Gründe als auch die Perioden der Islamisierung betrifft.

Der Prozeß der Islamisierung der Balkanvölker ist noch wenig erforscht. Auf dem Boden des späteren Jugoslawien war er in Bosnien-Herzegowina, im Kosovo und in Mazedonien am stärksten. Die Gründe mögen im einzelnen verschieden gewesen sein, im wesentlichen handelte es sich um ökonomische und soziale sowie religiöse (wie bei den Bogumilen). A. Popović (*L'islam balkanique*), dem wir hier folgen, unterscheidet zwei Perioden: a) vom Beginn der ottomananischen (osmanischen) Eroberung bis 1683 (Niederlage bei Wien), das ist die Eroberungsperiode, in der z. B. zahlreiche Bosniaken die reichen ungarischen Länder kolonisierten, b) von da an bis zum Ende der türkischen Herrschaft. Das ist die Periode der Schwächung der Zentralmacht, der wachsenden Unsicherheit, der Unterdrückung der christlichen Bevölkerung, der Rückkehr der Kolonisten aus Ungarn, der Willkür. So manche Familien verzweigten sich in einen islamischen und einen christlichen Zweig. Die Zadruga (die Großfamilie) bestimmte, daß ein Teil der Familie zum Islam übertreten solle, damit in schweren Zeiten Hilfe vorhanden sei.

Nach dem Verlust von Teilen des osmanischen Territoriums kam es zu Flüchtlingsströmen. Die Muslime Pannoniens (Ungarn, Slawonien, Vojvodina) kehrten nach Serbien und Bosnien zurück, diejenigen Kroatiens (aus der Lika und Dalmatien) nach Bosnien-Herzegowina. Im 19. Jahrhundert verließen sie vielfach Montenegro und siedelten sich in Bosnien, im Sandžak, in Albanien, im Kosovo und in Mazedonien an, die serbischen Muslime gingen nach Bosnien und in den Kosovo, und ab 1878 wanderten viele bosnische Muslime in die Länder, die der Türkei verblieben waren, aus (Sandžak, Kosovo, Mazedonien, aber auch in die Türkei, nach Anatolien).

2.11 Die Rückzüge der Muslime
1. Dalmatien. Nach der Niederlage der Türken bei Wien 1683 wurden dalmatinische Gebiete befreit, die Türken hielten nur noch Knin und Sinj. Die Muslime, die Dalmatien nicht rechtzeitig verlassen konnten, wurden bald zum Katholizismus bekehrt, besonders mit Hilfe der Franziskaner.

2. Die Lika wurde 1685–1689 von den Türken befreit. Sie bildete einen Teil der kroatischen Militärgrenze (Hrvatska vojna krajina) und wurde direkt von Wien verwaltet, bis sie 1881 unter die Verwaltung Za-

grebs gestellt wurde. Die meisten Muslime gingen nach Bosnien-Herzegowina, der Rest wurde katholisch.

3. Für Slawonien und die Vojvodina (bestehend aus Bačka, Banat, Srem) waren die Niederlage der Türken bei Ofen (Buda) 1686 und der österreichisch-türkische Krieg von 1714 entscheidend. Die Grenzen wurden in den Frieden von Karlowatz und Passarowitz gezogen. Die genannten Länder bildeten einen Teil der Militärgrenze.

Die Muslime Slawoniens und Srems wanderten nach Bosnien-Herzegowina aus (mehr als die Hälfte der Bevölkerung Slawoniens soll einst muslimisch gewesen sein), die der übrigen Gebiete nach Serbien und weiter nach Süden. Die materiellen Spuren der Osmanen, ihre Kulturdenkmäler, verschwanden schnell.

4. Teile Serbiens waren zeitweise unter österreichischer Herrschaft (Prinz Eugen), sie wurden dann wieder türkisch, und Serbien wurde als türkisches Paşalık eingerichtet. Ein Ferman von 1793 garantierte den Landkreisen eine gewisse Autonomie. An ihrer Spitze stand jeweils ein Knez (Ältester) mit dem Recht der Jurisdiktion über die christliche Bevölkerung.

Die Exzesse der Janitscharen führten 1804 zum serbischen Aufstand unter Karađorđe (dem »Schwarzen Georg«). Der Erfolg wurde mit Hilfe der Russen erreicht. Die Russen zogen sich aber 1812 nach dem Frieden von Bukarest zurück, und Karađorđe floh auf österreichisches Gebiet.

Die Übergriffe der Türken riefen einen zweiten Aufstand unter Miloš Obrenović 1815 hervor. Die Etappen der Befreiung Serbiens waren gekennzeichnet durch: a) Auswanderungen, Massaker, Vertreibungen der mohammedanischen Bevölkerung, und b) administrative Maßnahmen gegen die verbleibenden Muslime.

Die Zahl der »Türken« war nicht genau bekannt, als 1830 Serbien als autonomes Fürstentum unter der Souveränität des Sultans anerkannt wurde. Seit dem 18. Jahrhundert hatte sich die Zahl der Muslime konstant verringert, wegen der ständigen Unruhen zogen sie sich in die Städte mit Garnisonen zurück oder verließen das Land. Mit dem Erfolg des Ersten serbischen Aufstandes erlitten sie das Los der Verlierer. Ähnlich war es im Zweiten Aufstand.

Obwohl Fürst Miloš während seiner ersten Regierung (bis 1839) möglichst viele Türken loswerden wollte, mußte er doch auf die Oberhoheit des Sultans Rücksicht nehmen. Erst 1867 wurden die letzten türkischen Garnisonen von den Osmanen aufgegeben. Bis dahin standen die Muslime unter der Hoheit des Sultans, auch in der Rechtsprechung. Im Jahr darauf, 1868, wurde der Islam in Serbien offiziell als Religion anerkannt. Nach der Volkszählung von 1991 gab es in Serbien unter 9,8 Mio. Einwohnern 237.358 (slawische) Muslime (= 2,4%).

5. In Montenegro (Crna gora, türkisch Karadağ) wurde ab der Mitte des 16. Jahrhunderts die Rolle der Bischöfe, die das Land regierten, immer wichtiger. Montenegro wurde unter osmanischer Souveränität autonom. 1878 wurde es Fürstentum, 1910 Königreich.

Vor 1878 gibt es kaum Daten über die muslimische Gemeinschaft in Montenegro. Bekannt wurden das Massaker an den Muslimen zu Beginn des 18. Jahrhunderts und die damit verbundene Auswanderung der meisten Muslime. Bei dem Massaker an den einheimischen Muslimen unter dem Fürstbischof Danilo handelt es sich um eine aus der Volksüberlieferung tradierte Geschichte (1707 oder 1709), die im Gorski vijenac (dem »Bergkranz«) des bedeutendsten montenegrinischen Dichters, des Fürstbischofs Petar Petrović Njegoš, beschrieben wird.

Die Migrationen erfolgten zunächst in die Städte und Ebenen (Nikšić, Podgorica, Kolašin, Ulcinj, Bar usw.). Die bedrohten Muslime flohen in die benachbarten türkischen Gebiete. Ein Teil von ihnen blieb jedoch, und auch heute figurieren sie in den Statistiken. Nach der Volkszählung 1991 gab es 89.932 Muslime (von 615.000 Einwohnern, das sind 14,6%). Sie sind allerdings ihrer Nationalität nach größtenteils Albaner.

Nach 1878 gab es in Kroatien, Serbien und in der Vojvodina kaum noch Muslime. Zwischen 1878 und 1918 wurden die Türken gezwungen, Bosnien-Herzegowina, den Sandžak, den Kosovo und Mazedonien zu verlassen. Dadurch kam es abermals zu folgenschweren Bevölkerungsverschiebungen, viele Muslime wanderten aus den genannten Ländern in die Türkei aus.

2.12 Die türkische Verwaltung

Der bosnische Pašaluk (oder Beglerbegluk oder Ajalet) entstand nicht sofort nach der türkischen Eroberung 1463, sondern erst nach einem langwierigen Prozeß, und zwar 1580. An seiner Spitze stand der Beglerbeg.

Nach 1463 verwandelten die Türken das eroberte bosnische Königreich in einen Sandžak mit dem Sitz in Sarajevo. 1470 wurde ein eigener herzegowinischer Sandžak mit dem Sitz in Foča gegründet. Das bosnische Gebiet an der mittleren Drina gehörte zunächst zum Sandžak von Smederevo, bis um 1480 ein Sandžak mit dem Sitz in Zvornik entstand. So zerfiel im 15. Jahrhundert das einstige bosnische Königreich in drei Sandžaks, die dem rumelischen Beglerbegluk oder Paşalık angegliedert waren. (Unter Rumelien verstand man die europäischen Besitzungen der Türkei; Rum heißt Rom, nämlich Ostrom oder Konstantinopel.)

Nach der für die Türken siegreichen Schlacht von Mohács (1526) fielen das Banat Jajce, dann die Lika und Krbava, die Ungarn wurden aus der Saveebene verdrängt. Aus dem Komitat Požega wurde der gleichnamige Sandžak gemacht. Die Festung Klis im Süden wurde ebenfalls zum Mittelpunkt eines Sandžaks. 1541 wurde der Ofener Beglerbegluk errichtet, der die eroberten Gebiete Ungarns, aber auch Teile des rumelischen Paşalıks umfaßte.

Der bosnisch-herzegowinische Paşalık umfaßte schließlich sieben Sandžaks. Sein Mittelpunkt war zunächst Banjaluka, dann von 1639–1700 Sarajevo (Bosna-Seraj), anschließend bis 1850 Travnik und schließlich bis zur Okkupation wieder Sarajevo.

Die Grenzen des bosnischen Paşalıks änderten sich im Laufe der Jahrhunderte mehrmals; sie waren nie identisch mit den Grenzen des bosnischen Königreichs. Etwa um 1790 wurde das Gebiet von Novi Pazar (auch Novi Bazar), das zunächst zum bosnischen Sandžak gehörte, zum eigenen Sandžak erhoben. Wenn zur Zeit der österreichisch-ungarischen Verwaltung vom »Sandžak« gesprochen wurde, von der »Sandžakeisenbahn«, von den österreichischen Garnisonen im Sandžak usw., so war es eben jener Sandžak von Novi Pazar, der nach der Okkupation bei der Türkei verblieb und nach den Balkankriegen zwischen Serbien und Montenegro aufgeteilt wurde. Die Sandžaks zerfielen anfangs in Vilajete und Kadiluke. Ein Kadiluk war ein Gerichtsbezirk (der Richter war der Kadija), dessen Grenzen nicht unbedingt mit den administrativen Grenzen der Bezirke übereinstimmten. Die Vilajete wurden administrativ in Gemeinden (Nahija) geteilt.

1833 zerfiel der bosnische Paşalık in einen bosnischen und einen herzegowinischen; 1865 wurden beide wieder zusammengelegt, und mit dem Sandžak von Novi Pazar vereinigt als bosnischer Vilajet. An seiner Spitze stand der Valija (Vali paša), der Wesir oder Gouverneur, als Vertreter des Sultans.

Einschneidend waren die Reformen Omer Paša Latas' von 1850. Die Verwaltung wurde umgestaltet. Die politische Einteilung sah demnach aus (angeführt nach Rośkiewicz 1868): Sandžak- oder Kaimakamatsbehörden (Kreisbehörden) hatten ihren Sitz in Bosna-Saraj (Sarajevo), Travnik, Banjaluka, Bihać, Zvornik, Novi Pazar, Mostar, Trebinje und Tašlidžie (Pljevlje). An der Spitze stand der Kaimakam. Die Kreise wurden in Distrikte geteilt, die man Kaza oder Mudirluk nannte; an ihrer Spitze stand der Distriktsvorsteher (Mudir). Die kleinsten Einheiten waren schließlich die Gemeinden (Nahija), deren Vorsteher Zabit genannt wurde.

1865 wurden die kleinen Kaimakamate von Trebinje und Plevlje aufgelassen und zu Mostar bzw. Novi Pazar geschlagen.

Die ungefähren Bevölkerungszahlen (nach Rośkiewicz):

	Katholiken	Griechisch-Nichtunierte	Muhammedaner	Juden	Zigeuner	Gesamt
Bosnien	122.000	360.000	300.000	5.000	9.000	796.000
Herzegowina	42.000	130.000	55.000	500	2.500	230.000
Novi Pazar	—	100.000	23.000	200	1.800	125.000
Gesamt	164.000	590.000	378.000	5.700	13.300	1,151.000

2.13 Die türkischen Sultane bis zur Okkupation

Osman I. 1299–1326
Orchan 1326–59
Murad I. 1359–89
Bajazid I. 1389–1403
Sulejman I. 1403–11
Muhammed I. 1413–21
Murad II. 1421–51
Muhammed (Mehmed el-Fâtih) II. 1451–81
Bajazid II. 1481–1512
Selim I. 1512–20 (erster türk. Chalif)
Sulejman II. (der Prächtige) 1520–66 (1529 1. Belagerung Wiens)
Selim II. 1566–74
Murad III. 1574–95 (1579 wurde Mehmed Sokolović ermordet)
Muhammed III. 1595–1603
Ahmed I. 1603–17
Mustafa I. 1617–18, 1622–23
Osman II. 1618–22
Murad IV. 1623–40
Ibrahim I. 1640–48
Muhammed IV. 1648–87 (1683 2. Belagerung Wiens unter dem Großwesir Kara Mustafa)
Sulejman III. 1687–91
Ahmed II. 1691–95
Mustafa II. 1695–1703
Ahmed III. 1703–30
Mahmud I. 1730–54
Osman III. 1754–56
Mustafa III. 1756–74
Abd ul-Hamid I. 1774–89
Selim III. 1789–1807
Mustafa IV. 1807–08
Mahmud II. 1808–39
Abd ul-Medschid 1839–61
Abd ul-Aziz 1861–76

Murad V. 1876
Abd ul-Hamid II. 1876–1909 (von den Jungtürken abgesetzt)

2.14 Die österreichisch-ungarische Zeit

Schon 1875 wurde im Kronrat von der Möglichkeit der Okkupation Bosniens und der Herzegowina gesprochen. Die Öffentlichkeit müsse auf diese Möglichkeit vorbereitet werden. Nach dem für die Türkei verlorenen russisch-türkischen Krieg wurde 1878 nach dem Frieden von Stan Stefano auf dem Berliner Kongreß in den Verhandlungen der Großmächte Bosnien-Herzegowina der österreichisch-ungarischen Verwaltung unterstellt, wobei aber die Souveränität des Sultans aufrecht bleiben sollte. In der Instruktion an Feldzeugmeister Josef Freiherrn von Philippovich (Filipović) 1878 heißt es, daß auf den Schutz des Eigentums und der Person zu achten sei, auch auf die Berücksichtigung der religiösen Frage, wobei das Hauptaugenmerk auf die Pflege der katholischen Elemente, welche sich den Bestrebungen der Monarchie als freundlich gesinnt erweisen dürften, gerichtet sein solle. Ferner sei besonderer Schutz und Aufmerksamkeit den Muslimen zuzuwenden; sie haben den größten Besitzstand inne. Die Mohammedaner sollen in engen Kontakt mit den Katholiken gebracht und jede Annäherung an die Orthodoxen möge verhindert werden, da diese der Okkupation eher feindlich gesinnt sein dürften und nach Serbien schauten. In religiöser Hinsicht sollten die Mohammedaner und Orthodoxen von ihren bisherigen Oberhäuptern getrennt werden. Bei den Muslimen war dies der Šeih-ul-Islam, bei den Orthodoxen der Patriarch von Konstantinopel. Für die Muslime wurde 1882 der Rang des Reis-ul-Ulema (= der Vorsitzende des Gelehrtenrates) als höchster Würdenträger der bosnisch-herzegowinischen Muslime eingeführt. Bei den Orthodoxen dachte man an ihre Unterstellung unter die Metropolie von Karlowatz (Sremski Karlovci), welche sich in Ungarn befand. Die serbischen Kirchengemeinden stellten sich jedoch dagegen. 1880 schloß die Regierung ein Abkommen mit dem Patriarchat von Konstantinopel, nach welchem der österreichische Kaiser gegen die Bezahlung einer gewissen jährlichen Summe das Recht erhielt, den Metropoliten und Bischof Bosnien-Herzegowinas dem Patriarchen zur Nominierung vorzuschlagen. Österreich-Ungarn war auch mit den Franziskanern als Trägern des Ka-

tholizismus unzufrieden und erreichte nach längeren Verhandlungen
1881 ein Konkordat mit dem Vatikan, um die weltliche Geistlichkeit im
Lande einzuführen. Durch diesen Vertrag erhielt der Kaiser das Recht,
den Erzbischof und die Bischöfe zu nominieren.

Unmittelbar vor der Okkupation befanden sich 110.000 bosnische
Flüchtlinge auf österreichischem Gebiet; sie wollten nicht in ihre Heimat
zurückkehren, bevor die Agrarfrage gelöst war. Ihr Wunsch war es,
Grund und Boden zu bekommen und von den Grundbesitzern, den Begs
und Spahis, unabhängig zu sein. Sie erhielten jedoch nur vage Versprechungen, weil man es sich mit den Grundbesitzern nicht verscherzen
wollte.

Nachdem der Berliner Kongreß am 13. Juli 1878 die Okkupation
Bosnien-Herzegowinas Österreich-Ungarn aufgetragen hatte, mußte
dieses entsprechende Schritte unternehmen. Der Sultan sagte die
Zurückziehung seiner Truppen zu. Man nahm an, daß nur vier Infanteriedivisionen zur Besetzung genügen würden, umso mehr als die Kroaten
den Einmarsch unterstützen würden. Bei den Serben war man mit Recht
skeptisch, weil diese mehr von dem erstarkenden Königreich Serbien angezogen wurden. Der Einmarsch begann am 29. Juli und stieß sofort auf
heftigen Widerstand, auch durch die regulären türkischen Truppen (was
nicht der Anordnung des Sultans entsprach). Haupt des muslimischen
Widerstandes war der Derwisch Hadži Lojo. Die Kämpfe dauerten drei
Monate; am Ende war fast eine Viertel Million Mann, deren Oberbefehl
Philippovich führte, mobilisiert. 1879 wurde in der Konvention von Novi
Pazar ausgehandelt, daß Österreich-Ungarn drei Garnisonen im
Sandžak zur eigenen Sicherheit zu halten berechtigt war.

2.15 Bevölkerungsverhältnisse Bosnien-Herzegowinas 1895
Größe: 51.027 qkm (fast gleich wie heute)
Einwohner nach der Volkszählung 1895: 1,591.036 (heute fast dreimal
 so viel), davon:
Mohammedaner: 548.632 (= 34,5%)
Orientalisch-orthodoxe Christen (Serben): 673.246 (= 42,3%)
Katholiken (Kroaten): 334.142 (= 21%)
Israeliten: 8.213 (davon 5.729 Spaniolen)

Eingewanderte Kolonisten: Beamte, Kaufleute, Siedler aus allen Ländern Österreich-Ungarns; Deutsche.

Die drei Hauptkonfessionen machten zusammen 97,8% aus. Unter den Spaniolen versteht man die aus Spanien 1492 vertriebenen Juden, die sich besonders ab dem 17. Jahrhundert in Bosnien niedergelassen haben.

In bezug auf den Grundbesitz verteilten sich die Bewohner wie folgt: 5.833 Grundherren, 88.970 Kmetenfamilien (abhängige Bauern/Pächter), 86.867 Freibauern, 22.655 Bauern, die beides zugleich sind (auf einem Grund Besitzer, auf einem anderen Kmet). Mit Familienangehörigen waren dies 1,385.000 Personen, d. s. 88% der Bevölkerung.

Die wichtigsten Städte waren: Sarajevo mit 38.000, Mostar mit 14.400, Banjaluka mit 13.500, Donja Tuzla mit 10.200 Einwohnern. Wenn man diese Zahlen mit den 1991 erhobenen Zahlen (S. 27) vergleicht, kann man sich ein Bild von der rasanten Verstädterung des Landes innerhalb eines Jahrhunderts machen.

Die Städte besaßen zu Ende der türkischen Herrschaft absolute muslimische Mehrheiten von durchschnittlich ungefähr 70 %. Bis gegen Ende der österreichisch-ungarischen Periode fiel dieser Satz auf rund 50 %, bedingt durch die Zuwanderung von Beamten, Kaufleuten, Siedlern und anderen Personen aus der Monarchie in die neu erworbenen Länder.

2.16 Das Regime Kállay 1882–1903

Alle Regierungsgeschäfte Bosniens und der Herzegowina wurden dem gemeinsamen Ministerrat Österreich-Ungarns übertragen. Beim Außenministerium wurde zu diesem Zweck eine besondere Kommission gebildet. 1880 wurde der Sitz dieser Bosnischen Kommission an das gemeinsame Finanzministerium verlegt. Gleichzeitig wurde das Land dem allgemeinen Zollgebiet der Monarchie einverleibt. 1882 wurde Benjamin Kállay gemeinsamer Außenminister. Er hatte sich schon früher mit der bosnischen Frage beschäftigt und war der Meinung, daß die Muslime den Islam aufgeben und zum Katholizismus übertreten würden, wodurch ein Übergewicht der Kroaten entstehen würde. Er führte die Verwaltung in Bosnien-Herzegowina ein. Dabei war er gezwungen, sich mit den Mohammedanern gut zu stellen, denn in ihren Händen lag der Grundbesitz, er durfte aber auch nicht zu kroatenfreundlich sein. Serbenfreundlich auch nicht, denn darin lag eine große Gefahr. Daher versuchte er, eine regionale Landespolitik zu verfolgen: Er führte zunächst den Terminus Landessprache (zemaljski jezik), später »bosnische Sprache« (bosanski jezik) ein; er versuchte, ein bosnisches Nationalgefühl wachzurufen. Seine Bestrebungen hatten nicht den gewünschten Erfolg (auch heute bestehen wieder Anlehnungen an das sogenannte »Bosniakentum« – bošnjaštvo). Die Serben wurden immer stärker, eine Eindämmung des serbischen Nationalbewußtseins war nicht möglich, weil dieses von außen kam. Anders stand es mit dem kroatischen Nationalbewußtsein. Dieses konnte man leichter zügeln, weil die kroatischen Länder zur Monarchie gehörten. Die Serben in Kroatien unterstützten die Serben in Bosnien-Herzegowina; schließlich unterstützte sie auch Rußland. Kállay versuchte, den nationalen Strömungen mit seiner Geheimpolizei beizukommen, was letzten Endes nicht gelang.

Die größten Probleme bedeuteten die Agrarverhältnisse und das Schulwesen. Gegen Ende der türkischen Periode konnten etwa drei Prozent der Bevölkerung lesen und schreiben, und noch 1892 war der größte Teil der Bevölkerung ohne Unterricht; es gab nur 228 Schulen mit 17.500 Kindern. Eine Lehrerbildungsanstalt bestand nur in Sarajevo.

Während der türkischen Herrschaft betrachtete man die Koranschulen (mekteb) als Grundschulen, nach der Okkupation verloren sie diesen Status. Unter den oben erwähnten drei Prozent Lese- und Schreibkundiger sind nur Personen gemeint, die die lateinische oder kyrillische Schrift beherrschen, nicht aber die Absolventen der Koranschulen, da man dort im allgemeinen nur den Koran auf arabisch lesen und schreiben lernte. Nach Einführung der interkonfessionellen Schulen durch ein Gesetz von 1890 belief sich die Analphabetenrate noch im Jahre 1910 auf fast 88 %.

In der Agrarfrage wurden zunächst die Beziehungen zwischen Grundbesitzern (čifluk-sahibija) und den Pächtern (kmet) aufgrund osmanischer Gesetze geregelt. Der freiwillige Loskauf der Bauern wurde von der Regierung unterstützt. Man unternahm große Anstrengungen bei der Einführung einer modernen Landwirtschaft.

Kállay befürwortete noch immer die bosnische Nation. Später war er einer Annäherung an die Kroaten geneigt. Nationale Vereine wurden langsam gestattet. Kállay starb 1903, und danach setzte sich als offizielle Sprachbezeichnung »Serbokroatisch«, auch in der internationalen Slawistik, durch.

Einen wichtigen Platz in der österreichisch-ungarischen Politik nahmen der Ausbau der Industrie und die Entwicklung des Verkehrswesens ein. Das Land wurde mit einem Straßennetz überzogen, das alle Bezirkshauptstädte miteinander verband. Man baute gegen 1.500 km Schmalspurbahnen neu und gliederte die einzige bestehende Linie Banjaluka–Dobrljin (104 km) in das Eisenbahnnetz der Monarchie ein. Unter den Industriebetrieben seien die Salinen von Tuzla und die Verhüttung und Eisenwerke von Vareš und Zenica genannt. Viel Sorgfalt wurde auch der Tabakverarbeitung gewidmet. Aber Fortschritte wurden in allen Industrie- und Dienstleistungszweigen, selbst im Fremdenverkehr, erreicht. Den Reisenden wurden alsbald die nötigen Handbücher zur Verfügung gestellt, so erschien beispielsweise 1887 der *Illustrierte Führer der k. k. Bosna-Bahn und der bosnisch-hercegovinischen Staatsbahn Doboj –Siminhan* mit einem Abriß der Geschichte des Landes, mit Karten, Fahrplänen, Hotelinformationen und Angaben über die Sehenswürdigkeiten.

2.17 Die Annexionskrise

Unter Kállay herrschte Polizeiwillkür. Vor allem die Serben, die zahlenmäßig am stärksten waren, waren unzufrieden. Unter dem Ungarn Burián, Kállays Nachfolger, kam es zum Beschluß eines Autonomiestatuts für die serbisch-orthodoxe Kirche und ihr Schulsystem. Die orthodoxe Kirche erhielt das Recht, die kyrillische Schrift zu verwenden und die serbische Nationalflagge zu führen. Die serbischen Kirchengemeinden, Klöster, Stiftungen, Güter etc. wurden unter die Verwaltung der Kirchenbehörden gestellt.

Auch die Muslime kämpften jahrelang um ihre Autonomie. Das Statut über religiöse Angelegenheiten und Stiftungen wurde erst nach der Annexion, 1909, unterzeichnet.

Die Kroaten waren für eine Annexion Bosnien-Herzegowinas, die Serben und Muslime dagegen. Sie beschlossen die Gründung eines bosnisch-herzegowinischen Staates als Teil des türkischen Kaiserreiches und wollten Abgeordnete nach Istanbul entsenden. Mit dem Ausbruch der Jungtürkischen Revolution und der Einführung einer neuen Verfassung schien der rechte Augenblick für die Annexion gekommen. Am 5. Oktober 1908 unterzeichnete der Kaiser eine Proklamation an das »bosnisch-herzegowinische Volk«, die im ganzen Land veröffentlicht wurde. In ihr dehnte er seine Souveränitätsrechte und die Erbfolge auf die beiden Länder aus. Die Reaktionen der einzelnen Staaten waren verschieden: Das Deutsche Reich war dafür, Proteste kamen von England und Rußland, natürlich auch von Serbien und Montenegro und der Türkei (wenn auch aus verschiedenen Gründen). Sogar in Prag wurde gegen die Annexion demonstriert. Die Garnisonen im Sandžak wurden aufgegeben, und 1909 erreichte Österreich-Ungarn sogar ein Abkommen mit der Türkei.

In der Proklamation zur Annexion wurde eine Verfassung versprochen. 1910 wurden eingeführt: 1) ein Landesstatut zum Wirkungsbereich des bosnischen Landtages, 2) eine Wahlordnung, 3) eine Geschäftsordnung für das Parlament, 4) ein Versammlungsgesetz u. a. Dennoch kam es zu Nationalitätenkonflikten. Burián trat 1909 zurück, und an seine Stelle kam der Pole Leo von Biliński. Er behielt die politische Richtung Buriáns bei. Er erklärte, daß er ohne die Serben nicht regieren wolle. In der Monarchie waren auch die Interessen Österreichs und Ungarns verschieden: Österreich sah lieber eine kroatisch-muslimische Allianz, während Ungarn ein Großserbien einem Großkroatien im Rahmen der Monarchie vorzog. (Kroatien lag ja in der ungarischen Reichshälfte.) Nach dem Balkankrieg wuchs das Selbstbewußtsein der Serben.

Die politischen Parteien in Bosnien-Herzegowina waren von Anfang an national ausgerichtet. Am eifrigsten tätig waren die Serben (»Srpska narodna organizacija« = Serbische Volksorganisation, radikal nationalistisch, »Samostalna srpska stranka« = Selbständige serbische Partei, ebenfalls eher radikal; sie trat für den Loskauf der Kmeten ein). Bei den Kroaten war die katholische Kirche maßgebend für ihre politischen Gruppierungen. Sie stützte sich auf die traditionelle Popularität des Franziskanerordens. Führend war Dr. Nikola Mandić, Bürgermeister von Sarajevo. Die »Hrvatska narodna zajednica« (Kroatische Volksgemeinschaft) trat für die Vereinigung der »kroatischen« Länder Kroatien-Slawonien, Bosnien-Herzegowina, Dalmatien ein. Sie neigte später mehr der jugoslawischen Richtung zu. Die »Hrvatska katolička udruga za BiH« (Kroatische katholische Vereinigung für Bosnien-Herzegowina) vertrat ein großkroatisch-trialistisches Programm. Ihr Führer war der Erzbischof Stadler. Er wandte sich auch gegen die ungarischen Ansprüche in Bosnien. Am längsten brauchten die Mohammedaner. Das Hauptziel ihrer Parteien war die Wahrung ihrer kulturellen und religiösen Interessen. Die wichtigste muslimische Partei war die »Muslimanska narodna organizacija« = Muslimische Volksorganisation, die die Autonomie Bosnien-Herzegowinas und die Wahrung der Souveränität des Sultans forderte. Zu den Interessen der Muslime gehörte auch die Verteidigung der muṣlimischen Grundbesitzer in der Aktion der Ablöse der unfreien Bauern, die größtenteils Serben waren. Eine weitere muslimische Partei war die »Muslimanska napredna stranka« = Muslimische Fortschrittspartei, später »Muslimanska samostalna stranka« = Muslimische selbständige Partei.

Kurzzeitig war der Kroate General Varešanin Landeschef. Er wurde jedoch 1911 durch Oskar Potiorek ersetzt, der seinen Wirkungskreis genau abgrenzen konnte. Hinter ihm stand Erzherzog Franz Ferdinand.

Eine neue Errungenschaft war die Ostbahn (Richtung Višegrad), die zum Ausgangspunkt für die Sandžakbahn werden sollte. Doch die Bahn war als Schmalspurbahn für einen Ausbau nicht geeignet, man hätte sie völlig neu bauen müssen.

Eine Folge des Balkankriegs 1912 war die Aufteilung des Sandžaks zwischen Serbien und Montenegro. Makedonien mit Skopje wurde von serbischen Truppen besetzt. Das vergrößerte Serbien war für die bosnischen Serben attraktiv.

Bis Mai 1913 herrschte der Ausnahmezustand, dann erst wurde der Landtag wieder einberufen.

Die wirtschaftliche und politische Tätigkeit der Doppelmonarchie führte langsam auch zu gewissen demographischen Veränderungen im Land. Vor allem änderte sich die Zahl der Muslime und der Katholiken, während die Zahl der Orthodoxen in etwa gleich blieb. Viele Muslime wanderten bis 1914 in die Türkei aus. Dadurch sank ihr Anteil an der Gesamtbevölkerung von 38,73% im Jahre 1879 auf 32,25% im Jahre 1910, während durch die Einwanderung von Beamten und Fachleuten, besonders aus Kroatien, der Anteil der Katholiken von 18,08% auf 22,87% stieg. (Die Orthodoxen hielten sich um die 43%.)

2.18 Der Erste Weltkrieg

Der Landeschef Oskar Potiorek begann 1914 die Vorbereitungen für ein groß angelegtes Manöver, an dem auch der Thronfolger Franz Ferdinand, der sehr an Bosnien-Herzegowina interessiert war, teilnehmen sollte. Bekanntlich kam es im Verlauf des Besuchs des Thronfolgers in Sarajevo zum Attentat, bei dem der Student Gavrilo Princip Franz Ferdinand und dessen Gemahlin am 28. Juni 1914 erschoß (unglückseligerweise war der Besuch gerade am St.-Veits-Tag, dem serbischen Gedenktag der Schlacht auf dem Amselfeld, angesetzt, was die Serben als Provokation empfanden). Die Hintergründe des Attentats (national-revolutionäre Bewegung Jungbosnien) wurden vielfach beschrieben. Die Ausführung des Attentats wurde durch eine Fehlleistung Potioreks, der den Befehl zur Routenänderung der Fahrt des Thronfolgers durch die Stadt nicht an den Fahrer des Automobils weitergegeben hatte, erleichtert. Dadurch verfuhr sich der Chauffeur, mußte vor dem Attentäter Gavrilo Princip stehenbleiben und reversieren und bot diesem dadurch ein ideales Ziel.

Potiorek wurde im Herbst 1914 nach dem eher mißglückten Feldzug gegen Serbien seines Postens enthoben. Inzwischen wurde Erzherzog Eugen zum Oberkommandierenden der Balkanstreitkräfte in Novi Sad (Neusatz) ernannt. Er wollte Stefan von Sarkotić zu seinem Generalstabschef berufen. Der Kaiser kam dem Wunsch aber nicht entgegen, sondern ernannte Sarkotić Ende 1914 zum Landeschef von Bosnien-Herzegowina. Die Balkanoffensive war fehlgeschlagen, das Jahr 1915 nach der allgemeinen Erschöpfung eher ruhig. Die serbischen Gebiete mußten wieder geräumt werden. Nach der Kriegserklärung Italiens wurden Truppen an die Isonzofront abgezogen. Bulgarien trat auf seiten der Mittelmächte in den Krieg ein. Dadurch ergab sich eine günstige Ausgangslage für eine zweite Offensive. Den Oberbefehl übernahm inzwischen Generalfeldmarschall von Mackensen. Österreich-Ungarn erzielte Fortschritte, die serbische Armee wurde ausgeschaltet; sie mußte sich über Albanien nach Griechenland zurückziehen. Nun wollte man gegen

Montenegro gesondert vorgehen. Anfang 1916 wurde der Lovćen erstürmt, dann auch Cetinje eingenommen. König Nikola wollte verhandeln, die Bedingungen seitens des Armeeoberkommandos waren aber zu hart; Nikola brach die Verhandlungen ab und floh auf einem italienischen Kriegsschiff nach Brindisi. Nordalbanien wurde von Streitkräften der Monarchie besetzt. Sarkotić war gegen den Feldzug, weil dieser zu viele Kräfte band, und stimmte darin mit der Obersten deutschen Heeresleitung überein.

Das Problem der Flüchtlinge aus dem Sandžak, der nunmehr zwischen Serbien und Montenegro aufgeteilt war, blieb weiter bestehen. Viele Muslime waren nach Bosnien und in die Herzegowina geflohen, kehrten aber nach der serbischen Niederlage 1915 vielfach wieder zurück. Für die anderen wurden Unterkünfte in Ostbosnien gebaut.

1916 wurde die Saloniki-Front eröffnet, das serbische Heer kehrte in den Krieg zurück.

In demselben Jahr starb Kaiser Franz Josef, und Kaiser Karl I. übernahm die Regierung. Er versuchte, mit seinem Manifest »An meine Völker« den Zusammenbruch des Reiches zu verhindern. 1917 sah die Deklaration von Korfu die Errichtung eines Königreiches der Serben, Kroaten und Slowenen (SHS) als parlamentarische Monarchie vor. Auch wenn es gegen Ende des Krieges zu verstärktem Widerstand der Bevölkerung Bosnien-Herzegowinas gegen die Monarchie kam, so war doch die Eingliederung des Landes in das Südslawische Königreich durch äußere Faktoren, nämlich durch die Niederlage der Doppelmonarchie im Ersten Weltkrieg, bedingt. Anfang 1919 wurde eine bosnisch-herzegowinische Landesregierung gebildet, die der zentralen Regierung in Belgrad unterstellt wurde. Bis 1921 bestand aber Bosnien-Herzegowina weiter als historische und politische Einheit. Dann wurde durch die neue Verfassung das Land in sechs administrative Einheiten (Bezirke oder Landkreise) geteilt, die – ohne gegenseitige Verbindung – direkt Belgrad unterstellt waren. Eine Übergangsphase dauerte bis 1924. Die Sitze der Bezirke (an deren Spitze der Veliki župan, der Gauführer, stand) waren: Sarajevo, Tuzla, Travnik, Mostar, Bihać und Banjaluka. Erst die Diktatur von 1929 (bis dahin lautete der Name des Landes Königreich der Serben, Kroaten und Slowenen, ab dann Jugoslawien) zerschlug Bosnien-Herzegowina als historisches Gebilde völlig, indem das Land administrativ neu aufgeteilt wurde, und zwar in vier Banschaften: Drina mit Sitz in Sarajevo, Vrbas mit Sitz in Banjaluka, Zeta mit Sitz in Cetinje (früher Montenegro) und Küstenland mit Sitz in Split (früher Kroatien). An der Spitze dieser Einheiten stand der Ban, der vom König nominiert wurde.

Die sozialen und wirtschaftlichen Verhältnisse der Zwischenkriegszeit sind durch wirtschaftliche Rückständigkeit geprägt. Über 80% der Bevölkerung waren in der Landwirtschaft und der Viehzucht beschäftigt. Das Land wurde an die besitzlosen Kmeten verteilt. Erst in den 30er Jahren kam es zu einem gewissen wirtschaftlichen Aufschwung (Ausbau des Eisenbahnnetzes, Elektrifizierung, Gründung von Industrieanlagen).

Das Schul- und Bildungswesen stand auf einer niedrigen Stufe, die Analphabetenrate war hoch, stellenweise über 70%. Es gab keine Hochschulen oder Universitäten. Die erste hohe Schule im Rang einer Universität war die Höhere islamische Scheriatsrechtsschule (Islamische theologische Hochschule), die 1937 in Sarajevo errichtet wurde. (Šerijat bedeutet »der rechte Weg«.) Das kulturelle Leben spielte sich in Kulturvereinen auf national-religiöser Basis ab. Die wichtigsten von ihnen waren »Gajret« (Bestrebung, Eifer) bei den Muslimen, »Prosvjeta« (Bildung) bei den Serben und »Napredak« (Fortschritt) bei den Kroaten.

2.19 Die religiöse Struktur 1921 und die weitere Entwicklung

Die Daten von 1921 sehen folgendermaßen aus:

Orthodoxe	829.360	(43,9%)
Katholiken	444.309	(23,5%)
Muslime	588.173	(31,1%)
Juden	12.051	(0,6%)
andere	16.567	(0,9%)
zusammen	1,890.460	Einwohner

Der Vergleich zwischen den Zahlen von 1895 und 1921 zeigt den relativen Rückgang der Muslime. Er ist durch die Auswanderung vieler Muslime in die Türkei im Laufe der Okkupation und Annexion des Landes und durch die territorialen Veränderungen im Zuge des Ersten Weltkriegs bedingt.

Als 1929 die Diktatur eingeführt wurde, setzte man die Verfassung außer Kraft, die politischen Parteien wurden verboten und die Maßnahmen gegen die kommunistische Arbeiterbewegung verschärft. König Alexander wurde 1935 ermordet.

Nach der Kapitulation der jugoslawischen Armee 1941 kam Bosnien-Herzegowina unter die Verwaltung des Unabhängigen Staates Kroatien (NDH), doch hielten Deutschland und Italien militärische Positionen. Administrativ wurden neue Grenzen gezogen, die neuen Einheiten Velika župa (Großgaue) genannt. Sie waren so eingerichtet, daß ihre Grenzen jeweils Teile Bosniens und Kroatiens umfaßten, um Bosnien-Herzegowina als historische Einheit auszuschalten. Bald jedoch begannen sich die Partisanen unter Tito zu formieren, und es gelang ihnen bis Ende 1943, fast ganz Bosnien-Herzegowina zu befreien. Diese Zeit ist gekennzeichnet von Verfolgung, Vertreibung, Ermordung zahlreicher Serben durch die Kroaten, aber auch durch die Verfolgung kroatischer und muslimischer Bevölkerung durch die Tschetniks.

Die Sozialistische Föderative Republik Bosnien und Herzegowina entstand 1943 und sollte Teil der Föderativen Volksrepublik Jugoslawien werden. 1945 wurde diese (FNRJ) ausgerufen. Es dauerte nicht lange, bis es 1948 zum Bruch Jugoslawiens mit den anderen kommunistischen Parteien und einer darauffolgenden Wirtschaftsblockade gegen Jugoslawien kam. Ab 1950 wurde die Arbeiterselbstverwaltung in den Betrieben eingeführt. In der Verfassung von 1974 wurde der Staat stärker dezentralisiert (damals wurden die autonomen Provinzen Kosovo und Vojvodina geschaffen). Nach Titos Tod 1980 nahmen die nationalen Spannungen kontinuierlich zu, bis sie in den bekannten Abspaltungen einzelner jugoslawischer Republiken seit 1991 endeten. Bosnien-Herzegowina wurde als »Jugoslawien im kleinen« bezeichnet, und es war vorauszusehen, daß dieses Jugoslawien im kleinen ebenso zerfallen würde wie das »Große Jugoslawien«. Die Volksabstimmung um die Unabhängigkeit, die die Muslime und Kroaten gegen den Boykott der Serben durchzogen, legte den Grundstein zum Bürgerkrieg.

2.20 Die demographische Entwicklung nach dem Zweiten Weltkrieg

(Angaben in 1000; es werden nur die großen Volksgruppen angeführt, die Summenzahlen umfassen auch die hier nicht angeführten kleinen Völker)

Volkszählung	1953	1961	1971	1981	1991
Kroaten	654 (22,0)	712 (21,7)	772 (20,6)	758 (18,4)	756 (17,3%)
Muslime	892 (31,3)	842 (25,7)	1.482 (39,6)	1.630 (39,5)	1.905 (43,7%)
Serben	1.264 (44,4)	1.406 (42,9)	1.393 (37,2)	1.320 (32,0)	1.369 (31,4%)
Jugoslawen		276 (8,4)	44 (1,2)	326 (7,9)	239 (5,5%)
insgesamt	2.847	3.278	3.746	4.124	4.365

Bei der demographischen Entwicklung nach dem Zweiten Weltkrieg fällt auf, daß zwar die Zahlen der Angehörigen aller Völker absolut genommen angestiegen sind, daß es aber starke relative Verschiebungen gegeben hat. Während zu Zeiten der k. u. k. Monarchie in allen verfügbaren Quellen die Serben (Orthodoxen) als stärkste Volksgruppe angeführt werden, haben gerade sie in der neuesten Zeit die stärksten Verluste hinnehmen müssen und sind von den Muslimen zahlenmäßig überholt worden. Diese Tatsache ist nicht nur auf die größere Geburtenfreudigkeit der Muslime zurückzuführen, sondern auch auf andere Faktoren wie Migrationen. Viele Serben übersiedelten nach Serbien, viele Kroaten nach Kroatien, während andererseits Muslime aus anderen Republiken nach Bosnien-Herzegowina zogen. Die Zählung der »Jugoslawen« gibt es erst seit 1961; ihre Zahl schwankt beträchtlich.

2.21 Die islamische Glaubensgemeinschaft. Religiöse Organisation

Nominell war die Würde des Chalifats (auch Kalifat) bis 1517 in den Händen der Abbasiden, als nach der Eroberung Ägyptens durch die Türken der türkische Sultan auch zum geistlichen Oberhaupt der Muslime wurde, indem er den Titel des Chalifen (»Stellvertreter«) annahm. Diese Würde hatten die türkischen Sultane bis in unser Jahrhundert herein inne; der letzte Chalif (Kalif), Abd-ul-Medžid II., starb im Pariser Exil. Das Chalifat wurde 1924 abgeschafft.

Da die Sultane des 16. Jahrhunderts mit Feldzügen und Eroberungen beschäftigt waren, hatten sie keine Zeit, die Würde des Chalifen auch persönlich auszuüben, weshalb sich bald das Amt des obersten Gelehrten, des Šejh-ul-islam, mit seinem Sitz in Istanbul herausbildete.

Während der gesamten Zeit der türkischen Herrschaft bildeten Bosnien-Herzegowina das Bosnische Pašalık (pašaluk), das in religiösen Angelegenheiten dem Šejh-ul-islam unterstand. Das Pašaluk war in Provinzen (sandžak) geteilt, deren Zahl zwischen vier und acht schwankte. In der religiösen Administration entsprach der Sandžak dem Muftiluk, an dessen Spitze ein Mufti (muftija = höchster »Religionsdiener« einer Provinz) stand. Die Muftis sind für die Auslegung des Scheriatsrechts und die Ausfertigung von Rechtsgutachten (fetva) zuständig.

Mit der Okkupation wurde die religiöse Administration aller Konfessionen geändert. Bei den Muslimen hatte der Šejh-ul-islam in Istanbul keine Macht mehr über Bosnien-Herzegowina. 1882 wurde von Kaiser Franz Josef I. die Würde des Reis-ul-ulema als Oberhaupt der bosnisch-herzegowinischen Muslime geschaffen. Ihm stand ein beratendes Gremium, der Medžlis-i ulema (= Rat/Parlament der Schriftgelehrten/Weisen), zur Seite.

Vom Papst Leo XIII. wurde Bosnien-Herzegowina 1881 zur Kirchenprovinz mit vier Bistümern (Banjaluka, Vrhbosna = Sarajevo, Mostar, Trebinje) ernannt und von seinem bisherigen Zentrum Đakovo getrennt. Bei den Orthodoxen bestand die höhere Geistlichkeit aus Phanarioten (Griechen), während die niederen Geistlichen einheimische Serben waren. Die drei bestehenden Bistümer hatten ihren Sitz in Sarajevo, Donja Tuzla und Mostar, später wurde ein viertes in Banjaluka gegründet. Die kaiserlich-königliche Regierung traf ein Abkommen mit dem ökumenischen Patriarchen von Konstantinopel, nach dem die hohe Geistlichkeit durch einheimische Serben ersetzt wurde.

Die heutige religiös-administrative Organisation der Muslime sieht folgendermaßen aus: An ihrer Spitze steht der Reis-ul-ulema, der den Ältestenrat (rijaset = serbokroatisch »starješinstvo«) anführt. Bosnien-Herzegowina ist religiös in fünf Provinzen (muftiluk) geteilt: Sarajevo, Herzegowina, Tuzla, Bihać und Travnik (Zenica). An der Spitze der islamischen Gemeinschaft einer Gemeinde steht ein von dieser gewählter Präsident, der auch ein Laie sein kann. Das Gebiet einer Gemeinde ist in Moscheesprengel (džemat) geteilt. Die Zahl dieser Sprengel hängt von der Zahl der Moscheen ab. Der Leiter und Vorbeter der Moschee sowie der Religionslehrer in der niederen Koranschule (mekteb) ist der Imam (Vorbeter, Grundbedeutung »Führer«). Die häufigste volkstümliche Bezeichnung ist Hodža. Auch Efendija wird in diesem Sinne gebraucht.

II. Teil
Bräuche und Alltagskultur

1. Der Islam

Islâm bedeutet »Hingabe (des Menschen an Gott)«. So nannte der Religionsbegründer Muhammed den von ihm verkündeten Glauben. Die Wurzel S-L-M des Wortes Islam steckt auch im islamischen Gruß selâm (as-selam alejk »Friede über dich«, as-selam alejkum »Friede über euch«), wie auch im Namen der Anhänger des Religionsbekenntnisses, der Muslime (in Jugoslawien Muslimani genannt); diese Form stammt aus dem türkischen müsliman, aus arabisch muslim, an welches die persische Pluralendung -ân gefügt wird).

Die Lehren des Islam stammen direkt vom einzigen Gott (Allah, zusammengezogen aus al-ilah = der eine Gott); sie wurden durch die Vermittlung von Engeln über den Propheten Muhammed verkündet. Die Glaubenswahrheiten, Verhaltensmaßregeln, Vorschriften und Gesetze wurden im Heiligen Buch, dem Koran, aufgezeichnet. Das arabische Qur´ân kommt von der Wurzel Q-R-´ »lesen«; der Koran ist somit »das zu Lesende, Rezitierende«.

1.1 Muhammed, der Prophet (pejgamber)
Muhammed, der Sohn Abdallahs, wurde um 570 n. Chr. als Angehöriger der Sippe der Hâšim (der Name kommt heute im Namen des »Haschemitischen Königreichs Jordanien« vor) in Mekka geboren. Die Sippe gehörte zum Stamm der Koreischiten. Muhammeds Eltern starben schon bald, in der arabischen Großfamilie wurde aber für Waisen gesorgt, so daß das Kind von Verwandten aufgenommen wurde, zuerst von seinem Großvater, dann von seinem Onkel Abu Talib. Die Koreischiten waren reich, sie beherrschten den Markt in Mekka, wo die Stämme Zentralarabiens ihre Vorräte an Tee, Zucker, Salz, Gewürzen, Kleidern usw. kauf-

ten. Voraussetzung für die Blüte der Stadt Mekka war das Vorhandensein von Wasser; es war die auch heute verehrte Quelle Zemzem. Den Beduinen war und ist der Ort heilig. Sie weihten den Brunnen ihren Göttern und errichteten in seiner Umgebung zahlreiche Götzenbilder und Heiligtümer. Unter den hunderten Kultstätten befand sich auch damals schon der schwarze Stein der Kaaba, ein Meteorit. Die reichen Handelsherren der Koreischiten regierten die Stadt und verlangten Zollgebühren.

Muhammeds Familie stand aber außerhalb des Wohlstandes; sie war arm. In seiner Kindheit mußte Muhammed Ziegen und Schafe hüten, später zog er mit Karawanen durch die Wüsten bis nach Syrien. Dort begegnete er den Anhängern der jüdischen und der christlichen Religion. Allerdings ist es nicht sicher, ob er sich seine Ansichten über das Judentum und Christentum in Syrien aneignete; auch in Mekka gab es Juden und Christen. Jedenfalls sah er den Unterschied zwischen dem Eingottglauben und der Vielgötterei.

Entscheidend für sein weiteres Leben war die Begegnung mit Chadîdža, einer reichen Witwe und Handelsfrau. Muhammed, der für sie als Karawanenführer arbeitete, heiratete sie, obwohl sie 15 oder 16 Jahre älter war als er. Angeblich zählte sie damals 40 Jahre. Dies läßt sich aber schwer mit der Angabe vereinbaren, daß Chadîdža Muhammed sechs Kinder, von denen aber nur die jüngste Tochter, Fatima, überlebte, gebar. Diese heiratete später Muhammeds Vetter Ali, den Sohn Abu Talibs. (Dies ist wichtig wegen der späteren Frage der Nachfolge des Propheten: die Schiiten, die nur leibliche Nachkommen Muhammeds aus dieser Ehe als Chalifen oder Imame anerkennen, spalteten sich wegen dieser Frage von den Sunniten ab.)

Muhammed besaß genügend Muße, sich mit den Religionen der Juden und Christen auseinanderzusetzen. Da ihm die nötigen Sprachkenntnisse fehlten, konnte er sich mit den Religionen der »Bücherbesitzer« allerdings nicht aus erster Quelle bekannt machen.

Immer mehr sah er die Raffgier, Habsucht und Unmoral der Mekkaner, die ihre Lebensgewohnheiten nicht ändern wollten. Daher wollte er den Eingottglauben durchsetzen und die Mekkaner zum Glauben ihrer Väter zurückführen. Immer öfter zog er sich zur Meditation in eine Höhle zurück, aber erst im Alter von vierzig Jahren oder mehr begann er, seiner

Umgebung seine Visionen mitzuteilen. Diese Visionen begannen im Monat Ramadân, dem Fastenmonat. Nach der Überlieferung war es der Engel Gabriel, der ihm jeweils Teile des Korans offenbarte. Daß er damals nicht lesen und schreiben konnte, geht aus der Überlieferung hervor, nach der ihm der Engel befahl, den Inhalt seiner Botschaft zu lesen bzw. zu rezitieren. Muhammed erwiderte, er könne nicht lesen. Darauf drückte der Engel die mit Schriftzeichen versehene Brokatdecke so fest an Muhammed, daß dieser glaubte, ersticken zu müssen, und der Engel wiederholte den Befehl: »Lies!«, und Muhammed konnte lesen.

Die von Allah über den Engel Gabriel geoffenbarten Wahrheiten wurden erst zwanzig Jahre nach Muhammeds Tod von seinen Anhängern aufgezeichnet und im Koran, der aus 114 Kapiteln, den Suren (skr. súra oder súre -eta), besteht, gesammelt. Die ersten Anhänger gewann der Prophet in seiner eigenen Familie. Als seine Frau Chadîdža starb, heiratete er Aiša, die Tochter des späteren Chalifen Abu Bekr. Sie nahm in seinem Harem unter den vielen Frauen die erste Stelle ein. Die ständigen Zwistigkeiten mit den wichtigsten Führern der Stadt Mekka führten schließlich im Jahr 622 dazu, daß Muhammed die Stadt verließ. Er wurde von der Stadt Jathrib, die später Medîna an-nabî »Stadt des Propheten« oder kurz Medîna »Stadt« genannt wurde, aufgenommen. Es sollte in der Folge zehn Jahre und mehrere Kriege dauern, bis Muhammed die letzten heidnischen Reste in Mekka beseitigen konnte. Die Kaaba allerdings erklärte er zum höchsten Heiligtum.

1.2 Die Glaubenswahrheiten und -pflichten
Die grundlegenden Glaubenswahrheiten sind: 1) der Glaube an den einzigen Gott Allah. Beim Aussprechen seines Namens sagt man džele šánuhu (arabisch »gepriesen sei sein erhabenes Wesen«), 2) der Glaube an die Engel (bosnisch melek), 3) der Glaube an die göttlichen Bücher (kitab), 4) der Glaube an die Propheten (pejgamber), 5) der Glaube an das Jüngste Gericht, 6) der Glaube an die Vorherbestimmung des Schicksals durch die Vorsehung Gottes.

Unter den göttlichen Büchern, die von Muhammed anerkannt wurden, sind: Tevrat (die Thora, von Moses geoffenbart), Zebur (der Psalter Davids), Indžil (das Evangelium, von Jesus geoffenbart) und schließlich der Koran, der das letzte göttliche Buch ist. Nach ihm wird es keines mehr geben. Auch andere Gestalten des Alten Testaments gelten als Propheten, so Adem (Adam, der erste Mensch), Nûh (Noah), Ibrâhim (Abraham).

Neben der materiellen Welt bestehe auch eine geistige, jenseitige Welt (ahiret). Am Tag des Jüngsten Gerichts müßten alle Menschen Zeugnis über ihre Taten ablegen. Dann werden die guten Menschen mit dem Paradies (džennet) belohnt, während die schlechten in der Hölle (džehennem) bestraft werden.

Der Glaube an die Vorherbestimmung des Schicksals bedeutet nicht, daß der Mensch keinen freien Willen habe, Gutes oder Böses zu tun.

Die Dreifaltigkeit und die göttliche Natur Jesu, die das Christentum lehren, werden vom Islam abgelehnt. Aus dem jüdischen Zeremonialgesetz übernahm Muhammed das Verbot des Genusses von Schweinefleisch, wozu er noch das Alkoholverbot fügte.

Der Islam erhebt den Anspruch, Gemeingut der gesamten Menschheit zu sein. Unter den Ungläubigen müsse der Islam gewaltsam verbreitet werden, während die »Schriftbesitzer« gegen eine Toleranzsteuer geduldet wurden.

Die Sittenlehre des Islam ist von der des Christentums nicht wesentlich verschieden.

Die Quelle der Lehre des Islam ist vor allem der Koran. Nach dem Tod Muhammeds kam auch alles, was von ihm als Ausspruch (arabisch hadîth, bosnisch hadis) oder als Handlungsweise überliefert ist, als Religionspflicht zur Geltung. Diese Überlieferung insgesamt nennt man Sunna (bosnisch sunet, aus türkisch sünnet). Schon bald nach Muhammeds Tod kam es in der Frage seiner Nachfolge zur Spaltung in Sunniten (Nachfolger des Propheten sind die gewählten Chalifen/Kalifen) und Schiiten (Nachfolger des Propheten, die Imame, sind Nachkommen von Muhammeds Schwiegersohn Ali und seiner Tochter Fatima). Die bosnischen Muslime sind Sunniten. Sie gehören, so wie die Türken, zur Rechtsschule der Hanefiten (hanefija »Anhänger der hanefitischen Rechtsschule«), die von dem Rechtsgelehrten Abu Hanîfa (8. Jahrhundert) gegründet wurde. Die Rechtsschulen unterscheiden sich nicht in den Glaubenslehren des Islam, sondern nur in Details der Gesetzesanwendung und in Einzelheiten des Ritus. Es werden vier Rechtsschulen unterschieden.

Der Islam beruht außerdem auf den fünf wichtigsten Pflichten des Muslime. Diese sind: 1) das Glaubensbekenntnis (šehadet) öffentlich kundzutun, 2) die vorgeschriebenen Gebete (namaz) zu verrichten, 3) im Monat Ramazan (Ramadan) zu fasten, 4) die vorgeschriebenen Almosen (zekat, vitr) zu geben, 5) die Pilgerfahrt zu den heiligen Stätten (haddž) durchzuführen.

Die wichtigsten Bräuche, die mit den Pflichten der Muslime im Zusammenhang stehen, werden in den Kapiteln II 1.3, 1.4, 2.10, 2.11, 2.12 beschrieben.

1.3 Gebet (namaz)
Der Namaz besteht aus sechs Teilen (rukn): Tekbir (Anrufung Allahs), Stehen, Rezitation, Verbeugung, Berührung des Bodens mit der Stirn, Sitzen. Eine Einheit, bestehend aus einem Stehen, einer Verbeugung und zwei Berührungen des Bodens mit der Stirn, heißt Rekat (oder Rećat). Das Gebet kann zwei, drei oder vier Rekat haben. Pflicht des Gläubigen ist es, fünfmal am Tag den Namaz auszuüben: Sabah (Morgengebet), Podne (Mittagsgebet), Ikindija (Nachmittagsgebet), Akšam (Abendgebet) und Jacija (Nachtgebet). Jeder Namaz hat seine bestimmte Zeit und seine bestimmten Gebetstexte, die rezitiert werden.

Zum Gebet muß der Gläubige die Vorbedingungen (šart) erfüllen. Diese bestehen darin, daß Körper, Kleidung und Ort des Gebets rein sein müssen, die vorgeschriebene Waschung (abdest/avdest) vorgenommen werden muß, die Kleidung dezent ist, das Gebet zur richtigen Zeit verrichtet wird, er sich in Richtung Mekka (kibla) verbeugen und zum Gebet entschlossen (nijjet) sein muß.

1.4 Die rituelle Waschung (abdest)
Die rituelle Waschung beginnt mit dem Bismillah (im Namen Allahs), darauf wäscht man die Hände dreimal, dann werden der Mund gespült und die Nase gereinigt, darauf wäscht man das Gesicht vom Haaransatz bis unter das Kinn und von einem Ohr zum anderen, hierauf die Unter-

arme bis über den Ellenbogen, zuerst den rechten, dann den linken, je dreimal. Dann fährt man mit der nassen Hand über das Gesicht und über Ohren und Hals, schließlich werden die Füße dreimal bis über die Knöchel gewaschen. Siehe Abb. 70.

1.5 Die islamische Zeitrechnung

Bei den Muslimen der ganzen Welt beginnt die Zeitrechnung mit dem Jahr 622, der »Flucht« Muhammeds von Mekka nach Medina. Da der Islam auf der Arabischen Halbinsel entstanden ist, wo neben dem täglichen Sonnenauf- und -untergang besonders die Mondphasen beobachtet wurden, die die Möglichkeit der Einteilung der Zeit in größere Zeitabschnitte boten, ist es natürlich, daß das islamische Jahr ein Mondjahr ist. Die Arabische Halbinsel befindet sich nahe genug dem Äquator, sodaß die Jahreszeiten nicht so ausgeprägt sind. Das Mondjahr, dessen Monate 29 oder 30 Tage aufweisen, verschiebt sich damit laufend gegenüber dem Sonnenjahr. Das Jahr besteht aus 354 oder 355 Tagen. Alle 33,2 (Sonnen-)Jahre fallen der Jahresbeginn des Mond- und des Sonnenjahres wieder zusammen. Um das Mondjahr in die christliche Zeitrechnung umzurechnen, gilt folgende Faustregel: Man nehme das gesuchte Jahr, z. B. 1994, ziehe von ihm 622 (den Beginn der islamischen Zeitrechnung ab), was 1372 ergibt. Da das Mondjahr kürzer ist, muß noch ausgerechnet werden, wie oft 33 in der erhaltenen Zahl enthalten ist. $1372 : 33 = 41,6$. Die erhaltene Zahl 41,6 oder gerundet 42 wird zu 1372 dazugezählt, was 1414 ergibt. Damit bekommen wir eine Annäherung auf ein Jahr. Umgekehrt, wenn wir wissen wollen, was dem islamischen Jahr 1414 entspricht, so müssen wir zunächst 622 dazuzählen; das ergibt 2036. Da das Mondjahr in einem Zyklus von 34 (Mond-)Jahren vorauseilt, müssen wir die Jahreszahl 1414 durch 34 dividieren; dies ergibt 41,6 (gerundet 42), was wir von 2036 abziehen müssen. Das Resultat ist 1994.

Um die muslimischen Monate und Feste gegenüber dem christlichen Kalender festzulegen, wird ein islamischer Kalender, der Takvim (s. Abb. 73) genannt wird, benötigt. Er dient auch dazu, die Gebetszeiten zu bestimmen. Diese Kalender wurden früher in Bosnien in einheimischer Sprache, aber in arabischer Schrift von der Islamischen Glaubensgemeinschaft herausgegeben. (Die arabische Schrift diente auch sonst für Veröffentlichungen religiöser Literatur.) Heute erscheinen die Kalender in Lateinschrift.

Einige Monatsnamen dienen auch als Vornamen.

Die Monatsnamen sind:
1. Muharrem; 30 Tage (der Beginn des islamischen neuen Jahres; der 1. Muharrem 1415 entsprach dem 10. Juni 1994)
2. Sefer; 29 Tage
3. Rebbi-ul-Evvel; 30 Tage (am 12. wird der Geburtstag des Propheten Muhammed, der Mevlud, gefeiert)
4. Rebbi-ul-Ahir; 29 Tage
5. Džumada-l-Ula; 30 Tage
6. Džumada-l-Ahira; 29 Tage
7. Redžep; 30 Tage
8. Šaban; 29 Tage
9. Ramazan (Ramadan); 30 Tage (der Fastenmonat, die Nacht zum 27. ist die Nacht der Verheißung, Lajlat-ul-kadra. Dies ist die wichtigste Nacht des Jahres, denn in ihr begann Allah Muhammed, den Koran zu verkünden).
10. Ševval; 29 Tage (vom 1. bis 3. das Bajramfest, das Ende der Fastenzeit)
11. Zu-l-Ka´de; 30 Tage
12. Zu-l-Hiddže; 29 Tage (vom 10. bis 13. sind die Tage des Kurban Bajram, des Opferfestes).

2. Religiöse und andere Gebräuche

Die in diesem Buch beschriebenen Sitten und Gebräuche der bosnisch-herzegowinischen Muslime wurden 1993/94 unter Flüchtlingen und Gastarbeitern erhoben. Der Großteil dieser Erhebungen wurde von Prof. Besim Ibišević aus Srebrenica in Klagenfurt und anderen Orten Kärntens durchgeführt. Die Daten der wichtigsten Informanten werden unten angegeben; der Vorname ist kursiv wiedergegeben. Unter ihm und der Angabe der Herkunft werden die Gewährsleute im folgenden identifiziert. So lassen sich auch regionale Unterschiede im Brauchtum feststellen. (Die Gemeinden sind den Karten Abb. 6 und 7 zu entnehmen.) Das Brauchtum ist natürlich in der wissenschaftlichen Literatur dokumentiert (dabei verweise ich besonders auf die Bücher von Hangi und Mulahalilović, s. Literaturverzeichnis, S. 191), für unsere Untersuchung war es jedoch von Interesse, was die einfachen Muslime selbst über ihre Bräuche und Kultur wissen.

2.1 Die Informanten
Die Informanten sind teils als Gastarbeiter seit 1970, zum größeren Teil aber als Flüchtlinge 1992 aus verschiedenen Gegenden Bosniens nach Österreich gekommen. Gemeinsam ist den Befragten, daß sie alle vom Land stammen und eher ungebildeten Schichten angehören, sodaß sie eine relativ homogene Gruppe bilden. Ihren Berufen nach sind sie Bauern und Bäuerinnen, Arbeiter und eventuell Handwerker sowie Hausfrauen. Die meisten Flüchtlinge sprechen nicht oder kaum deutsch. Die Gastarbeiter sind dagegen in voller Absicht, oft schon vor Jahrzehnten, ins Ausland gegangen, um ihren Lebensstandard zu erhöhen. Vielfach ließen sie ihre Familien nachkommen, manche oder alle ihre Kinder wurden auch in der neuen Umgebung geboren. Die Kenntnis der deutschen Sprache war für sie am Arbeitsplatz unumgänglich notwendig, zumindest in dem für den Beruf notwendigen Ausmaß. Bei den Flüchtlingen ist die Situation anders. Der Schock der Flucht sitzt tief. Auch wenn sie sich schon über zwei Jahre in Österreich aufhalten, empfinden sie ihren Aufenthalt immer noch als etwas Vorübergehendes und Kurzzeitiges. Da sie als Flüchtlinge auch nicht in den Arbeitsprozeß integriert werden kön-

nen, besteht für sie die Notwendigkeit der Erlernung der deutschen Sprache nicht. Wenn auch viele von ihnen Deutschkurse absolviert haben, sind die Resultate doch sehr bescheiden. Sie sammeln sich entweder um bosnisch-herzegowinische Klubs oder um ihre religiösen Einrichtungen. Auf die Frage »Wie sind Sie nach Österreich gekommen und aufgenommen worden?« drücken die meisten Flüchtlinge ihre Dankbarkeit dem österreichischen Staat gegenüber, der sie aufgenommen und versorgt hat, aus, wenn es auch gelegentlich Klagen über die Unterbringung und die lange Dauer des Lebens als Flüchtling ohne Perspektiven für die Zukunft gibt. Der österreichische Staat verteilt die Flüchtlinge nach bestimmten Quoten auf die einzelnen Bundesländer, wohin sie in die sogenannte Landesbetreuung entlassen werden. Die Flüchtlingen erhalten Unterkunft, Verpflegung. Solange sie sich im Flüchtlingsstatus befinden, erhalten sie keine Arbeitsgenehmigungen. Wenn es in Einzelfällen gelingt, eine Arbeitsgenehmigung zu erhalten, wird der Flüchtling aus der Landesbetreuung entlassen und in der Folge als Gastarbeiter behandelt. Abgesehen von einigen jüngeren Leuten, die Arbeit gefunden haben oder auswanderungswillig sind, wollen alle wieder in ihre Heimat zurückkehren.

Unsere wichtigsten Informanten waren die folgenden:
Frau *Vasva* Pašić, geboren 1926, Gemeinde Sanski most; Frau *Fatima* Dautović, geboren ungefähr 1926, Zvornik; Herr *Salih* Salihović, geboren 1921, Novo Selo, Gemeinde Zvornik; Herr *Jusuf* Pašić, geboren 1923, Čaplja, Gemeinde Sanski Most (Bauer und Maurer); Herr *Tajib* Đogić, geboren 1938, Lukavica, Gemeinde Gračanica, Bezirk Tuzla, seit 1972 in Österreich, Pensionist; Herr *Bajro* Imširagić, geboren 1928, Palanka, Gemeinde Brčko, Bauer, seit 1970 in Österreich, seit 1985 Pensionist; Frau *Nasva* Trako, geboren 1918, Dorf Pračica, Gemeinde Pljevlja, Sandžak, Serbien, lebte in Foča, Bosnien, Flüchtling; Herr *Nurija* Ribić, geboren 1939, Šatorovići, Gemeinde Brčko; Herr *Rahman* Heveševič, geboren 1941, Džakule, Gemeinde Gračanica, Zimmermann, seit 1972 in Österreich; Frau *Šefika* Mahić, geboren 1945 in Zenica, seit 1969 in Österreich; Herr *Ramo* Mehmedović, geboren 1944, Dorf Liplje, Gemeinde Zvornik, Arbeiter, seit 1973 in

Österreich; Herr *Besim* Mehmedović, geboren 1968, Liplje, Zvornik, Sohn des Vorigen; Herr *Jusuf* Serdarević, geboren 1935, Jasenovo, Miljevina, Gemeinde Foča, Arbeiter, seit 1992 Flüchtling.

2.2 Grußformeln

Mit der Übernahme islamischer Sitten und Gebräuche kamen auch türkisch-arabische Grußformeln in Gebrauch. Am Morgen begrüßt ein Muslim einen anderen mit sabah hajr olsun »der Morgen möge glücklich sein« (Varianten: sabah hajrola, sabah hajrosum) oder sabah šerif hajrola (mit šerif »der Edle« ist der Angesprochene gemeint), die Antwort darauf lautet: Alah razi olsun »Gott möge zufrieden/einverstanden sein« (Varianten: Alah razosum, rarazosum). Der Abendgruß lautet: akšam hajr olsun »der Abend möge glücklich sein« (Varianten: akšam hajrola, akšam hajrosum), die Antwort lautet so wie beim Morgengruß: Alah razi olsun (mit Varianten).

Der häufigste Gruß und Gegengruß zu jeder Tageszeit lautet merhaba (arabisch, verkürzt aus dži´ta merhaban »du bist an einen weiträumigen Ort gekommen«, d. h. »unter Freunde«). Daneben wird der unter allen Muslimen der Welt gebräuchliche Gruß esselamu alejkum/selam alejkum/selam alejćum, arabisch, »Friede über euch« gebraucht, mit dem Gegengruß ve alejkumu sselam »auch über euch Friede«. Wenn Personen mit theologischer Bildung zusammenkommen, können sie sagen: Esselam alejkum ve rahmetullahi ve berekatuhu »Friede über euch und Barmherzigkeit und Gottes Fülle/Segen«. Zur Antwort sagt man: ve alejkumu sselam ve rahmetu llahi ve berekatuhu »und über euch Friede und Barmherzigkeit und Gottes Fülle/Segen«.

Wenn sich zwei Muslime voneinander verabschieden, sagen sie Alah emanet »Gott befohlen« (von arabisch amanet »Vermächtnis«). Als Antwort kann man auch sagen ejsahadile (türkisch eyi sahat ile »zu guter Stunde«), Varianten: ejsahatile oder ejsadile.

Diese Grußformeln werden von erwachsenen Männern und Frauen benützt, von den letzteren etwas weniger. In den vergangenen Jahrzehnten waren die muslimischen Grußformeln seltener geworden, besonders von der atheistisch erzogenen Jugend wurden sie kaum noch gebraucht und durch die allgemeinen serbokroatischen Grußformeln verdrängt:

dobro jutro »guten Morgen«, dobar dan »guten Tag«, dobar večer »guten Abend«, do viđenja »auf Wiedersehen«, zdravo »servus, hallo, ciao, tschüs« usw., daneben die Formeln mit christlichem Anstrich wie pomozi bog »helf Gott«, zbogom »mit Gott (auf Wiedersehen)«, oder anstelle des Grußes trat die Frage nach der Gesundheit: Kako si? »Wie geht es dir?«, Kako ste? »Wie geht es Ihnen/euch?« u. a.

Seit 1990 kamen die islamischen Grußformeln wieder mehr und mehr in Mode. Die Grußformeln konnten auch zur gegenseitigen Neckerei verwendet werden. So wurde mir erzählt, daß ein ungezogener Jugendlicher in Maglaj katholische Ordensschwestern regelmäßig mit Merhaba begrüßte, während er andererseits zum Hodža das christliche Pomozi bog! sagte.

Unter den Bosniaken sind die muslimischen Grußformeln heute wieder im Vormarsch.

2.3 Namengebung

Die Mehrzahl der bosnisch-herzegowinischen Muslime trägt muslimische Vor- und Familiennamen. Diese Namen sind größtenteils arabischer, seltener persischer, noch seltener türkischer Herkunft. Das Türkische ist allerdings durch Jahrhunderte als Vermittler dieser Namen aufgetreten, sodaß ihre lautliche Übernahme aus der türkischen Sprache bisweilen zu erkennen ist. Als Beispiel sei die Vertretung des arabischen [w] als [v] und der Ersatz des arabischen kurzen [a] als [e] im Türkischen angeführt, z. B. Mevlida (Frauenname) aus arabisch mawlîd »Geburtstag (Muhammeds)« oder Enver aus arabisch anwar »der Glänzendste«. Namen mit đ sind meist persischer Herkunft, z. B. Đula »Rose« (weiblicher Vorname), und die mit Đul- zusammengesetzten Namen, z.B. Đulzada »Rosengeborene«. Zu den häufigsten Vornamen gehören z. B. Muhamed, Ibrahim, Mustafa, Omer, Mehmed, Alija, Abdulah, Safet u. a. bei den Männern und Fatima, Hatidža, Aiša, Mirsada, Mevlida, Enisa usw. bei den Frauen.

Nach dem Zweiten Weltkrieg wurde es bei den Muslimen üblich, ihren Kindern auch nichtorientalische Namen zu geben, entweder serbische und kroatische oder internationale oder Phantasienamen. Ismet Smailović führt in seinem Wörterbuch der muslimischen Vornamen orientalischer Herkunft in Bosnien-Herzegowina als solche nichtmuslimische Namen an: Admir, Almir, Denis, Fatmir, Goran, Indira, Ismar, Jadranka, Jagoda, Jasna, Plema, Sanela, Slobodan, Vesna, Zarema, Zlata, Zlatko, Zoran etc. Unter diesen Namen sind einerseits serbischkroatische Namen wie Goran, Jadranka, Jagoda, Jasna, Slobodan, Vesna, andererseits Phantasienamen wie <u>Admir, Fatmir, Ismar</u>, die zwar ihrer phonetischen Struktur nach orientalischer Herkunft sein könnten, es in Wirklichkeit aber nicht sind. Manchmal sind sie aus Namenteilen der Eltern zusammengesetzt; so könnte Fatmir beispielsweise aus einer Verbindung von Fatima und Mirza hervorgegangen sein. Eine dritte Gruppe bilden internationale Namen wie Denis oder Indira. Derartige Namen sind freilich unter den Muslimen in der Minderzahl geblieben. Sie galten als Abwendung von der Religion, die jahrzehntelang propagiert wurde. Als Modeerscheinung sind Namen populärer Sportler oder Filmstars zu werten, z. B. Robert, Dino, Alen, Ervin, Armin, Elvira, Lidija, Alisa usw. Sie sind häufiger in ethnisch gemischten Ehen zu finden, eher in den Städten als auf dem Lande.

Ein Charakteristikum der bosnisch-herzegowinischen Namen ist ihre Art Kurzformen oder Koseformen zu bilden. Diese Erscheinung ist schon im 17. Jahrhundert (genauer 1660) von dem türkischen Reisenden Evlija Čelebija (Çelebi) festgestellt worden. [Čelebija bedeutet »(vornehmer) Herr«.] Diese Wortbildungsregeln entsprechen den allgemein serbokroatischen Regeln, nach denen bei den Kosenamen an die erste Silbe des Namens die Endung -o (oder -a) angefügt wird, z. B. Mehmed – Meho, Husein – Huso, Hasan – Haso, Hajrudin – Hajro, Bahrudin – Bahro, Sulejman – Suljo, Ahmet – Ahmo; Fatima – Fata, Hajrija – Hajra, Mevlida – Mevla, Fahrija – Fahra. (Natürlich bestehen auch andere Arten von Koseformen, aber die genannte Art ist die wichtigste.)

Früher war es häufiger Sitte als heute, daß die Kinder den Namen des Monats im islamischen Mondjahr, in dem sie geboren wurden, erhielten: Šaban, Muharem, Redžep, Ramadan (Ramo). Ein Knabe, der zum Bajramfest (siehe Fasten) geboren wurde, konnte den Namen Bajram – Bajro erhalten, ein Mädchen, das in der 27. Nacht des Fastenmonats Ramadan geboren wurde, erhielt den Namen Lejla. (Die Etymologie des Namens ist unklar, aber die Namengebung kommt jedenfalls vom arabischen Appelativum lajla »Nacht«). Ein Mädchen, das zum Geburtstag des Propheten (Mevlud) geboren wurde, konnte Mevlida genannt werden.

Die Geburtstage der Familienmitglieder wurden früher bei den Bosniaken nicht gefeiert. Diese Sitte hat sich erst nach dem Zweiten Weltkrieg in Anlehnung an die entsprechende Sitte bei den Christen ausgebreitet, mehr in den Städten als auf dem Lande. Die Bosniaken feierten früher auch nicht das neue Jahr am 1. Januar, wohl aber den Beginn des muslimischen Mondjahres.

Die Namengebung selbst erfolgt auf folgende Weise: Gewöhnlich rufen die Eltern den Hodža (den zuständigen Imam) am siebenten Tag nach der Geburt des Kindes ins Haus. Die Mutter badet das Kind und zieht es frisch an. In Anwesenheit der näheren Verwandtschaft wird es dem Hodža in die Arme gegeben, der es unter Lobpreisung Allahs (Bismillah und Tekbir) übernimmt, sich in Richtung Mekka wendet und dem Kind mit halblauter Stimme ins rechte Ohr den Gebetsruf (ezan) und dann ins linke Ohr den Ikamet (Gebet vor dem eigentlichen Beginn des Namaz) rezitiert. Danach liest er noch einen Abschnitt aus dem Koran vor und beendet die Zeremonie mit einem Gebet. Darauf spricht er das Kind mit dem Namen, den die Eltern ausgewählt haben, an, und damit ist die Namengebung beendet. Der Imam gratuliert den Eltern und Verwandten und wünscht dem Kind Glück und ein langes Leben. Gewöhnlich werden die Eltern den Imam und die Gäste bewirten.

Im Volke besteht da und dort der Aberglaube, daß man Kindern, deren Geschwister tot geboren oder als Kleinkind gestorben sind, prophylaktisch den Namen eines starken und gefährlichen Tieres geben solle. Solche Namen sind bei den Muslimen Kurt (türkisch »Wolf«), Arslan (türkisch »Löwe«), Esed (= arabisch asad »Löwe«). Eine andere Möglichkeit ist es, das Kind sein ganzes Leben lang mit einem anderen Namen zu rufen als dem, der ihm gegeben wurde. Eine Flüchtlingsfrau aus Maglaj trug offiziell den Namen Rukija (1) »Aufstieg, Fortschritt«, 2) »Verzauberung«), sie wird aber Belka (Belkisa) (Name der Gemahlin König Salomons, Königin von Saba) genannt. Sie war ein schwaches und zurückgebliebenes Kind und ist auch heute körperlich behindert, geistig aber sehr rege.

Eine Patenschaft im christlichen Sinne (kumstvo) besteht bei den Muslimen nicht. Vergleichbar ist vielleicht die Schurpatenschaft (šišano kumstvo). Wenn das Kind das erste Lebensjahr vollendet hat, werden ihm erstmals die Haare geschnitten. Derjenige, der das macht, wird als Schurpate betrachtet. Früher bestand die Sitte, wenn das Kind kränklich oder schwach war, es samt einer Schere auf die Straße zu tragen. Der erstbeste, der vorbeikam, mußte es scheren und wurde so zu seinem Schurpaten. Dabei hofften die Eltern, daß dieser Passant ein kräftiger und gesunder Mann sein solle, damit das Kind ebenso werde wie er. Der Schurpate hat die Pflicht, das Kind zu beschenken, aber auch ihm wird von den Eltern ein Geschenk gemacht. Nach der Volksüberlieferung werden die ersten abgeschnittenen Haarlocken unter einen jungem Obstbaum unter die Erde vergraben, damit das Kind wachse wie der junge Obstbaum, damit es gesund und kräftig werde.

2.4 Häufige Namen, Sprache, Völker

Auf die Frage, was denn in ihrem Dorf die häufigsten Vornamen seien, ob es Dialektunterschiede in Bosnien gebe, und auf die Frage, wie das Verhältnis zwischen den bosnischen Nationen war, antworteten einige der Informanten folgendes:

Vasva (Sanski most): Mein Vater hieß Huso (Husein); sein Onkel (väterlicherseits) hieß Juso (Jusuf). Sadik und Avdo (Abdullah), das sind muslimische Namen. Im Dorf gab es auch Ibrahim, Muhamed. Das waren die häufigsten Namen. In einem Haus waren drei Fata (Fatima).

Fatima (Zvornik): Bei den Frauen sind häufige Namen Mina, Azemina, bei den Männern Hamid, Ramo, Abid. Wenn man aus seinem Dorf ins nächste geht, gibt es gleich Unterschiede in der Sprache. Die Einen dehnen ein bißchen. In Kamengrad spricht man anders, und in Kozarac [beide Orte im westlichen Bosnien, in der Bihaćka krajina bzw. der Banjalučka krajina] sprechen sie auf ihre Weise. Im östlichen Bosnien spricht man schon wieder anders. In unserem Dorf gab es nur Muslime, in den umliegenden Dörfern aber auch Kroaten und Serben. Wir sind ein Gemisch. Vor dem Krieg gab es keinerlei Probleme zwischen uns und ihnen. Bei uns gab es keine Zigeuner, aber weiter weg, in der Nähe der

Stadt Zvornik. Dem Glauben nach waren sie Muslime. Jeder hat sich um seine Angelegenheiten gekümmert. Bei uns gab es auch Serben, wir sind gut mit ihnen ausgekommen. Wir haben sie nicht gestört und sie uns nicht. Ich weiß nicht, wie das alles gekommen ist.

Salih (Zvornik): Die häufigsten Männernamen bei uns sind Ibrahim, Omer, Muharem, Salih, Bajro, Adem, Selim, Sejdalija, Frauennamen: Nura, Hasiba, Džemila, Hana, Tima.

Jusuf (Sanski most): Häufige Männernamen sind: Hase, Huso, Jusuf, Osman, Mumin, Remzo, Hamzo, Himzo, weibliche Namen: Fatima, Mina, Esma, Hasnija, Vasva, Ramiza usw. Bis zu diesem Krieg (1992) gab es kaum gemischte Ehen; bei uns nur zwei, drei. Nach dem Zweiten Weltkrieg nur bei einem, einem gewissen Halidbeg, der hat sich mit einer Serbin verheiratet.

Tajib (Gračanica): Gemischte Ehen gab es früher nicht; jetzt gibt es viele, vielleicht seit dreißig Jahren. Die meisten Mischehen gibt es unter Lehrern. Die kommen von auswärts: Orthodoxe, Muslime, Kroaten, Makedonier. Mein Dorf ist muslimisch, nur jetzt gibt es einen kroatischen Lehrer, einen Katholiken aus Modrić [am Fluß Bosna], der bei uns geblieben ist. Alle fünf- bis fünfeinhalbtausend Einwohner bei uns in Lukavica, Gemeinde Gračanica, Bezirk Tuzla, sind Muslime.

Bajro (Brčko): Häufige männliche Vornamen sind Mujo, Muharem, Ibrahim, Salih, Salko. Weibliche Namen sind Mina, Fatima, Džemila.

Jede Mundart hat ihre Besonderheiten. Bei uns um Brčko sagt man gore »oben, hinauf«, dole »unten, hinunter«, aber schon um Zvornik sagen sie goramo, dolamo.

Gemischte Ehen gab es früher ebenso wie heute. Das Dorf war für sich, aber die Nachbarn waren Serben und Kroaten.

Nasva (Pljevlje, Sandžak): Geläufige Vornamen sind: Ibrahim, Smail, Ismet, Mina, Emina, Devlija. Mein Vater hieß Nazif und mein Onkel väterlicherseits Tahiraga.

Der Dialekt in meinem Dorf ähnelt schon ein wenig dem Montenegros, das ich verlassen habe. 1937, als ich heiratete, ging ich nach Bosnien. An gemischte Ehen war damals überhaupt nicht zu denken. Später schon, wenn auch sehr selten. Die Beziehungen zwischen Muslimen, Serben und Montenegrinern waren sehr gut. Nur, man hat die Frauen versteckt, damit sie kein Serbe sieht. Vor dem Krieg haben mich im Dorf keine fünf Männer gekannt. Nach dem Zweiten Weltkrieg hat sich alles vermischt.

Die täglichen Gebete kann ich hier nicht einhalten. Wie soll ich den Avdest (Waschung) vornehmen aus diesem Schälchen. Sieh, wie mein Bettzeug aussieht. Man braucht einen reinen Körper und eine reine Kleidung zum Beten. Das schmerzt mich. Ich hätte nie gedacht, daß ich das auf meine alten Tage erleben muß.

Nurija (Brčko): Geläufige Namen sind: Mujo, Ahmet, Mustafa; Fatime, Mine, Hanke, Have, Ize, Zehre. Früher gab es keine gemischten Ehen.

Rahman (Gračanica): Heute gibt es genug gemischte Ehen. Aber wenn meine Tochter einen Serben oder mein Sohn eine Serbin geheiratet hätte, hätten sie nicht mehr zu Hause erscheinen dürfen. Ich bin Mitglied der Islamischen Glaubensgemeinschaft in Klagenfurt und Mutevelija (Verwalter). Hier ist unsere Moschee, unser Hodža. Wer will, kann jederzeit teilnehmen. Niemand verbietet es uns hier.

Šefika (Zenica): Salih, Asim, Mahmud; Nusreta, Aiša. Ich kann mich nicht erinnern, daß es früher in Zenica Feindseligkeiten zwischen den Völkern gegeben hätte. Heute ist nichts mehr wie es war. In Österreich haben wir zwar die Bedingungen für ein Glaubensleben, aber kaum einer nimmt daran teil. Hier, wo ich jetzt wohne, gratuliert niemand, wenn Bajram ist, geschweige denn zu einem anderen Anlaß. Man ißt Schweinefleisch, sie geben ihren Kindern allerlei Namen, schämen sich der islamischen. Wie soll ich meine Tochter Fatima nennen, wie würden sie sie in der Schule nennen?

Ramo (Zvornik): Muhamed, Idriz, Ramo, Avdo; Fatima, Nura, Hurija, Aiša. Wir hatten mit den Serben kaum Kontakte, weil sie weiter entfernt von uns lebten. Wir haben sie nicht als Feinde (dušmanin) betrachtet; sie haben sich damals auch anders verhalten. Wenn ein Serbe durchs Dorf ging, hüstelte er, damit unsere Frauen Zeit hatten, sich zu verbergen. Alkohol wurde immer getrunken, aber nicht viel. Auch destilliert wurde. In den Dörfern gab es wenige gemischte Ehen, in den Städten schon. In den Dörfern bestanden einfach die Kontakte nicht.

2.5 Erklärung einiger Vornamen

Einige der Vornamen – vor allem die oben als »häufig« bezeichneten – wollen wir im folgenden erklären. Die Namen werden dabei in der Form, wie sie in Bosnien üblich ist, wiedergegeben, ohne Konsonantenverdopplungen (diese werden allenfalls in den Erklärungen angeführt). In einigen Fällen schreiben wir Akzentzeichen wie sie in der Slawistik für das Serbokroatische gebraucht werden. Die Erklärungen erheben keinen Anspruch auf Vollständigkeit.

Abdulah, männl., Koseform Abdo, Avdo, arab. »Knecht Gottes«.
Abid, männl., arab. »fromm«.
Adem, männl., arab. »Adam«.
Ahmed (Ahmet), männl., arab. Elativbildung zur Wurzel H-M-D ›Lob‹ »der Gelobteste«, vgl. Mehmed, Muhamed, Mahmud, Hamid.
Aiša, weibl., arab. »Die Lebende« (Name einer der Frauen Muhammeds).
Alija [àlija], männl., arab. »hoch, erhöht, edel« (Name des vierten Chalifen, Schwiegersohn Muhammeds).
Alìja, weibl., zum vorigen.
Asim, männl., arab. »Verteidiger, Hüter«.
Atifa, weibl., arab. »barmherzig, mitleidig«.
Azemina, weibl., Koseform Mina, Etymologie unklar, vielleicht zu Azim, arab. »unerschütterlich«.
Bajram, Koseform Bajro, männl., türk. und pers. »Feiertag« (ein Kind erhält häufig diesen Namen, wenn es am ersten Tag des Bajramfestes geboren wird).
Bego, aus türk. beg »Offizier, Adelstitel«.
Dèvlija, weibl., von der Koseform Dévla, diese aus Dèvleta, arab. »Glück; Herrschaft, Staat«.
Džemila, weibl., arab. džamîl »schön, lieblich«.
Emina, Koseform Mina, arab. »ehrenhaft, treu«.
Esma, weibl., arab. »hoch, groß, erhaben«.
Fatima, weibl., Koseform Fata, Tima, arab. (Name der Tochter Muhammeds); die Wurzel F-T-M bedeutet »das Kind der Mutterbrust entwöhnen«.

Hámid, männl., arab. »der, der (Gott) preist«, Part. präsens zur Wurzel H-M-D (vgl. Ahmed, Mehmed, Muhammed, Mahmud).
Hàmza, männl., Koseform Hámzo, arab. »Löwe; stark; wild« (dient auch als prophylaktischer Name zum Schutz gegen böse Geister).
Hana, s. Hanke.
Hanifa, weibl., arab. »rechtgläubig, wahrhaft«.
Hanke, Hankija, abgeleitet von der Koseform Hana, dieses von Hanifa, Hanuma u. a.
Hanuma, weibl., türk. hanım »edle Frau«.
Hàsan, männl., Ableitungen Háse, Háso, aus dem Arab. »schön, gut, hervorragend«.
Hasiba, weibl., arab. »edel, vornehm«.
Hasna [hásna], weibl., Ableitung Hàsnija, zu Hasan.
Hava, weibl., Variante Have, arab. »Eva«.
Hifzija, männl., modifiziert Himzija, Koseform Hímzo, zur arab. Wurzel H-F-Z »bewahren; auswendig lernen« (ein Hafız; ist einer, der den Koran auswendig kann).
Himzo, s. Hifzija.
Hùrija, weibl., arab. »Paradiesjungfrau; schwarzäugiges Mädchen«.
Husein, Koseform Huso, arab. deminutiv zu Hasan »der kleine Schöne«.
Ibro, männl., zu Ibrahim »Abraham; Vater des Volkes« (Ibrahim wird als der Begründer der Kaaba angesehen).
Idriz, Variante Idris, männl., arab. Etymologie unklar, vermutlich zur Wurzel D-R-S »lernen, studieren« (entspricht dem Enoch, Henoch der Bibel).
Ismet, männl., arab. »Schutz, Unschuld, Tugend«.
Iza [íza], weibl., Variante Ize, Koseform zu Izeta »Kraft, Ehre, Stolz«.
Jasmina, weibl., nach der Pflanze.
Jusuf, Koseform Juso, arab. »Josef«.
Latifa, weibl., arab. »sanft, gut, nett«.
Mahmud (Mahmut), männl., arab. »der Gelobte, Gepriesene«, derselbe Stamm wie in Ahmed, Mehmed, Muhammed, Hamid.
Mejra, weibl., Variante Merja, Koseform von Merjema »Miriam, Maria«.

Mina, s. Azemina, Emina, Jasmina.

Muhamed, Koseform Hama, Hamo, Muho, Mumo, Mušo, männl., arab. muhammad »der Gepriesene«, dieselbe Wurzel H-M-D wie in Ahmed, Mehmed, Mahmud, Hamid.

Muharem, männl., arab. »behütet, unverletzlich, heilig; Name des ersten Monats nach dem islamischen Kalendar«.

Mujo, s. Mustafa.

Mumin, männl., arab. »der Gläubige, Rechtgläubige«.

Mustafa, Koseform Mujo, arab. »der Erwählte, Ausgezeichnete«.

Nazif, männl., arab. »rein«.

Nasveta, weibl., Koseform Nasva, arab. »mittlere«.

Núrija, männl., Nùrija, weibl., Koseform Núra, arab. »hell leuchtend«; vgl. arab. nûr »Licht«.

Nusret, männl., Nusreta, weibl., arab. »Hilfe; Sieg«.

Omer, männl., türk. Ömer, arab. Etymologie unklar, hängt wohl mit der Wurzel ¢-M-R »Leben« zusammen; Name des zweiten Chalifen.

Osman, männl., arab. »Junges der Trappe; Junges der Schlange« (wahrscheinlich prophylaktischer Name zum Schutz gegen böse Geister; Name des dritten Chalifen; Name des Gründers des Türkischen Reiches).

Ramàdan, Koseform Rámo, arab. »Name des neunten Monats des islamischen Kalenders, des Fastenmonats«.

Ramìza, weibl., arab. »die sich allegorisch/symbolisch ausdrücken kann«.

Remzija, männl., Koseform Rémzo, arab. »allegorisch, symbolisch, mystisch«.

Sadik, männl., arab. »aufrecht, wahrhaft, treu«.

Salih, männl., Saliha, weibl., Koseform Salko, Salka, arab. »gut, ehrenhaft«.

Seid, männl., Seida, weibl., arab. »glücklich«.

Seidalija, männl., zusammengesetzt aus Seid und Alija.

Selim, männl., arab. »gesund, behütet, sicher«.

Smail, männl., arab., Modifizierung von Ismail »Samuel«.

Šaćira, weibl., modifiziert von Šakira, arab. »dankbar«.

Šefíka, weibl., arab. »mitfühlend, zärtlich«.

Tahir, männl., arab. »rein, unschuldig«.
Tajib, männl., arab. »gut, schön, ehrbar, gesund«.
Tifa, weibl., Koseform von Atifa, Latifa.
Tima, s. Fatima.
Vasva, weibl., Koseform von Vasvija, arab. »beschrieben, qualifiziert, qualitätvoll«.
Zajko, männl., Koseform von Zaim, arab. »Anführer«.
Zehra, weibl., Variante Zehre, arab. »Frau mit hellem Gesicht; erblüht«.

2.6 Volkstracht
2.6.1 Männertracht
Die Männer bedeckten ihren Kopf früher mit dem traditionellen Fes von roter Farbe, wie er allgemein in der Türkei getragen wurde. Gewöhnlich war der Fes mit einer schwarzen Quaste verziert. Während sein Tragen in der Türkei im Zuge der Europäisierungsmaßnahmen von Kemal Atatürk in den zwanziger Jahren verboten wurde, konnte sich diese Kopfbedeckung in Bosnien und der Herzegowina länger halten, gelegentlich sogar bis heute. Der rote Fes mit dem um ihn geschlungenen weißen Tuch ist das äußere Zeichen der Schriftgelehrten oder »Glaubensdiener«, während die Mekkapilger gold- oder silbergewirkte Tücher tragen.

Die traditionelle Tracht (Festtracht eines bosnischen Begs s. Abb. 2, verschiedene Frauentrachten s. Abb. 27–29, 78, Kleidung zur Zeit der Okkupation s. Abb. 14, 25, 59, 67–69, 71) ist heute zwar stark zurückgegangen, aber sie ist noch nicht gänzlich ausgestorben. Wie sie aussah, wird – auch unter Berücksichtigung regionaler Unterschiede – von unseren Informanten folgendermaßen beschrieben:

Vasva (Sanski most): Mein Vater trug einen bunten Schal um den Fes, in Turbanart (čalma) gewickelt. Das Hemd bestand aus Leinen (bez) und wurde selbst gewebt. Darüber trug man eine Weste (prsluk) und einen Umhang (gunj) mit gestickten, fest gedrehten Seidenschnüren zur Verzierung, der anstatt eines Mantels verwendet wurde. Dieser Umhang war aus blau gefärbtem, grobem Wollstoff (čoha). Die typischen, oben weiten, um die Waden aber engen Hosen nannte man Čakšire. Sie wurden von al-

33 · 34
35

38
39

42 · 43
44

45
46

47 · 48
49

Mostar. Partie bei Hotel Narenta. МОСТАР.

55
56

61
62

Ramazan-Musik.

68
69

70 · 71
72

تقویم

زا غودینو ۱۳٦۳

ژرەدینو
پرقفەسۆر محمد م. قنطارجیچ

خروانىقا درژاونا ئىسقارا ق زاغرەبو
پۆدرۇژنیحا ق سارایەوو
۱۹۸۳

ناقلادنا قىزارا حاجى احمد قویوڠىچ، سارایەوو

پرقنا نام سوفرا ناپوروپىلا ایزدانا:

حدیبا نۆلیج: » ایز ژیبوقتا محمد طيه السلام « قۆنا
(قۆقورنه جرنیحە) .... لاتینیحۆم ٦۰
حل ئىمنایى: » ملادیجق پریروفی «(قملادینسفە
پریحە) ٦۰
تۆردۇ تۆوزریحەنو ٩۰
» غاشەوریحەو مولۆد « ۱۰
» مۆسلیبانسقە بۆناحقە پیەسمە « ٦۰
سیف الله پرقىج: » شروط الصلاة «(نامازلۆق) ٥۱
محمد قنطارجیج: » تقویم ٧ الافرانقا سانو
زا غودینو ۱۳٦۳ (۱۹۸۲) ۳۰

ناروچبە پریا ای ازورشۆوە:

قىزارا حاجى احمد قۆیۆڠىج
سارایەوو، براوا جیلۆز ر ٦

جیەنە بەز ژبۆژە

بەلەژفە	دان ق نیەدنو	درجە بىرج جدى	واقتیا	اسماك	ایزلاز سۆنحا	پۆدنە	ایكندیا	یاجیا
نۆرا غودىنا ۱۳٦۳	قىنۆراق ۱	۰	۵۷ ۷٢	١ ١۰	٢ ٥٢	٧ ۲۸	٩ ۳۸	۱ ۳۳
	سریەدا ۲	٦	٥۸ ٢٩	۱۰	٥٢	۲۸	۳۸	۳۳
	جەتورنناق ۳	٧	٥٩ ٣۰	۰٩	٥٢	۲۸	۳۸	۳۳
نۆرا غودىنا ۱۹۸۲ سیەجان	پەناق ٤	٩	۰۱ ٣١	١ ۰۸	٢ ٥١	٧ ٢٧	٩ ۳۸	۱ ۳۳
بۆزنا	سۆبۆنا ٥	۹	٥٦	۰۷	٥۱	٢٧	۳٧	۳۳
نەدیەلا ٦		۱۰	٥٧ ٢	۰٦	٥۰	٢٦	۳٧	۳۳
(د ۳۸ س ٧ ن)	پۆنەدیەلاق ۷	۱۱	٥٩ ٣	٠٠	٥۰	٢٦	۳٧	۳۳
	قىنۆراق ۸	۱۲	۰۰ ٤	۰٤	٢٩	٢٥	۳٧	۳۳
یوم عاشورا، زەمەریبە،	سریەدا ۹	١٠	۰۱ ٦	۰٢	٢۸	٢٥	۳٧	۳۳
بۆغۇیاولىتە	جەتورنناق ۱۰	١۰	۰۳ ۷	۰١	٢۷	٢٦	۳٦	١ ۳۳
	پەناق ۱۱	١٥	۰۲ ٢	٠١	٢٦	٢٣	۳٦	۳۳
	سۆبۆنا ۱۲	۱۷	۰٢ ٤	..	٢٥	٢٢	۳٦	۳۳
	نەدیەلا ۱۳	۱۸	۰۰ ٤					
(د ۳۵ س ٦ (د)	پۆنەدیەلاق ۱٤	۱۹	۰٦ ۱۰	۱۲ ٥٩	٢١	۲۲	۳٦	۳۲
	قىنۆراق ۱٥	۲۰	۰۷ ۱۱	۱۲ ٥۷	٢ ٢۰	۷ ٢۱	٩ ۳٦	۱ ۳۱

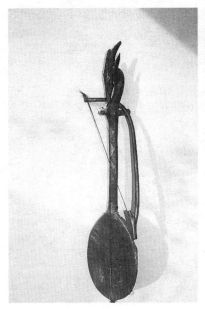

74 · 75
76

len, jung und alt, getragen. Wenn man nichts anderes besaß, konnten sie aus Leinen gemacht werden. Weite Leinenhosen trug man ansonsten im Sommer. Zur Ausstattung gehörte ferner ein breiter Ledergürtel (pas) oder ein roter Gürtel aus Wolle, der ebenfalls mit Stickereien verziert sein konnte. Er diente zur Aufbewahrung von allerlei Gegenständen, z. B. der Rauchutensilien oder auch des Geldes. Die Schuhe (Bundschuhe, opanci, Einzahl opanak) waren aus Leder; sie besaßen keine eigene Sohle, sondern waren aus einem Stück Leder gemacht und schön geflochten. Die bunten Socken (priglavci) oder Strümpfe wurden selbst gestrickt. Das war die Feiertagstracht. Zur Arbeit trugen die Männer lodene Überröcke. Eventuell hatten sie auch Ringe, meistens solche aus Silber.

Auch die Kinder trugen solche Opanken, Schuhe gab es damals nicht. Die Opanken wurden aus Schafsleder gefertigt; daraus wird auch das Obergeflecht (oputa) gearbeitet.

Salih (Zvornik): Die Hosen (gaće) waren aus Flachs gewebt. Der wurde ausgesät, die Frauen spannen ihn und webten ihn dann. Auch das lange Hemd war aus Flachs. Später hat man auch Leinen (malta) genommen, es zugeschnitten und genäht. Im Winter trug man die Čakšire; diese hatten einen großen Hosensack (tur). Moderne Hosen hat man kaum getragen. Auf dem Kopf die weiße Kappe (bjelaća kapa) und den Fes. Wenn man sich besser anzog, trug man Kleidung von Leinen (bez): ein Hemd und darunter die Hosen. Die Opanken (čaruk, čarug) hat man in Zvornik beim Opankenschuster (čarukčija, čarugdžija) gekauft. Die selbstgemachten (prijesni opanci) wurden bei uns aus Rindsleder gemacht, die Sohle. Dann nimmst du die Ahle (šilo), stichst die Löcher rundherum hinein und machst das Obergeflecht. Aus Loden war die grüne Đečerma, eine ärmellose Weste (prsluk). Darüber kam der Gunj. Diese Umhänge wurden Sarajevoer Gunj genannt. Der Gürtel war aus Wolle, gewebt, etwa 20 cm breit und gefärbt, auch um den Kopf gewickelt trug man ihn.

Jusuf (Sanski most): Ich erinnere mich gut an meinen Großvater. Er trug die Čakšire, den Ferman (vorne offene Weste, verziert mit Seidenschnüren) und den Gunj. Natürlich auch den Fes, den trug auch mein Vater bis zu seinem Tod. Der Großvater (did) trug auch den Schal um den Fes gewickelt. Dann trug man noch die Đečerma und ein Hemd, aus

Flachs (keten) gemacht. Den Flachs hat man ausgesät, nach der Ernte im hölzernen Mörser (stupa) gestoßen, dann wird er gesponnen und gewebt, und danach hat man aus diesem Stoff die Hemden und Hosen (gaće) geschneidert. Später hat man auch das Leinen (bez) gekauft. Im Sommer hat man meistens nur Hemd und Gaće, weite weiße Hosen, getragen. Die Winterkleidung war meistens aus Wollstoff (čoha), z. B. die Čakšire, der Fermen (der war kürzer) und der Gunj (der war größer). (Unter Fermen versteht man eine vorne offene Weste, verziert mit Seidenschnüren; sie wird nicht zugeknöpft). Die Umhänge, genannt Gunj, waren meistens aus Wolle, dann kamen sie in die Presse (stupa) und wurden ausgewalkt.

Die Männer trugen oft Gürtel und Pistolen (kubura), wenn sie zur Hochzeit gingen. Die Pistole steckten sie dann in den Gürtel, dieser diente auch zur Unterbringung eines Messer, des Geldbeutels und anderer Dinge. Die Opanken waren aus Rindsleder, das Obergeflecht vom Schaf. Aber davon gab es verschiedene Arten. Als der Vater aus dem Krieg zurückkam, begann sich die Kleidung zu ändern, vor allem die Hosen, jedoch auch anderes. Die Kleidung kam meist aus Böhmen. Bei uns waren drei Juden (čifut), die sie von dort bezogen. An Schmuck trugen die Männer höchstens Ringe (prsten, burme).

Tajib (Gračanica): Bei uns trugen die alten Leute sommers und winters die Šarvale, die aus schwarzem Leinen gemachten Hosen; um die Mitte werden sie mit Gummi festgehalten, um die Oberschenkel sind sie ganz weit. An Oberbekleidung hatten sie noch eine ärmellose Weste, die Ječerma oder Ječmerica genannt wurde. Sie hat zwei Taschen. Ferner gab es den Umhang aus grobem Wollstoff (Schafwolle), der Gunj genannt wurde. Den trug man über der Weste. Die Weste konnte auch mit Stickereien verziert sein, blau, rot, von verschiedenen Farben. Daran kann ich mich erinnern.

Der Kopf war bedeckt vom Fes, dem Ćulah, oder der Bjelica. Der Ćulah (Filzkappe) ist von weißer Farbe, aus Wolle. Die Bjelica ist ebenfalls weiß, wie schon der Name sagt, aber aus Zwirn. Die Frau hat dir das fein machen können. Im Sommer trug man nur Unterhosen, Šarvale und das Hemd. Für die Hemden war das Leinen aus Flachs. Das andere für die Hosen (pelengaće) war ein stärkeres, so eine Art Zeltleinen (čaderbez).

An den Füßen hatte man dicke, gestrickte Strümpfe, und die Schuhe hießen Putravci. Sie wurden aus Kuhhaut gemacht. Ich habe noch zugeschaut, wie sie mein Vater gemacht hat: Zuerst wird die Haut getrocknet, wenn man eine Kuh geschlachtet hat, dann schneidet er sie mit dem Messer aus, schneidet das Überflüssige weg, umsäumt sie, befestigt oben die Riemen und verziert sie. Ähnlich den serbischen. Damals hat man auch Opanken aus Gummi (mit Gummisohle, das Oberteil aber bestand aus Leder, später trat anstelle des Ledergeflechts eines aus Schnüren) und Galoschen (kaljače) getragen. Die sind auch aus Gummi, diejenigen, wie sie die Hodžas tragen.

Wann die Tracht außer Gebrauch gekommen ist, ist schwer zu sagen, die Šarvale gibt es noch immer; gerade jetzt schneidern sie die Jungen. Wie ich zu Hause war, ist ein Freund zu mir gekommen. Seine Großmutter hat ihm echte Šarvale gemacht, und die hat er nach Deutschland mitgenommen. Ansonsten ist die Volkstracht aber vor zwanzig, dreißig Jahren verschwunden.

Bajro (Brčko): Ich kann mich ab 1936 erinnern. Man hat Leinenhosen getragen (šarvale od platna), von schwarzer Farbe, mit rotem, breitem, wollenem Gürtel. Hinten hatte die Hose einen Sack, einen Hosenbeutel (tur), ziemlich weit. Als Oberbekleidung hatten sie eine kurze Weste mit Ärmeln (prsluk-koparan), ebenfalls von schwarzem Leinen. Darunter trug man ein weißes Leinenhemd mit weiten Ärmeln. Die Hemden wurden aus feiner, weicher Baumwolle gewebt. Die Ärmel hatten Bänder und mit denen wurden sie bei der rituellen Waschung hochgehalten, indem man sie hinter den Hals legte. Ferner hatte man einen Wintermantel, ebenfalls aus Leinen – nicht aus Tuch – mit schrägen Taschen. Dazu kam der Fes. Die älteren hatten oft einen Turban um den Kopf, einen Schal um den Fes.

Die Opanken wurden Šiškari genannt. Das waren die, die ein bißchen moderner gemacht wurden, daß man sie tragen konnte. Sie waren aus Leder, Schafsleder (ćurena koža). Die Oputra (Nestelriemen) wurde aus dem Schafsleder ausgeschnitten, für das Oberteil. Für den Alltag waren die Plijesni opanci. Bei diesen wird die Oputra aus Schnur gemacht. Sie wird geflochten.

An Schmuck trugen die Männer Ringe aus Silber, eventuell auch Taschenuhren, wenn sie ein bißchen wohlhabender waren.

Nasva (Sandžak): Als ich ein kleines Mädchen war, sah die Tracht so aus: Die Männer trugen die Čakšire aus schwarzem Wollstoff (čoha). An andere Farben kann ich mich nicht erinnern. Die Wolle wurde gesponnen, daraus wurde der Wollstoff gewebt und dann gewalkt, dann brachte man ihn zum Schneider, der ihn weiterverarbeitete.

Wenn die Männer in die Moschee gingen, trugen sie Schuhe aus weichem Leder ohne Absätze, die Mestve genannt wurden. Heute hat man an ihrer Stelle Galoschen (kaloše). Sie werden wie Pantoffeln angezogen und sind aus Gummi.

Außerdem hatte man einen schönen Fes, feine Hemden aus Baumwollstoff, eine schöne Jacke, darüber die Weste vom Schneider.

Wenn die Burschen ihre Ausflüge machten, trugen sie Sommerkleidung. Sie trugen diese weißen, feinen Sommerhemden, aus reiner Baumwolle gewebt und zwar selbst gewebt, nicht fertig gekauft. Die Hemden waren bei uns Muslimen nicht verziert wie bei den Serben.

Zu Hause trug man andere Keidung. Über die Weste zog man eine vom Schneider gefertigte Jacke (kaput). Die alten Männer haben den Fermen (eine Art Weste) getragen, die jungen aber nicht. Der Fermen reichte bis zum Gürtel und war aus schwarzem Wollstoff. Verziert waren sie bei uns nicht. Am Kopf hatte man nur den Fes, andere Kopfbedeckungen gab es nicht.

Im Sommer hatte man bei der Arbeit weiße, lange Hosen (gaće), schön aus Leinen geschneidert, und oben das Hemd. Daran erinnere ich mich, als ich ein Mädchen war; 1937 habe ich geheiratet.

Nurija (Brčko): Die älteren Männer schlangen einen Schal mit würfelförmigem Muster um den Fes. Dieser Schal wurde aus gewebter Schafwolle hergestellt und im Winter getragen. Die Bezeichnung dafür ist Poša. An Fußbekleidung trug man die Pašnjaci, eine Art Opanken aus Rindsleder. Ich habe sie selbst gemacht. Man schneidet ein Stück Leder von der Größe des Fußes aus, wenn es getrocknet ist. Ebenso den Riemen zum Schnüren. Dann gab es noch die Čelićki opanci, ähnlich den Pašnjaci. Die Opanken sind um 1957 verschwunden, die Volkstracht bis heute nicht; sie ist nur selten geworden. Ich habe einen Onkel mütterlicherseits, fast neunzig Jahre alt, er will nichts anderes anziehen als die Šarvale.

Ramo (Zvornik): Neben dem Fes trug man auch den Ćulah; der ist aus Filz, gewalkt und weiß. Später kamen die französischen Barette (Baskenmützen) auf.

Die Čakšire wurden im Winter getragen, mit Schnüren zur Verzierung, aus Filz gewalkt. Sie hatten unterhalb des Knies Schnallen (kopča). In Zvornik gab es Schneider in der Čaršija, die sie herstellten. Die Gürtel waren aus feiner Wolle, es gab aber auch die breiten Ledergürtel, genannt Silah (bedeutet eigentlich Waffe) oder Bensilah. Er besaß mehrere Fächer, in die man Gegenstände geben konnte: Pfeife, Messer, Geld, auch die Pistole (kubura) wurde hineingesteckt.

Unter dem Hemd trug man nichts. Das Hemd war aus Uzvod (mit Seidenstreifen durchzogenes Leinen) oder aus Baumwolle (pamuk) gewebt, und darüber stellenweise eine Art dickerer Baumwolle, sodaß Linien erschienen. Es hatte breite Ärmel ohne Knöpfe, keine Verzierungen.

Die Opanken für den Sommer hießen Prješnjaci. Diese machte man selber; sie können im Winter nicht getragen werden. In der Čaršija gab es Opankenmacher, die welche für den Winter machten, mit Sohlen aus Gummi und Nägeln. Sie heißen Gumenjaši.

Es gibt heute noch ältere Männer, die die Anterija aus schwarzem Leinen und die Čakšire tragen. Die Anterija ist ein Oberkleid mit weiten Ärmeln und schwarzen Knöpfen und dazu Schlingen, in die sie eingehängt werden. Das ist aus sogenanntem »Zeug« (cajg), schwarzes Leinen, glatt, schaut wie Seide aus.

Goldschmuck ist den Männern nach islamischen Grundsätzen nicht erlaubt, auch Seide nicht. Höchstens silberne Ringe. So habe ich es gehört.

Jusuf S. (Foča): Die Männerkleidung bestand aus Kaput, Fermen, Džemadan, Čakšire, Rajtozne, Gunj, Fes. Sie trugen auch weiße Kappen mit Tuch umwickelt (»bijela kapa sa mahramom«); die weiten Hemden mit weiten Ärmeln hießen Grbe košulje, sie waren ohne Kragen. Die türkischen Fesse hießen Fesovi stambolci.

Der Džemadan ist aus rotem Tuch (čoha), ohne Ärmel, wie eine Weste (prsluk). Man trug ihn über dem Hemd. Rundherum sind schwarze Schnüre eingestickt. Er hatte keine Knöpfe, sondern war offen. Über ihn trug man den Fermen. Dieser war etwas kürzer, schwarz, zum Zuknöpfen. Darüber kommt der Mantel (Rock, kaput). Einst trug man auch die Umhänge (gunj), die mit roter Baumwolle ausgestickt waren und Borten hatten.

Die Mäntel (Röcke) waren aus schwarzem, gewalktem Stoff. Dieser war gestrickt und dann gewalkt, ihn trug man zum Schneider, der Maß nahm und den Mantel schneiderte. Die Hemden wurden von Weberinnen gemacht, die das Leinen auf den Webstühlen webten. Die älteren Leute trugen geflochtene Strümpfe (čarape na popljet), aus bunter Wolle, Hüttenschuhe (nazuvci), Opanken aus Rindsleder (fašnjaci). Die Nazuvci waren wie Hausschuhe aus Wolle, zwei-, dreifärbig gestrickt.

Bei den »Fašnjaci« genannten Opanken wurde das Ochsenleder getrocknet und »na fašek« geschnitten. Faša wurde der Riemen genannt, nach dem die Länge und Breite der Opanken bemessen wurde. Dann wurden sie in lauem Wasser gesäuert, die Haare abrasiert und die Löcher rundherum geschlagen (nazumbaju se; zumba = Locheisen, Anschlageisen). Das Oberleder ist ein Riemen aus Schaf- oder Ziegenleder, der durch die Löcher des Unterleders durchgezogen wird. Die Wolle wird natürlich entfernt.

Daneben gab es auch die Firale opanci. Das sind leichte, flache Schuhe, die man zu allen Jahreszeiten trug. Das waren feinere Schuhe, die auch nicht jedermann selbst machen konnte, sondern sie wurden von Schustern hergestellt.

Die Gürtel waren vorwiegend rot, etwa vier Meter lang, dreißig Zentimeter breit. Dann trugen die Männer Leibbinden (tkanica), ähnlich den Gürteln, aber gewebt und von verschiedenen Farben. Mein Vater trug noch den Ledergürtel (bensilah). Ich habe von alten Leuten gehört, daß das auch gut für den Bauch war, der Ledergürtel hielt ihn wie ein Korsett, ähnlich wie ihn heute auch Kraftsportler besitzen. In den Bensilah steckte man verschiedene Dinge wie: Rasiermesser (britva), den früheren Čakmak (Feuerstahl mit Feuerstein), Tabaksbeutel (mušema), und gegebenenfalls auch seine Pistole (kubura). Man trug hier auch seine Pfeife oder Zigarettenspitze (muštikla, zu deutsch »Mundstückel«), schließlich auch das Geld.

Die älteren Männer trugen Gamaschen (tozluk) von weißer Farbe, die jüngeren Čakšire, schwarz gefärbt (mit schwarzer Farbe = karaboja) bis hinunter zu den Knöcheln. Dann gab es noch die Reithosen (rajtozne), ähnlich wie bei den Serben. Sie hatten Schlaufen (ilika) und Knöpfe und wurden untenhin zugeknöpft. Im Sommer trug man die Leinenhosen (gaće) und Hemden. Der Gunj war etwas armseliger als der Mantel, von schlechterer Qualität, etwas für alle Tage.

Reiche Männer trugen Ketten mit Edelsteinen, aus Silber, aber auch aus Gold, auch Ringe.

2.6.2 Frauentracht
Die Frauentracht hat seit dem Zweiten Weltkrieg wohl die stärksten Veränderungen mitgemacht, zumindest im Erscheinungsbild der Frau in der Öffentlichkeit (vgl. auch Abb. 61 aus der Zeit vor dem Zweiten Weltkrieg).

Vasva (Sanski most): Die Frauen trugen über der Unterwäsche eine Art Pyjama von weißer Farbe, aus Baumwolle gewebt, und darüber ein langes Hemd bis zum Boden. Darüber kam der Umhang aus Wollstoff, der den ganzen Körper verhüllte. Er wurde Feredža genannt, reichte ebenfalls bis zum Boden und hatte einen Sehschlitz für die Augen. Dann gab es noch eine kürzere Jacke und das weiße Turbet (feines, dünnes Leinentuch). Wenn die Frauen zu Besuch ausfuhren, bedeckte man die Wagen mit Kelims (ćilim), damit man sie nicht sehen konnte. Später, als ich zum Mädchen heranwuchs, kamen die Umhänge aus Leinen (zar) auf, die von verschiedener Farbe sein konnten, und die schwarzen gitterartigen Schleier (pećuh, vgl. Abb. 68, 69). Die Füße steckten in Jemenije, so einer Art Pantoffeln, aus Leinen und Wolle, die gestickt sein konnten, und wenn ein Frau reich war, konnte sie mehrere Golddukaten an sie anstecken. Der Name Jemenije kommt von Jemen; sie wurden aus dem Orient eingeführt.

Solange die Mädchen unverheiratet waren, trugen sie keinen Schmuck. Die Frauen aber konnten Dukaten oder silberne Reifen (belenzuk) in das geflochtene Haar stecken, auch in ihre Kopfbedeckung. Die Kappe der Frauen hatte oben den sogenannten Tepeluk. Darunter verstand man die flache, runde Platte, welche silber- oder goldgestickt war. An einer Schnur konnten die Frauen die Golddukaten aufreihen, wenn sie welche hatten. Über den Tepeluk wurde die Šamija (Tuch) geschlungen, aber so, daß man die goldenen Münzen sehen konnte. Auch der Gürtel wurde mit den Dukaten verziert.

An den Händen und Armen trugen sie silberne oder goldene Armbänder, Reifen (belenzuk und halhal). Um den Hals hatten sie Ketten, die wieder je nach Wohlstand mehrere Reihen von Dukaten haben konnten.

Fatima (Zvornik): Der Zar war aus gitterartigem, schwarzem Atlasstoff.

Salih (Zvornik): Die Frauen trugen ein langes, aus Leinen gewebtes Hemd und Gaće (Leinenhosen). Sie umgürteten sich mit einem roten Tuch (farcule). So gekleidet gingen sie zu Hochzeiten. Die Feredža war aus dickem Stoff (čoha), der Atlas genannt wurde. Der Zar war nicht aus diesem dicken Stoff, sondern aus buntem Baumwollstoff (basma). Das haben sie getragen, wenn sie zu Besuch ausgegangen sind. Früher haben sie sich völlig bedeckt. Aber das hat so vor vierzig Jahren aufgehört.

An Schmuck trugen sie Ringe und Halsschmuck (derdan, ogrlica); Ketten nicht, das kam erst später. Die Kinder trugen Hemd und Hosen aus Leinen, sonst nichts. Das Leinen wurde aus Flachs (ćeten) gewebt.

Jusuf (Sanski most): Die Frauen trugen lange Kleider aus verschiedenen Leinenarten oder aus Baumwolle. Später hat sich das geändert; man hat die Dimije (Pluderhosen, Abb. 28, 30, 71) getragen, so zehn Jahre nach dem Ersten Weltkrieg. Darunter trugen sie die Gaće. Auch Gürtel hatten sie. Die Feredža trugen sie vor dem Ersten Weltkrieg und einige Jahre danach, und zwar, wenn sie ausgingen. Das war allgemein. Später haben sie den Zar getragen; nach dem Zweiten Weltkrieg kam der aber ab. Von der alten Kleidung ist nichts geblieben, nur die Dimije. Die Strümpfe waren aus Wolle gestrickt.

An Schmuck trugen sie vor allem Ketten aus Dukaten, Struke genannt. Auch die Kappen (tepeluk) wurden mit Dukaten geschmückt. Wer keine besaß, hatte Silbermünzen oder Ringe. Wenn sie zur Hochzeit (pir) gingen oder auch am Bajram, zogen sie die altertümlichen Westen (jelek) an. Die sind verziert mit Schnüren wie von feinstem Silber (srma).

Tajib (Gračanica): Die alte Frauentracht ist wirklich ausgestorben. Ich erinnere mich an die langen Kleider, wie sie mein Vater für die Schwester besorgt hat. Die waren aus Leinen, so wie die Dimije. Ich glaube, daß es die in meinem Dorf noch heute gibt. Die Unterhosen waren ebenso aus Leinen wie das Hemd, das schön verziert war. Das Hemd war so lang, daß es die Füße bedeckt hätte, wenn man es nicht aufgeschürzt und mit einem Schal gebunden getragen hätte. An den Füßen hatten sie gestickte Pantoffeln (papuče), auch meine Mutter hatte solche. Auf den Kopf kam das Kopftüchlein (šamijica) mit den Blümchen (kere), mit denen es verziert wurde. Wenn sie Ketten (struka) mit Dukaten hatten, trugen sie diese auch um den Hals, das konnten zwanzig, ja fünfzig sein, je nach Vermögen. Sonst trugen sie an Schmuck Armbänder (narukvica). Ich weiß, daß man einstens gesagt hat, sie hat Perlen und Armreifen (biser i halhale). Daran kann ich mich noch von meiner Mutter erinnern.

Der Kopf wurde manchmal von einem kleinen Fes (fesić) bedeckt; darüber das genannte Tüchlein. Der Frauenfes war dem Männerfes ähnlich.

Die Feredža war schwarz; sie wurde umgehängt, nur das Gesicht schaute heraus, auch die Hände waren bedeckt. Das Gesicht wurde dann auch noch von einem schwarzen Gesichtsschleier (peča) bedeckt. Der Zar war ähnlich wie die Feredža, nur in anderen Farben.

Ich kann mich erinnern, wie meine Schwester das erstemal diese Kleidung abgelegt hat. Sie war schon verheiratet, aber meine Mutter hat ihr geflucht, weil sie sich entblößt hat. Ihr Mann hat sie dazu getrieben. Das war nach dem Zweiten Weltkrieg. Und dann ist es meiner Mutter genauso gegangen; sie mußte ihre alte Kleidung ablegen. Die Behörde hat es angeordnet, und fertig.

Bajro (Brčko): An die Feredža kann ich mich kaum erinnern. Das war ein Umhang aus schwarzem Leinen, wo man nur die Augen sehen konnte. Der Zar war im Unterteil wie ein Kleid, um den Gürtel war er gestickt (vez). Dann war da die Perelina (Pelerine). Diese hat sich oben fortgesetzt und wurde über die Schulter geworfen und zusammengebunden. Über das Gesicht wurde die schwarze Peča von vielleicht 40 cm Breite gelegt. Sie wird über die Stirn gelegt, dann kommt die Perelina. Darunter sind Bänder, die zugebunden werden.

Die Mädchen haben meistens die Pluderhosen getragen, in den Städten Röcke, auf dem Kopf ein Kopftuch (marama). Die Kopftücher der Frauen hießen Šamije. Das Tragen der muslimischen Frauenkleidung wurde 1946 nach dem Krieg verboten.

Nasva (Sandžak): In meiner Sippe war man sehr diszipliniert, so wie die Albaner. So wurde ich erzogen, da gabs nicht viel Ausgehen, man hat sich bedeckt. Die Frauen trugen lange Dimije, Blusen mit langen Ärmeln, nicht mit kurzen. Wenn man irgendwohin gegangen ist, wenn Hochzeit war, hat man den Zar angelegt. Die alten Frauen hatten noch die Feredža; die reichten bis zum Boden und waren schwarz, aus Čoha. Nur die Augen sieht man ein bißchen, sonst nichts. Wir Jüngeren hatten den Zar, und zwar welchen wir wollten, z. B. aus Leinen mit Heckenrosen (na šipke) bedruckt. Der Zar ist etwas kürzer als die Feredža. Dann mußte noch das schwarze Gitternetz (peča) sein, ähnlich wie Gaze. Das haben die Frauen und Mädchen getragen, wenn sie ausgingen, zur Hochzeit, auf einen Ausflug, in die Moschee, zum Mevlut.

Zu Hause hat man nur die Dimije getragen (Kleider gab es nicht); die waren aus verschiedenen Stoffen oder Seide und wurden handgenäht, teurer oder billiger, je nach Vermögen. Dazu kam die Bluse und das verzierte Kopftuch (okerana šamija). Über die Bluse kam eine Art Weste namens Đečerma, sie hatte gestickte Verzierungen.

Heute gibt es das nicht mehr. Als ich heiratete, hatte ich noch viele Andenken von meiner Schwiegermutter. Die hat der Krieg vernichtet, die Tschetniks haben sie verbrannt.

An Schmuck gab es Halsketten (ogrlica), goldene Mahmuddukaten (mahmudija; Goldmünze aus der Zeit des Sultans Mahmud II., 1808–39), einen großen Šorvan (Goldmünze), Glaskorallen (grmilica) auf der Brust. Auch Bernstein (ćehrubar) gab es. Dann die Kappe und oben den silbernen Tepeluk. Kettchen hatten wir nicht, als ich ein kleines Mädchen war, nur Halsschmuck (đerdan), Korallen (merdžan) und diese Dukaten.

An den Armen silberne Armkettchen (belenzuci), durchwegs Silber. Ringe haben nur die Frauen und Bräute getragen, nicht aber die Mädchen. Den Ring trägt man an der rechten Hand, selten an der linken, aber nur am Mittel- oder Ringfinger.

Nurija (Brčko): An die Frauentracht kann ich mich noch erinnern, und zwar von damals, als die Bauerngenossenschaften gegründet wurden, so 1948. Damals trugen die Frauen die Anterija (langes Oberkleid aus Seide, Halbseide oder bunter Baumwolle). Sie sind ähnlich der Pelerine (perelina), ähnlich wie ein Mantel. Über die Peča wurde schon gesprochen. An Zar und Feredža erinnere ich mich auch. Das wurde von Tito verboten, als ich ein Kind von sieben, acht Jahren war, als das russische System eingeführt wurde. Das Verbot war auch richtig, denn die Tschetniks haben sich nach dem Krieg oft als Frauen verkleidet und sich so versteckt.

Die älteren Frauen bedeckten den Kopf mit der Šamija, die jüngeren hatten gewöhnliche Kopftücher (marame). Die Šamije waren meist aus Sarajevo (daher »sarajevske šamije« genannt) und wurden auf der Baščaršija (dem Basar) gekauft.

Die Frauen trugen vorwiegend Pluderhosen (dimije). Ihr Stoff mußte wenigstens sechs Meter lang und zwei Bahnen breit sein.

An Schmuck trugen sie vor allem Bernsteinketten (ćehlubar), ähnlich wie die Gebetsschnüre, nur dicker.

Šefika (Zenica): Meine Tante hat den Dukatenfes (fesić od dukata) getragen, meine Mutter nicht. Der Fes war aus festem Material, rundherum waren an ihm goldene Dukaten aufgereiht, darüber trug man das Kopftuch (šamija), sodaß man die Dukaten sehen konnte.

Als kleines Mädchen trug ich zu Hause Dimije und auf der Straße Kleider. Meine beiden Schwestern gingen auch zur Schule in den Dimije.

Ramo (Zvornik): Die Frauen hatten Westen, Jelek genannt. Sie waren kurz, nur bis zum Gürtel, mit Silber und Gold bestickt, und wurden nicht zugeknöpft. Die kleinen Mädchen trugen lange Hemden aus Baumwolle, ćereće genannt. Die leinerne Hose heißt čuftijane (eine Art Pluderhose, auch čiftijane).

Später sind die Dimije gekommen. Die alten Frauen trugen die Feredža. Ich kann mich noch erinnern. Die Dimije gibt es auch heute; sonst ist die Frauentracht vor 30 Jahren verschwunden.

Die Frauen trugen Ketten mit Dukaten, und zwar mit den kleinen Goldmünzen (madžarije). Man hat sie nicht durchbohrt, weil sie sonst an

Wert verloren hätten, sondern mit Ösen versehen. Dann hat man auch größere Goldmünzen getragen, die Šorvani, aber nur eine an der Kette. Die Madžarije gibt es heute nur noch selten, dafür werden verschiedene Arten von Halsschmuck (ogrlice, lančići, đerdani) und Perlen getragen.

Als der Zar abkam, verwendeten die Frauen Tücher (bošča genannt). Das waren weiße Tücher, aus Ćereće gewebt (Baumwolltuch, mit eingewebten Seidenfäden oder andersartigen Baumwollfäden). Die Frauen haben das privat auf Webstühlen (stan) gefertigt. Sie haben sich darein gehüllt, sodaß nur das Gesicht herausgeschaut hat.

Jusuf S. (Foča): Die mit Dukaten geschmückte Frauenkappe wurde Počalica (Variante počelica, zu čelo »Stirn«) genannt. Die Stirn herunter hingen die Mahmud-Dukaten (mahmudija). Über die Kappe kam das Kopftuch (šamija). Die älteren Frauen trugen leinerne Kopftücher (bošča) bis zum Gürtel.

Ältere Frauen trugen, wenn sie in die Stadt gingen, die Feredža; die jüngeren den Zar und die Vala. Das war ein feines, schwarzes Tuch zur Bedeckung des Gesichts. Das war so bis zur Befreiung 1945. Der Zar war von verschiedener Farbe, die Feredža aber schwarz. Die Mädchen trugen Dimije und Blusen, aber keine kurzen Ärmel. Ab 1950 konnte man diese Trachten nur noch selten sehen.

Zu nennen ist noch die Kabare, ein Frauengürtel aus Seide, mit silbernen Schnallen von der Größe einer Zigarettendose. Unter den Goldmünzen erwähne ich auch die Vierteldukaten, genannt Rubija. Die Mahmudija ist am meisten wert, der Dukaten war etwas kleiner, geringer an Gewicht und Wert, schließlich die Rubija, ein halber Dukaten an Wert. All das war auf der Počalica.

Die Frauenkappe hatte einen silbernen Tepeluk; das schaut so aus wie ein silberner Deckel, der auf die Kappe gesteckt wurde. Rundherum die goldenen Dukaten. Alles mußte man nach dem Zweiten Weltkrieg aufgeben, als die alte Frauenkleidung verboten wurde.

Als Kind habe ich die leinernen Hosen und Hemden getragen. Wenn der Vater besseres Material, Bez oder Votanija, kaufen konnte, so galt das schon als moderner. Votanija, das ist so wie ein weißes Leintuch.

2.7 Beschneidung

Die Beschneidung (sunet/sunnet, sunetluk, sunećenje, auch obrezivanje) ist wahrscheinlich jener religiöse Brauch, der bei den Muslimen am konsequentesten vollzogen wurde und wird. Der chirurgische Teil der Zeremonie wurde früher von Barbieren (berbo) durchgeführt, die darin große Erfahrung besaßen und ihr Handwerk oft von ihrem Vater oder einem anderen »Meister« erlernt hatten. Aus ökonomischen und praktischen Gründen wurde die Beschneidung oft gruppenweise vollzogen, wenn der Barbier von Dorf zu Dorf reiste. Er mußte selbst Muslim sein, vor der Operation die rituelle Waschung vornehmen und die vorgeschriebenen Gebete sprechen. Er wurde für seine Tätigkeit mit Geld oder Geschenken entlohnt, ebenso wie die gefeierten Knaben, die an dem Tag das nicht mehr rückgängig zu machende Zeichen des Muslims erhielten. Seit den 20er Jahren mußten die Barbiere eine behördliche Genehmigung besitzen; nach dem Zweiten Weltkrieg wurde die Beschneidung durch die Kommunisten behindert, später aber durch Gesetze geregelt. Ab 1974 durfte die Beschneidung offiziell nur noch in Krankenhäusern vollzogen werden. In Wirklichkeit hielt sich aber fast niemand daran. Auch atheistische Muslime und Kommunisten ließen ihre Söhne beschneiden. In der Praxis spielte sich das oft so ab, daß der kommunistische Parteifunktionär seine Gattin beauftragte, die Beschneidung während seiner Abwesenheit in einer dienstlichen Angelegenheit durchführen zu lassen und ihn so nach seiner Rückkehr (angeblich) vor vollendete Tatsachen zu stellen, sodaß man ihn nicht belangen konnte.

Für die religiöse Zeremonie ist der Imam (Hodža) zuständig. Die Beschneidung wird auch bei Flüchtlings- und Gastarbeiterkindern Kärntens durchgeführt. Die bosnischen Flüchtlinge wenden sich dabei entweder an einen Arzt ihres Vertrauens, der Muslim sein muß (meist Chirurgen aus dem Nahen Osten) oder aber man wartet auf das Eintreffen von medizinisch geschultem Personal aus Slowenien. Dabei handelt es sich um in Slowenien ansässige Bosnier, die zur Beschneidung ermächtigt sind (sie haben Prüfungen auf dem Niveau einer Krankenschwester abgelegt) und bei Bedarf, wenn mehrere Knaben beschnitten werden sollen, zu diesem Zweck nach Kärnten einreisen. Die Operation ist ungefährlich; es kommt so gut wie nie zu Komplikationen.

Ramo (Zvornik): Die Beschneidung wird durchgeführt, weil es Vorschrift ist, einerseits aus hygienischen Gründen, andererseits als äußeres Zeichen der Muslime. Wenn der Knabe ein halbes Jahr oder ein Jahr alt ist oder auch zwei oder drei Jahre, wird der Barbier (berberin, berbo) bestellt, womöglich am Bajram oder sonst an einem Freitag. Der Barbier kommt jedes Jahr ins Dorf. Er schneidet die Vorhaut mit dem Rasiermesser weg; der Knabe wird dabei auf ein Brett gelegt. Die Mutter hält den Buben, während es der Barbier durchführt. Am besten ist es, wenn die Kinder noch klein sind, weil sie da noch keine Angst davor haben. Der Barbier verbindet auch die Wunde und sagt, was man machen soll. Wohin das Häutchen geworfen wird, weiß ich nicht.

Nasva (Sandžak): Wenn das Kind beschnitten wird, muß man zur Feier ein Abendessen (zijafet) vorbereiten und ein Gebet verrichten. Meine drei Söhne habe ich nach dem Zweiten Weltkrieg geboren, und so habe ich es gemacht. Der Hodža ist dabei, es werden die Nachbarn eingeladen: Heute ist bei mir Beschneidung: Kommt, daß wir zusammensitzen! In Pljevlje war ein Barbier, der hat meines Bruders Buben beschnitten, und sein Sohn ist zu mir gekommen und hat meine Söhne beschnitten. Mein Mann hat ihn oft zwei Tage durch die Dörfer geführt, und der Berbo hat die Beschneidung vollzogen. Zuerst kommt die Waschung (abdest), dann die Beschneidung, dann das Gebet, wo der Hodža dabei ist. Er betet (rezitiert), wir sagen nur das Amen dazu, während der Barbier die Beschneidung vornimmt.

Das Häutchen wird aufbewahrt. Es ist eine gute Tat (sevap), von Dorf zu Dorf zu gehen und zu sagen: mein Sohn ist beschnitten worden, und es den Kindern an die Stirn zu halten. Man bewahrt das auf und versteckt es. Ich habe das mit meinen dreien so gemacht.

Dem Barbier schenkt man ein Tuch (mahrama) oder ein silber- oder goldgewirktes Tuch (čevra), wer eines hat, oder ein Hemd. Dem Kind gibt man Geld; das wird unter den Kopfpolster gesteckt, die engere Familie kann auch Gold geben. Wenn es der erste Enkel ist, schenken die Großmutter (nena) und der Großvater (dedo) auch Gold.

Bei der Beschneidung hat sich nichts geändert. Mein Sohn hat auch drei Söhne. Bei ihnen war es genauso.

Jusuf (Sanski most): Dem Knaben wird Geld zugeworfen, und zwar auf die Trommel, wenn Musikanten bestellt sind. Die Mädchen werfen Hemden, Handtücher, Tücher, je nach Möglichkeit, darauf. Der Pate gibt am meisten, einer 100 Dinar, einer 50, einer 20. Auch der Barbier muß natürlich beschenkt werden. Die Beschneidung wird auch heute nach alter Sitte vollzogen.

Jusuf S. (Foča): Ich kann mich gut erinnern, als ich klein war und es mein Vater machen ließ. Das Kind bleibt einige Tage in der Wiege (bešika), wenn es klein ist. Die Wunde wird mit einer Salbe (mehlem) bestrichen. Man hat mehrere Knaben in einem Haus beschnitten. Am besten war es bei den kleinen Buben, da sie weniger bluteten und die Wunde schneller verheilte. Der Hodža vollzieht den religiösen Teil, den Tegbir. Dem Vater wird gratuliert (mubarećleisati); man schlachtet ein Lamm. Es war Sitte, daß man dem Kind etwas Geld schenkte. Das Häutchen hat man aufbewahrt, es an die Zimmerdecke gesteckt, bis es ausgetrocknet war und verschwunden ist.

Nach der Befreiung 1945 gab es längere Zeit überhaupt keine Beschneidung, und die Burschen sind aufgewachsen. Nun, sie haben sich geschämt, groß und unbeschnitten zu sein. Und so haben sich dann illegale Barbiere gefunden, die sich vor der Polizei und den Behörden verstecken mußten. Dann haben sie aber Bewilligungen von den Behörden bekommen, und sie gingen durch die Dörfer wie früher, um zu beschneiden. Ich habe gehört, daß man das jetzt auch im Krankenhaus machen lassen kann, und zwar ohne Hodža.

Nurija (Brčko): Verändert haben sich nur die Lustbarkeiten rundherum. Früher hat man Pferderennen, Wettläufe, Wettschießen usw. gemacht, wer sich das leisten konnte. Musik war dabei, Ziehharmonika selten, gewöhnlich bestand die Musik aus der Šargija (Saiteninstrument), der Tambura (ähnlich), Trommeln und dem Def (Handtrommel).

Für die Zeremonie braucht man den Barbier und den Hodža. Ich habe z. B. vergangenen Sommer (1993) meinen Enkel beschneiden lassen; dazu ist ein libyscher Hodža gekommen. Wenn ich zu Hause wäre, würde ich Feiern veranstalten und Preise aussetzen.

2.8 Schule, Familie, Religionsunterricht

Die Grundlagen des Islam wurden den Kindern, Knaben und Mädchen, früher in den Koranschulen (mekteb) vermittelt. Hier wurden die Kinder in der arabischen Schrift und Sprache, im Lesen des Korans und den Grundlagen der islamischen Religion unterwiesen. Den Abschluß der Schule bildete eine Prüfung, Hatma genannt, an die sich eine Feier in der Schule oder Moschee und eine Familienfeier zu Hause anschloß. 1950 wurden die Koranschulen vom Staat verboten, sodaß seit jener Zeit die Grundlagen der Religion in den Moscheen vermittelt werden mußten. Die einzige islamische Mittelschule (Gymnasium), die Gazi-Husrev-Beg-Medresa in Sarajevo, durfte bestehen bleiben, mußte sich aber in den siebziger Jahren den allgemeinen jugoslawischen Schulgesetzen unterwerfen, wodurch sie von acht auf vier Jahre – auf die Oberstufe – verkürzt wurde. Die Medresa untersteht dem Ältestenrat (starješinstvo) für Bosnien und die Herzegowina.

2.8.1 Schulbildung

Vasva (Sanski most): Als ich jung war, gingen nur wenige Kinder in die Schule, die Mädchen überhaupt nicht; in meinem Dorf nicht ein einziges Mädchen!

Nasva (Pljevlje): Mir haben die Eltern verboten, in die Schule zu gehen, so erging es allen Mädchen. Wozu soll ein Mädchen schreiben lernen? Da hat man schwere Fehler begangen. Nicht einen Buchstaben kann ich schreiben. Meinem Bräutigam konnte ich keinen Brief schreiben, hundertmal habe ich die Eltern deswegen verflucht.

Der Hodža hat die Kinder unterrichtet, täglich außer Freitag, denn freitags ging man in die Moschee. In der Mitte des Dorfes war ein altes Haus, das hat man dafür hergerichtet. Er lehrt sie zu beten (klanjati), die kleinen Gebete (dovica), die kleinen Suren, sodaß sie die täglichen Gebete (namaz) verrichten können. Wer den Musaf (= Koran) lernen will, geht weiter zum Unterricht. Dieser wird mit der Hatma abgeschlossen. Wenn deine Tochter den Koran gelernt hat, dann wird das mit Gebeten und einer Feier abgeschlossen, so als würde sie sich verheiraten!

Nurija (Brčko): In meinem Dorf wurde die Schule 1947 gegründet; ich gehörte zu den ersten Schülern. Es gab keine Schultaschen, keine

Bleistifte, aber man hatte Schiefertafel und Griffel. Auch die Mädchen wurden bei den Muslimen zur Schule geschickt, allerdings seltener.

2.8.2 Familie
Vasva (Sanski most): Ein Haushalt bestand durchschnittlich aus einer Familie von zwölf Personen. Auf die älteren hat man unbedingt gehört. Wenn es dämmerte, fragte schon die Schwiegertochter oder der Sohn: »Mutter, was werden wir frühstücken?« Oder die Söhne öffnen die Tür und fragen: »Großvater, wohin gehen wir heute? Was haben wir zu tun?« Der Vater ging einkaufen, er kümmerte sich um alles.

Nasva (Pljevlje): Man hat mehr miteinander gelebt und ließ sich nicht auseinanderbringen. 25 Jahre lang habe ich mit dem Đever (vgl. II 2.9) und der Jetrva (Schwägerin) in Gemeinschaft gelebt, acht Kinder geboren in der Gemeinschaft. Man weiß, wer das Kommando führt, der älteste, und die anderen gehorchen. So war die alte Sitte. Aber die ist heute verkommen.

2.8.3 Religionsunterricht, -ausübung
Vasva (Sanski most): Nach dem Zweiten Weltkrieg stand es schlecht mit dem Unterricht, vorher gut. Die Kinder sind in die Koranschule (mejtef) gegangen, wo sie vom Hodža unterrichtet wurden, die Mädchen mit sieben Jahren, die Buben mit neun. Sie haben gelernt, wie man betet und fastet. Wir haben alles auswendig gelernt, Jasin (Totengebet) und Mevlut (Geburtstag Muhammeds), von Rabil-jesil bis zum Mevlut. Wer konnte, der kaufte sich die Sufara (arabische Fibel) und hat nach dem Koran gelernt. Wenn ein Schüler den Koran gelernt hatte, wurde die Abschlußfeier (hatma) durchgeführt. Da kommt das Dorf zusammen und der Schüler wird mit Kleidern und Gold geschmückt, ein Koran wird ihm auf den Kopf gelegt. Dann gehen sie zur Moschee, von Mezarluk (Friedhof) zu Mezarluk, der Hodža, die Kinder und alle möglichen Leute. Danach wird Kolo getanzt, und die Mädchen singen. Schließlich kommen sie nach Hause, wo sie das Festmahl erwartet.

Salih (Zvornik): Der Hodža hat täglich unterrichtet, von Montag bis Freitag, samstags und sonntags aber nicht. Am Freitag betet er die Dova, die Kinder sagen Amen, und er sagt: »Kommt am Montag wieder.« Die

Hatma wird dann gefeiert, wenn der Schüler den Musaf kann. Dann sagt der Hodža zum Vater des Schülers: »Dein Kind hat den Musaf erlernt, den Koran. Wenn du willst, machen wir die Feier. Wenn nicht, dann eben nicht.« Der Vater sagt: »Ich will, komm dann und dann.« Dann werden alle Kinder, die unterrichtet worden sind, zusammengerufen, ebenso die Verwandtschaft, Nachbarn, Männer und Frauen. Sie bringen Geschenke mit: Geld, Handtücher, Hemden. Der Schüler sitzt vor dem Hodža. Dieser sagt, rezitiere mir dieses oder jenes, und der Schüler tut es. Dann wird die Dova gebetet und Amen gesagt, und damit ist die Prüfung zu Ende. Zum Schluß kommt das Festmahl, die Sofra wird ausgebreitet, im Haus oder auch im Freien, wenn das Wetter schön ist. Wieviel Volk soviel Tafeln. Aber getrennt, männliche extra (baška), weibliche extra. Zuerst kommt eine Suppe (čorba), dann eine salzige oder süße Pita. Und danach die Potkriža: Brot wird aufgeschnitten, übergossen und mit Fleischstücken bestreut. Anschließend wird Halva gebacken, und ein Truthahn oder ein Huhn aufgetragen, manchmal auch ein Lamm am Spieß gebraten. Am Schluß Šerbet und Kaffee (kahva).

Die Hatma wird heute genauso gefeiert wie früher.

Vasva (Sanski most): Die Gebete (namaz) sind immer gleich geblieben, fünf am Tag, zum Morgengebet (sabah), zum Mittagsgebet (podne), zur Ikindija. Die Frauen haben den Namaz immer zu Hause gebetet, während die Männer in die Moschee gegangen sind. Zu Hause beten die Frauen auf dem Lammfell (postećija); wenn sie keines haben, haben sie eine Serdžada (einen Gebetsteppich, der von der Pilgerfahrt mitgebracht wird).

Nur wenn der Hodža eine Predigt ankündigt, gehen auch die Frauen in die Moschee. Dann beten sie in der Moschee das Gebet gemeinsam (džematile), die Frauen in einem Raum, die Männer in einem anderen. In der letzten Zeit gingen weniger Männer in die Moschee, dann hatten alle in einem Raum Platz. Aber vor dem Krieg war alles getrennt.

Nach dem Krieg hat man auch den Gebetsruf (ezan) verboten, die Partisanen haben das veranlaßt. Als ich heiratete, war das verboten. Später wurde es wieder gelockert.

Salih (Zvornik): Was die täglichen fünf Gebete (namaz) betrifft, so muß man vor Sonnenaufgang aufstehen. Das erste Gebet ist das Morgengebet (sabah): vier Rećat (unter Rećat versteht man eine rituelle Einheit, siehe oben S. 81). Dann folgt um 12 Uhr das Mittagsgebet (podne). Wieder macht man die Waschung. Gebetet werden: vier Farz, vier Sunet, zwei Sun-sunet, zusammen zehn Rećat. Fünf Minuten vor drei die Ićindija: Waschung, acht Rećat. Das Abendgebet (akšam) findet statt, wenn die Dämmerung eintritt. Zwei Stunden nach dem Abendgebet kommt die Jacija. Man richtet sich nach Tag und Nacht, die kürzer oder länger sein können; dazu gibt es die besondere Uhr (sahat) und die Uhrtürme (sahat-kula) bei manchen Moscheen. Am Freitag beten die Männer die Džuma (Freitagsgebet, zu Mittag) in der Moschee.

Der Gebetsruf (ezan) wird vom Muezzin (mujezin) vorgenommen. Früher, als es keine Lautsprecher gab, machte er das im Inneren der Moschee. Das Gebet beginnt, sobald der Muezzin fertig ist. Wer in der Nähe der Moschee wohnt, geht zu jedem Gebet dorthin, aber wir, die wir weiter weg wohnten, nur am Freitag.

Jusuf (Sanski most): Wer wohlhabend war, hat die arabische Schrift mit Hilfe der Fibel (sufara) aus dem Koran gelernt. Wer nicht, mußte die täglichen Gebete, die Rezitation des Jasin usw. auswendig (ezbarile) lernen Die Kinder gingen mit sechs, sieben Jahren in den Mejtef, bis sie fünfzehn Jahre alt waren. Im Winter gingen sie immer, im Sommer je nach Möglichkeit.

Nach dem Zweiten Weltkrieg war die Religionsausübung untersagt. Der Gebetsruf (ezan) war verboten, die Kinder durften nicht in die Koranschule gehen. Später war es wieder freier. Auch in Österreich kann ich meine Religion ausüben. Ich gehe jeden Freitag. Nur vor zwei Wochen bin ich nicht gegangen, weil mich das Bein schmerzte. Ich muß nämlich eine dreiviertel Stunde zu Fuß gehen. Der Hodža, Sulejman efendija, ist aus der Gegend von Brčko. Er kündigt die Predigt an, wenn nötig. Hauptsächlich rezitiert er aus dem Koran. Freitags kommen so dreißig, vierzig Männer.

Tajib (Gračanica): Die Kinder gehen mit fünf, sechs Jahren in die Koranschule (mejtef). Ich weiß, daß sie Holz mitbringen müssen zum Heizen, damit sie nicht frieren. Die Buben mußten eine Kappe aufsetzen und die Mädchen hatten ihr Kopftuch (šamica) auf. Unterrichtet hat sie der Hodža. Der Hodža gibt ihnen auf, was sie zu lernen haben. Wenn die

Kinder die Gebete können, gehen sie nicht mehr. Über die Hatma weiß ich nichts zu sagen.

Bajro (Brčko): Bei der Abschlußfeier (hatma) werden der Hodža und die Nachbarn zum Mittag- oder zum Abendessen eingeladen. In der Moschee wird ein Gebet verrichtet, der Hodža wird beschenkt, auch der Schüler.

Wir sind verpflichtet, zu fünf Tageszeiten zu beten (pet vakata namaza). Das war immer so, hier ändert sich nichts. Beim Gebet (namaz) mußt du einen reinen Körper, saubere Kleidung und einen Platz für den Gebetsteppich (serdžada) haben; früher hat man Felle genommen (kožice). Man wendet sich in Richtung Mekka zur Kibla. Wer in der Nähe der Moschee wohnt, geht dorthin, wer weiter weg wohnt, verrichtet das Gebet zu Hause. Freitags geht man aber auf jeden Fall in die Moschee zur Džuma. Der Muezzin verkündet die Gebetszeit. Der Aufruf zum Džumagebet heißt Sala. Er ruft von der Galerie des Minaretts, wobei er sich dreimal um den Turm bewegt. Aber jetzt gehen sie nicht mehr hinauf, jetzt gibt es Lautsprecher.

Im gemeinsamen Gebetsraum ist der Hodža; dort ist alles mit feinen Teppichen ausgelegt. Das Schuhwerk wird ausgezogen. Dafür gibt es einen eigenen überdachten Platz. Ferner gibt es einen Raum für die Waschung (abdesthana). Manche Moscheen besitzen einen eigenen Raum für die Totenwaschung (gasulhana), und zwar die neueren. In den alten gab es das nicht. Wenn in der Moschee kein eigener Raum vorhanden ist, wird die Totenwaschung zu Hause (gasuliti) verrichtet. Manche Moscheen haben auch einen eigenen Raum für den Religionsunterricht. In der Mitte der nach Mekka gerichteten Wand ist die Gebetsnische (mihrab). Für das Freitagsgebet ist da noch der Mimber (Kanzel), rechts. Auf der linken Seite ist der Platz des Hodžas (ćurs). Hier sitzt er, wenn er rezitiert oder Unterricht (Lektionen = dars) gibt.

Verboten war die Religionsausübung nach dem Zweiten Weltkrieg nicht, aber sie war unter starker Kontrolle. Vielleicht hat man in manchen Gegenden damit auch übertrieben, bei uns war aber der Ezan nicht verboten. Wir durften die Kinder nur samstags, sonntags in den Religionsunterricht schicken, wenn keine Schule war. Man sagte, das Kind kann nicht beides auf einmal erreichen. Das Glaubensleben stand unter ständiger Beobachtung. Hier in Klagenfurt können wir unseren Glauben ausüben. Es gibt schöne Räume dazu, die österreichischen Behörden haben es uns erlaubt.

Nurija (Brčko): Zuerst beginnt man mit der Sufara, dann kommt das Ilmihal (Lehrbuch der Grundlagen des Religionsunterrichts), dann der Mevlut. Man muß den ganzen Musaf (Koran) kennen, in welchem es 360 Blätter, glaube ich, gibt. Dann mußt du die Hatma zahlen, einem Toten zum Beispiel [Hatma bedeutet auch Rezitation des ganzen Korans oder auch: das Gebet, das auf diese folgt]. Die Nachbarn werden im Haus oder in der Moschee zusammengerufen. Man bringt kleine Geschenke: Keks, Seife, Tücher, Handtücher. Zu Hause wird gefeiert und gebetet.

Rahman (Gračanica): Die Schule hieß Mehteb. Die Kinder gingen ab sieben Jahren. Bei uns sagte man, sie gehen zum Hodža zum Sabah (= Morgengebet). Wenn man nicht lernte, gab es Prügel. Das Kind lernt die täglichen Gebete. Dann nimmt es die Sufara, von da geht es zum Milhal (Ilmihal, Ilminah). Wenn es das gelernt hat, gibt ihm der Hodža den Koran in die Hand. Und wenn es den kann, wo immer ihn der Hodža öffnet, dann versammle ich meine Nachbarn: Heute abend hat mein Sohn die Hatma. Dann kann er schon den Hodža vertreten. Das ist so, als hätte er die Grundschule abgeschlossen.

Der Hodža prüft den Musaf. Er sagt: »Rezitiere mir hier oder dort«, oder der Hodža beginnt, und der Sohn muß weiterlesen, wo er stehen geblieben ist. Zu Hause wird gefeiert, gegessen. Mehrere Sofras aufgestellt, für die Frauen extra.

2.9 Heirat

Obwohl in der islamischen Gesellschaft Bosniens und der Herzegowina die Erziehung der männlichen und weiblichen Jugend streng getrennt war, gab es doch verschiedene Möglichkeiten des Einander-Kennenlernens. Das Werben des Burschen um die Aufmerksamkeit und Liebe des Mädchens wird Ašikovanje genannt.

Wenn heiratsfähige Burschen und Mädchen vorhanden sind, besprechen die Eltern eine mögliche Verbindung. Als Brautwerber fungieren meist ältere Personen, häufiger Frauen als Männer. Wenn die Brautwerber um das Mädchen anhalten, bringen sie den Ring mit. Früher konnte es vorkommen, daß die Braut den Bräutigam vor der Hochzeit noch nie gesehen hatte.

Die Eheschließungen (wie übrigens auch die Erbangelegenheiten) lagen bis 1946 in der Kompetenz der Scheriatsgerichte, als diese abgeschafft wurden. Die Hochzeitszeremonie selbst konnte vom Hodža im Haus der Braut vollzogen werden. Nach der Auflösung der Scheriatsgerichte war das die Regel.

Früher war es Brauch, daß die Hochzeitsgäste auf Pferden oder mit Pferdegespannen (Abb. 16) kamen, später mit Autos. Die Hochzeitsgäste werden willkommen geheißen, es wird ein feines Mittagmahl bereitet, Lämmer werden geschlachtet, es wird gegessen und getrunken. Die Hauptgäste (glavni svatovi) gehören zur engeren Familie, der Hochzeitsführer (prijatelj) führt sie an. Zum aktiven Personenkreis im Hochzeitsritual gehören die Brautführer aus der nahen Verwandtschaft der Braut (djever), ihre Vertrauten (Freundinnen oder Verwandte), die die erste Zeit mit ihr verbringen (obikuša, jenđija) und der Spaßmacher (čauš) im Hochzeitszug. Im Haus wird das Mädchen mit Gold, Ringen, Kleidern und Schleiern geschmückt. Hände, Finger- und Zehennägel werden mit Henna gefärbt.

Die folgenden Beschreibungen enthalten alle Phasen vom Liebeswerben bis zur Scheidung; in ihnen kommen auch verschiedene lokale Sitten und Gebräuche zur Geltung.

Vasva (Sanski most): Wenn die Braut nach Hause kommt, erwartet sie das ganze Dorf, besonders aber die nächste Verwandtschaft. Bis zu acht Tagen wird gespielt, getanzt und gesungen. Der Bräutigam darf die Braut während dieser ganzen Zeit nicht sehen. Sie ist im anderen Zimmer. Mit ihr schlafen die Schwägerinnen (zaove, jetrve). Während dieser acht Tage wird die ganze Verwandtschaft zum Essen geladen: Fünf, sechs Tische (sofra) werden pro Tag aufgestellt. Erst wenn das vorbei ist, ist die Hochzeit vorüber. Dann singen dem Bräutigam an der Tür noch seine Freunde (dostovi) und Kollegen.

Ich erinnere mich noch an ein Hochzeitslied:

»Šta je bilo, više biti neće
više Ismet više momak biti neće,
više Suada cura biti neće.«

»Was einst war, wird nicht mehr sein,
Ismet wird kein Bursche mehr sein,
Suada wird kein Mädchen mehr sein.«

Und er bringt ihnen dafür gebratenes Huhn, Lutma, Hurmica (Mehlspeisen) und anderes (vgl. Kapitel II 2.18, S. 162–165).

Früher haben sich die Mädchen nicht mit einem Mann anderen Glaubens verheiratet. Die Eltern hätten sich damit nicht abgefunden. Von einem Mann aus unserem Dorf haben sich die Enkelinnen mit Andersgläubigen verheiratet; sie sind niemals zu ihm auf Besuch gekommen, selbst als er im Sterben lag.

Wenn die Eltern mit der Heirat nicht einverstanden waren, konnte es auch zum Brautraub kommen.

Salih (Zvornik): Der Bursche bringt eine Leiter mit, lehnt sie ans Fenster des Mädchens, und dann reden sie dort miteinander bis spät in die Nacht. Er fragt sie, ob sie ihn heiraten würde. Wenn sie es verspricht, gibt er ihr einen Ring. Der war nicht aus Gold, sondern auf dem Markt gekauft. Auch sie gibt ihm etwas, ein Tuch (mahramica) oder ein Handtuch oder ein Hemd. Dann besprechen sie den Termin, zehn Tage, fünfzehn oder einen Monat. Wenn die Zeit kommt, kommt er zwei, drei Nächte vorher und fragt, ob sie dabei bleibt. »Komm dann und dann mit den Hochzeitsgästen, frag Vater und Mutter«, sagt sie. Dann versammeln sich die Hochzeitsgäste, zehn, fünfzehn, zwanzig, dreißig. Meist kamen sie zu Fuß, manchmal zu Pferd. Musikanten waren dabei, oder auch nicht, je nachdem. Wenn sie ins Haus der Braut kommen, setzen sie sich, trinken Šerbet und essen. Die Braut bereitet sich vor, jemand führt sie an der Hand, gewöhnlich der Bruder. Wenn sie keinen hat, die Mutter. Dem Brautführer (đever = bedeutet eigentlich »Schwager, Bruder des Bräutigams«) werden Geschenke gemacht. Der Bräutigam darf die Braut nicht berühren, er bringt seine Schwester mit oder eine Nachbarin, jedenfalls eine Frau, keinen Mann. Die nimmt sie dann an der Hand und so führen sie sie nach Hause. Vor dem Haus stehen zwei Krüge (ibrik;

vgl. Abb. 52, 63) mit Wasser. Die Braut gießt das ganze Wasser aus, und erst dann gehen sie ins Haus. Wenn sie hineinkommen, stellt sie sich rechts in den Winkel (budžak) und bedient die Gäste; sie trinken Šerbet, das dauert ein bis zwei Stunden. Dann wird die Tafel (sofra) bereitet. Und jetzt wird ihr der Schleier (duvak) abgenommen. Dann besprechen sie, wann das Festmahl (pilav) sein wird. Dazu wird die ganze Familie, werden auch die Nachbarn eingeladen. Sie treffen die Vorbereitungen; sie machen Pitas (pita) und dann Maslenica und Fladenbrot (somun). Das wird alles an einem Donnerstag gemacht, denn das Fest (pilav) mit dem Essen ist an einem Freitag und dauert den ganzen Tag; am Donnerstag kommen auch die Musikanten. Beim Fest wird gegessen und Kolo getanzt.

Jusuf (Sanski most): Als sie noch mit Pferden kamen, kam es öfters zum Streit, wessen Pferde schneller sind. Dann wurden sie angefeuert und ein Wettrennen gemacht, fünfzehn Kilometer. Und wer früher nach Hause kam, bekam einen Preis. Zur Hochzeit trugen sie auch Fahnen (barjak), und zwar die grüne (die muslimische, die Fahne des Propheten) und die Staatsflagge.

Die Hochzeit dauerte bei dem einen zwei Tage, bei einem anderen drei, bei manchen aber die ganze Woche. Die Braut kommt im Pferdewagen. Sie zieht ihre besten Kleider an und wird geschmückt. Sie wird in den sogenannten weißen Brautschleier (duvak) gewickelt, bis zum Boden. Wenn sie ins Haus geführt wird, streut sie z. B. Getreide aus, dann nimmt sie eine Pogača (süßes Gebäck aus Germteig) und bricht sie über dem Kopf. Dann gratulieren sie ihr, daß sie glücklich sein möge. Sie steht in der Ecke, bis die Hochzeit vorüber ist.

Wenn sie geraubt ist, dann geht man vor dem Fest (pir) Frieden stiften (ići na mir). Nach dem Fest geht man einander besuchen.

Tajib (Gračanica): Ein hübsches Mädchen hatte seinen Ruf, und um so eine bemühte man sich. Natürlich habe ich meine spätere Frau gefragt, ob sie bereit wäre oder ob sie einen anderen hatte. Sie fragte dann die Eltern. Man hat am Fenster geschäkert, mancher ist auch direkt ins Zimmer gegangen, aber immer ist jemand dabei – die beiden dürfen nicht allein sein – die Mutter, die Schwester, der Bruder. Du in einem Eck, sie in einem anderen, wenn man im Haus ist. Wenn man draußen ist, läßt sie dich nicht hinein. Man stellt die Leiter ans Fenster (Fensterln = ašikovanje). Sie öffnet das Fenster, aber das Fenster ist vergittert. Ich habe bei mehreren Mädchen so gefensterlt.

Wenn sich alle einig sind, dann geht der Vater mit einem oder zwei Begleitern, um den Vater der Braut zu fragen. Es wird ein Geschenk dargebracht, der Braut ein Ring zur Verlobung. Und sie gibt dir irgendetwas, z. B. Pluderhosen. Und die Brautfamilie gibt dir auch ein Geschenk, wenn alles als sicher angesehen wird.

Zur Hochzeit kommen zehn, zwanzig Personen. Im Haus der Braut wird gegessen. Daraufhin gehen sie ins Haus des Bräutigams. Sie haben sich früher mit Hemden oder Handtüchern (peškir) geschmückt, gewöhnlich mit Hemden. Jetzt haben sie hauptsächlich Handtücher und andere Tücher (maramice). Wenn sie von der Braut aufbrechen, werfen sie auf sie Zucker, Bonbons, und Wasser wird hinter ihr ausgespritzt, damit sie nicht zurückkommt. Zuerst führt sie der Schwiegervater hinaus, dann die Brautführer (djever) oder ihre vertrauten Frauen (jenđije). Wenn sie in ihr neues Haus kommt, gibt man ihr zunächst zwei Becher Wasser, die sie um ihre Füße ausgießt, bis sie das Haus betritt. Der Bräutigam steht im Haustor und streckt seinen Arm aus, so, daß sie unter diesem hindurchgeht. Das heißt, daß sie kleiner ist als er. So war das früher. Sie steht in der Ecke und bedient; sie darf sich nicht setzen. So steht sie mehrere Stunden, bis die Leute auseinandergehen. Heute gibt man ihr auch einen Stuhl, aber früher mußte sie stehen. Das Festessen (pir) kommt einige Tage später. So lange dürfen sie noch nicht zusammen schlafen. Sie schläft bis dahin entweder allein oder mit einer der Frauen. Wenn der Tag des Festmahls kommt, kommen jene Jenđije (ihre Vertrauten), die Geschenke mitbringen. Die Braut wird in ein anderes Zimmer geführt und dort wird ihr Gesicht mit Stoffen bedeckt, so daß sie wie blind ist. Sie muß sich niedersetzen. Dann werden ihre Hände mit Henna (knja) gefärbt, ebenso ihre Finger- und Zehennägel. Die Brautführer legen Ringe (prsten, burma) oder sonstige Geschenke in eine Tasse, und wessen Geschenk die Braut zuerst wählt, gilt als das bessere; es wird dem Djever gegeben. Es gibt einen linken und einen rechten Djever. Der rechte ist der stärkere; er muß sie reichlicher beschenken.

Bajro (Brčko): Zu dem auserwählten Mädchen kommt man ans Fenster, fensterlt, flirtet (ašikovati). Man konnte mit ihr nicht ausgehen. Man durfte sie nicht berühren, nicht ins Haus gehen, nicht begrüßen. Wenn man im Kolo mit ihr tanzte, mußte ein Tuch dazwischen sein, daß die Hände sich nicht berührten.

Wenn zwei heiraten wollen, wird das öffentlich kundgetan. Als Freier kommen die Eltern des Bräutigams. Sie wird dasein. Die Eltern besprechen es miteinander. Wenn sie nicht zufrieden sind, wird nichts aus der Heirat. Wenn sie einverstanden sind, wird ein Essen bereitet und Geschenke werden ausgetauscht. Es wird vereinbart, wann die Hochzeit sein soll, wie viele Gäste eingeladen werden.

In den bergigen Gegenden sind sie auf Pferden gekommen, auch die Braut und die Gäste. Auf dem Pferd ist sie allein, nur ein Brautführer (đever) bei ihr. Dort, wo es ebener ist, hat man Wagen benützt, Pferdewagen, gefederte Fiaker. Zu Fuß ging man nie, auch wenn das Dorf nahe war. Wenn sie ankommen, kommt die Braut zur Tür. Vorher sind da die Frauen, die die Braut einkleiden und schmücken, Pome genannt. Diese sind von der Verwandtschaft des Burschen. Sie bringen ihr Kleider, Schuhe, Schmuck, den Brautschleier (duvak). Es sind zwei, Schwestern des Bräutigams oder Schwägerinnen (snaha) oder sonst wer.

Zu den Hochzeitsgästen gehört jedenfalls der Hodža; ohne ihn geht es nicht. Der leitet die Zeremonie. Die Gäste sind auch alle festlich gekleidet. Die Braut wird an der Hand von den Frauen, die sie geschmückt haben, hinausgeführt. Im Wagen sitzen sie ihr gegenüber. Wenn die Braut aber reitet, gehen sie ihr entgegen, wenn der Đever dabei ist. Auch die Jenđije (Vertrauten) müssen mit ihnen sein. Wenn sie nach Hause an die Haustür kommen, stellt sich der Bräutigam in die Tür und hebt den Arm, sodaß sie darunter hindurchgeht. Es stehen zwei Kupferkannen Wasser (ibrik) bereit, die gießt sie aus und geht unter dem Arm durch. Sie sitzt dort im Eck und wartet den Gästen auf. Alle kommen und schauen, bis das Abendessen (pilav) gerichtet wird. Der Hodža ist auch dabei. Das muß an einem Freitag sein. Die Braut muß behütet werden, sie darf nicht mit dem Bräutigam mitgehen. Sie ist in einem Zimmer eingeschlossen, und nun kommt der Bräutigam herein. Am nächsten Tag ist das Fest. Dann kommen die Leute, die Familie, und bringen Geschenke in Bündeln (boščaluk). Sie bringen zu essen, aber auch Geschenke, Kleidung usw. In den Gebirgsgegenden geht der Bräutigam am nächsten Tag und führt die Gäste herum. Hinter ihm die vier Jenđije. Sie haben die Braut mit Henna gefärbt, Hände, Füße, Nägel. Die Braut ist aber nicht dabei. Da wird nicht getanzt, sondern nur herumgeführt. Dann kommen der Trommler und die Musikanten. Der Bräutigam beschenkt sie und die Jenđije.

Nasva (Sandžak): Gefensterlt wurde bei uns weniger. Das Mädchen wartet, der junge Mann kommt mit der Leiter zum Fenster, steigt hinauf und fensterlt ein bißchen. Wenn sie öffnen konnte, so öffnete sie nur ein wenig, denn es könnte jemand herbeikommen und ihn umbringen. Es muß irgend jemand dasein, die Mutter oder die Schwester, um aufzupassen, meistens die Mutter. Der Bursche mußte unten immer einen Vertrauten haben, wenn er mit dem Mädchen abgesprochen hatte, daß sie ans Fenster kommen sollte. Denn die unten konnten ihm die Leiter wegstoßen. Es gab immer Eifersüchtige. Wenn die Burschen also merkten, daß jemand kam, zogen sie sich zurück.

Früher hat man die Eltern gefragt. Bei meiner älteren Schwester sind sie gekommen und haben höflich gefragt. Dann ist mein Onkel väterlicherseits (amidža) hingegangen. Er war zufrieden, und nun sind sie aus der Familie des Mädchens zur Brautwerbung gekommen. Sie bringen einen Ring, ein Halsband, Golddukaten. Der Vater der Braut bestellt die Hochzeit, je nachdem, wie viele Gäste er empfangen kann. In der Musik verwenden sie die Flöte (zurna), die Harmonika und Trommeln.

Alles spielt sich auf Pferden ab. Die Jenđa kommt auf dem Pferd und bringt ein eigenes Pferd für die Braut mit. Dann haben sie die Fahne (bajrak) mitgetragen, die grüne der Muslime. Zuerst kommt der Fahnenträger (bajraktar). Das habe ich mir bei meiner Schwester gut gemerkt. Wenn sie ankommen, werden sie freundlich empfangen, bewirtet, und sie sitzen zusammen (sijeliti se). Die ganze Nacht schläft keiner. Die Hälfte der Gäste hat der Nachbar aufgenommen, die Hälfte der Onkel. Am nächsten Morgen wird die Braut von der Jenđa, einer Verwandten, z. B. der Schwester des Bräutigams, geschmückt und angezogen. Die Gäste haben Geschenke gebracht: Stoffe, Pluderhosen, Blusen, Umhänge (feredža). Dann kommt auch der Brautführer (đever) herein, und sie führen die Braut hinaus. Darauf muß sie die Gäste schmücken, die

Pferde und die Fahne. Ein Hemd wird auf die Fahne gesteckt. Sie schmückt die Brautführer mit Tüchern, den Stari svat (den ranghöchsten Hochzeitsgast) mit einem Hemd, ebenso die Fahne und die Harmonika, die Pferde mit Tüchern; an die Zügel werden Tücher gebunden. Der Đever streut Geld und Bonbons aus, wenn die Braut aus dem Haus geht. Die Kinder zanken sich darum. Dann wird geschossen und geknallt, aus Pistolen oder Flinten. Manche haben Jagdgewehre gebracht. Die Braut besteigt das Pferd und wird von beiden Seiten vom Đever und der Jenđa begleitet. Der Đever ist der Bruder, wenn sie einen hat, sonst einer aus der nächsten Verwandtschaft. Die Braut geht in der Mitte, vorneweg eine Gruppe von Gästen und hintenher ebenfalls eine. Dazu die Musik. Die Ziehharmonika begleitet den Zug.

Wenn sie nach Hause kommen, geben sie der Braut Getreide und ein Sieb. Sie soll das Getreide dreimal durch das Sieb hindurchdurchkneten und übers Haus werfen. Mais, Gerste, was man hat, soll sie mit der Hand durchzwängen, und dann wirft sie alles über das Haus. Wenn sie das zustandebringt sagt man, sie ist gut. Danach beugt sie sich nieder und küßt die Schwelle. Nachher muß sie im Haus Essen und Getränke aufwarten und die Gäste bedienen, stehend, so lange die Hochzeit dauert. Wer immer ins Zimmer kommt, sie steht auf den Beinen.

Beide haben ihre Geburtsurkunde mit, es kommt der Hodža mit zwei Zeugen. Manche sind auch nach Foča gegangen, ich nicht, wir haben das zu Hause erledigt. Es kommt also der Hodža mit zwei Zeugen, du hast einen und der Bräutigam hat einen. Der Hodža fragt, ob sie einander heiraten wollen. Er stellt die Fragen und trägt die Antworten ein. Erst dann dürfen sie miteinander schlafen. Nach zehn Tagen. Bis dahin ist alles getrennt. Bis dahin schläft die Braut gemeinsam mit der Schwägerin (zaova) oder mit der Schwiegermutter (svekrva) in einem Zimmer, und er in einem anderen.

Zur Hochzeit bringen die Verwandten Geschenke, Waren, Geld. Auch die Nachbarschaft kommt. Zur Belustigung kann es ein Pferderennen geben oder einen Wettlauf der Burschen. Den ganzen Tag ist etwas los.

Heute ist das alles natürlich nicht mehr so. Da gehen sie aufs Standesamt (mjesni ured), ins Auto und fertig.

Nurija (Brčko): Die Bewirtungen hießen bei uns Pilav (Reisgericht, s. S. 163) und Šerbe (Limonade, Zuckerwasser) jeweils nach den Speisen und Getränken, die gereicht werden, oder die älteren Leute nannten das letztere noch Čestita.

Man konnte nicht mit dem Mädchen ausgehen und flirten. Gerade nur bei den abendlichen Zusammenkünften, wenn man Kukuruz schälte, konnte man sich sehen. Dabei konnte lediglich geschehen, daß man wie zufällig den Finger des Mädchens berührte, das war schon das höchste Glück. Wenn man zum Haus des Mädchens ging, durfte man sich nur durch das Gitterfenster (demirli pendžer) sehen. Man blieb bis zum Morgen, erfror fast. Die Mutter war im Nebenzimmer und gab acht. Schlief sie endlich ein, konnte man miteinander reden.

Wenn die jungen Leute einander heiraten wollen, geht der Vater des Burschen auf Brautwerbung. Dabei wird kein Geschenk gemacht. Erst wenn die Braut versprochen ist, gibt man einen Ring oder Ohrringe. Das wird Amanet (Vermächtnis) genannt. Sie besprechen die Zahl der Gäste, das Hochzeitsmahl. Zur Hochzeit kommen Musikanten. Bei einem richtigen Hochzeitsmahl muß es mindestens 21 Strudelsorten (pita) geben: Burek mit Fleisch, mit Topfen, dann Ražljevuša (Art Suppe), Kartoffelpita, Baklava usw. Als ich geheiratet habe, durfte jeder trinken, was er wollte, auch Alkohol.

Die Braut (mlada) wird in den Wagen des Bräutigams gesetzt. Früher waren es Pferdewagen. Der Braut steht die Obikuša (Vertraute) zur Verfügung; sie erklärt ihr den Ablauf. Meistens gibt es zwei oder drei solche Vertraute. Sie werden aus beiden Familien gewählt. Die Jenđije sind etwas anderes; die treten beim Šerbe und der Čestita auf.

Wenn die Vertrauten sie hinausführen, wartet der Djever mit Bonbons, mit kleinen Münzen, mit denen er die Braut überschüttet. Und Kinder warten dort. Die Hochzeitsgäste (glavni svatovi) bekommen Geschenke, Hemden, heute Tücher. Dann gehen sie ins Haus des Bräutigams, und dabei wird geschossen, so, als ob der Krieg in Bijeljina ausgebrochen wäre. Vor dem Eingang werden zwei Kupferkannen (ibrik) mit Wasser gefüllt, die Braut muß daran vorbeigehen und sie umstoßen, damit das Wasser ausfließt. Und der Bräutigam wartet am Eingang, in der Hand ein Gefäß mit Honig, und die Braut muß unter seinem Arm hindurchgehen. Sie kostet von dem Honig, auf daß es ihr süßer werde zu bleiben. Die Braut steht in der Ecke und bedient. Draußen und im Haus werden Kolos getanzt. Die Gäste bringen Geschenke: Pita, Strümpfe, Keks. Das Ganze heißt Šerbe oder Čestita. Wenn das beendet ist, bleibt die Obikuša weiter im Haus, um die Braut zu behüten. Sie tut das bis zum Pilav. Der Pilav (das Hochzeitsmahl) findet erst später statt: eine, zwei, drei Wochen. Der Bräutigam darf nicht gleich mit der Braut schlafen. Der Pilav dauert dann drei Tage und drei Nächte. Wichtig ist, daß er am Vorabend des Freitags endet. Dann erst kommt die Hochzeitsnacht, Đernek (anderswo đerdek, gerdek) genannt.

Die Hochzeitsfeiern sind nicht abgekommen, aber es hat sich einiges verändert. Ungefähr bis 1970 hat der Pilav drei Tage gedauert; seither nur noch einen Tag oder nicht einmal das. Man hat auch nicht mehr so auf den Freitag geachtet. Heute ist alles innerhalb von 24 Stunden erledigt, das Šerbe und der Pilav und alles. Es werden so viele Leute geladen, wie an einer Tafel (sofra) Platz haben, d. h. zehn bis zwölf Personen.

Nach dem Pilav fuhr man auf Neuvermähltenbesuch (pohodi). Man reiste mit Pferden oder mit Ochsengespann und blieb mindestens zwei Tage. Die Jungvermählten reisten zu den Eltern des Bräutigams, näheren Verwandten und Nachbarn, sie brachten Geschenke, sogenannte Boščaluk, mit. Der Name kommt von bošča »Leintuch, Tischtuch, Kopftuch, in das man etwas einwickelt, Bündel«. Es enthält z.B. für einen Mann Hemd, Unterwäsche, Strümpfe, Krawatte, für eine Frau Unterwäsche, Handtuch, Nachthemd.

Šefika (Zenica): Zur Brautwerbung (prošnja) gingen der Vater des Burschen und seine Tante (tetka). Bei meiner Schwester waren viele Gäste, ein Autobus und fünf, sechs Autos. Mein ältester Bruder hat sie aus dem Haus geführt, dann gingen sie zum Autobus und dort hat er sie ihrem Djever übergeben. Die Schwiegermutter hat sie mit Salz und Brot erwartet.

Ramo (Zvornik): Der Bräutigam schickt zwei, drei Männer, um die Braut zu freien, zu ihren Eltern. Sie bringen ein Geschenk mit, meist Geld. Sie werden mit Kaffee und Šerbet bewirtet, und darauf werfen sie das Geld. Wenn sie sie gefreit haben und aufbrechen, dann werden ihnen Geschenke gemacht, Hemden, Tücher.

Die Svatovi (Hochzeitsgäste) werden auf ihren Pferden eingeladen. Die Älteren reiten, die Jüngeren gehen zu Fuß. Die Männer bringen zwei Frauen mit; sie werden Obikuša genannt. Sie gehen mit der Braut. Wenn sie zum Haus kommen, dann ruft der Vater des Bräutigams den Hausherrn heraus: Komm heraus, die Hochzeitsgäste warten auf dich! Sie kommen heraus, um die Gäste zu bewirten. Die Älteren gehen ins Haus hinein, zum Šerbet, Kaffee und Essen. Wenn Gebetszeit ist, wird das Gebet gehalten. In der Zwischenzeit wird die Braut von den beiden Obikuše angekleidet und geschmückt. Sie haben ihr Geschenke mitgebracht, Kleidung. Dann wird sie verschleiert, früher hat man den Schleier Duvak genannt, später Šlajer. Sie wird von ihrem Bruder geführt, der sie den beiden Obikuše übergibt. Dann machen sie sich auf den Weg zum Haus des Bräutigams. Die Braut reitet eventuell auf einem Pferd, die Obikuše gehen daneben zu Fuß. Auch der Bräutigam ist bei den Gästen. Unterwegs wird geschossen (šenlučiti, šenluk). Dazu wird ausgerufen: Hej, mašala, mašala [Ausruf der Verwunderung]. Das heißt Hejćanje.

Wenn sie ins Haus des Bräutigams kommen, werden sie erwartet und willkommen geheißen. Die Braut wird von den Schwiegereltern begrüßt. Wenn die Braut ins Haus geht, stößt sie zwei irdene Wasserkrüge (bardak) mit dem Fuß um. Der Bräutigam hält seinen Arm über der Tür, die Braut geht darunter durch. Dann gehen sie ins Haus, auch der Hodža. Die Braut geht in ein Eck des Hauses und steht dort. Es wird gefeiert, diese Feier heißt Šerbet.

Der Tag des Hochzeitsessens und der Trauung heißt Pilav. An demselben Abend wird die Trauung, in Anwesenheit von drei oder vier Zeugen, nach dem Scheriatsrecht (šerijatsko vjenčanje) vollzogen. Das macht der Hodža. Der Hodža fragt nach dem Gesetz dreimal die Braut: Nimmst du den und den zum Mann? und ebenso den Bräutigam. Damit ist die Zeremonie vorbei. Dann kommt noch ein Gebet (dova), und das ist alles. Erst von dieser Nacht an schlafen sie gemeinsam. So ist es vorgeschrieben. Der Pilav findet an einem Freitag statt, zumindest früher war es so. Man lädt die Nachbarn, Verwandtschaft, Freunde ein. Beim Pilav gibt es auch einen Beistand, den nennen wir Đever, wir Muslime. Bei den anderen Religionen heißt er Kum. Er nimmt die Geschenke für die Braut entgegen: Schuhe, Kleidung, Stoffe, Kamm, Spiegel.

Zu erwähnen ist auch das Schminken mit Henna (kna, okniti, kniti). Und zwar geschieht dies am Donnerstag nach dem Nachtgebet (nach der Jacija). Geschminkt werden Hände und Füße, während das Haar nicht gefärbt wird. Das ist ein Zeichen dafür, daß sie verheiratet und zur Frau wird. Aus diesem Anlaß gibt es auch eine Feier, die Kna, mit Musik, Tanz und Gesang. Getrunken wird nur Kaffee und Šerbet.

Der Đever bringt seine Verwandten und Freunde mit, 15 bis 20 Personen, Männer und Frauen. Sie kommen am Donnerstag und bleiben am Freitag zum Pilav, sie gehen erst weg, wenn am Freitag der Kolo getanzt wird, draußen auf der Wiese irgendwo. Er wird von Braut und Bräutigam angeführt, wenn sie es können. Wenn nicht, stehen sie nur dabei. Die Eingeladenen bringen auch Geschenke, Naturalien gewöhnlich. Zum Beispiel wird Pita, Maslenica gemacht, dazu werden ein Kilogramm Zucker und etwas Geld in ein Bündel aus weißem Leinen (boščaluk) zusammengebunden. Das bringt jeder mit, der eingeladen ist.

Später geht man den Frieden besiegeln (zove se na mir). Nach dem Pilav schickt man ihr Kleider, Kotzen, Teppich, Pölster, Steppdecken.

Heute hat sich das alles geändert.

Jusuf S. (Foča): Beim Freien wird das Mädchen herbeigerufen, und man frägt sie, ob sie den Burschen kennt und ihn heiraten will. Sie sagt ja, und wenn die Eltern einverstanden sind, springt sie auf, nimmt den Abdest vor und küßt allen die Hand. Dann gibt ihr der Brautwerber die Geschenke in einem weißen Bündel (boščaluk), er gibt ihr einen Ring und Geld.

Danach wird der Hochzeitszug ausgemacht. Früher gab es einen Spaßmacher unter den Gästen, der zog sich ein bißchen komisch an, man nannte ihn Čajo (= čauš); meistens war das ein armer Mann, der auf diese Weise etwas Geld verdienen konnte. Er schlug auf einer Art Trommel, einseitig bespannt, genannt Dulumbaz; er beglückwünschte die Gäste, sie beschenkten ihn dafür.

Die Braut wird von den Jenđe begleitet; früher gab es sie aber nicht, sondern nur die Đever, und zwar Bräutigam, und meistens dessen Bruder und Onkel väterlicherseits (amidža). Sie waren verantwortlich, daß die Braut unbeschadet ankam. Der Stari svat ging dem Hochzeitszug voran, ein anderer trug die Fahne (barjak). Heute trägt man wieder die religiöse

Fahne, die grüne; nach der Befreiung (nach 1945) war diese verboten, man trug die Staatsfahne.

Wenn der Hochzeitszug sich dem Dorf der Braut näherte, ritten ihm drei, vier Nachbarn, vom Brautvater geschickt, entgegen, und dann konnten sie schon einmal ein Wettrennen bis zum Haus der Braut machen, um zu sehen, wer die schnelleren Pferde hat. Wenn sie gut gelaunt waren, trieben sie die Pferde ins Haus hinein, bückten sich beim Türstock, und ritten hinein bis ins Zimmer. Die Frauen kreischten und lachten, es herrschte allgemeine Fröhlichkeit. Es folgte die Bewirtung mit Limonade und Kaffee, dann kam das Mittag- und das Abendessen, je nachdem.

Danach bestimmte der Stari svat, ob das Schmücken der Hochzeitsgäste stattfinden sollte. Zwischen die Tafeln (sofra) wurde eine Tevsija (große, flache Kupfer- oder Blechschüssel) aufgestellt. Die Hochzeitsgäste sprangen auf und warfen Geld auf die Tevsija. Der Stari svat mußte am meisten Geld hineinwerfen, es durfte nur vorkommen, daß ihn der Brautvater übertraf, keinesfalls jemand anderer. Später wird das Geld genommen, gezählt und dem Hausherrn übergeben. Zum Ankleiden und Schmücken (kićenje svatova) kommen mehrere Mädchen und bringen die Geschenke mit: Hemden, Handtücher, Tücher, und schmücken die Gäste. Jeder Gast muß nun nach seinem Dafürhalten Geld geben. Wenn er mit einem Hemd geschmückt wird, gibt er zwei, dreimal so viel, wie das Hemd wert ist. Dasselbe gilt für das Handtuch. Wenn es ein anderes Tuch ist, gibt er vielleicht zehnmal den Wert deselben.

Die Braut wird von den Djever aus dem Haus geführt. Vorher wird sie von den Jenđe oder ihren Tanten (strina) angekleidet. Die Kleidung und den Schleier (dubak) haben sie mitgebracht. Heute führen sie auch die Jenđe hinaus, früher aber machten es die Djever. Beim Aufbruch streuen die Brautführer kleine Münzen und Bohnen. Der Spaßmacher trommelt, das Volk spendet ihm.

Wenn sie sich dem Haus des Bräutigams bis auf zwei, drei Kilometer nähern, entfernt sich ein junger Mann aus dem Hochzeitszug als Überbringer der guten Nachricht gegen Belohnung (muštuluk) und sagt, daß die Gäste kommen und die Braut mitbringen. Er wird dort von den Eltern des Bräutigams empfangen. Sie beschenken ihn mit einer schönen Summe Geldes, die Mutter kleidet ihn mit einem schönen Hemd.

Ebenso die Tanten, wenn welche anwesend sind. Er steigt wieder auf sein Pferd, reitet zurück zum Hochzeitszug und kommt schließlich mit diesem zurück. Wenn sie vors Haus kommen, rufen sie. Die Hausfrau bringt eine Pogača heraus und steckt sie der Braut unter den Arm. Dann bringt sie ein Sieb voll Getreide, und die Braut mischt das gut durch und wirft eine Handvoll davon mehrmals gegen das Haus, einige Male um sich herum und unter die Anwesenden. Das bedeutet, die Braut ernährt (nafakaliti, nafaka) sie. Dann rufen sie dem Bräutigam zu: Hol die Braut! Wenn sie zum Eingangstor kommt, kniet sie nieder und küßt die Schwelle. Sie küßt den Schwiegervater und die Schwiegermutter und alle der Reihe nach. Dann führt man sie direkt ins Zimmer. Sie bedient dort, sie steht zwischen den Fenstern, man gibt ihr ein längliches, goldgesticktes Tuch in die Hände, und sie bedient, wann immer jemand eintritt. Früher war es Sitte, daß sie die ganze Zeit während der Hochzeit den Gästen aufwartete. Die eigentliche Hochzeit fand früher erst zehn Tage später statt.

Die Ankunft der Braut samt den dazugehörigen Sitten wird bei uns Šerbe genannt. Die Hochzeitsgäste treten ein. Die Braut bekommt ein eigenes Zimmer, in welches sie geführt wird. Dort warten die Frauen auf sie, und sie küßt alle der Reihe nach. Ein zweites Zimmer ist für die Hochzeitsgäste. Der Hausherr kommt und fragt sie nach ihrem Befinden, über die Reise, ob sie müde sind, Wünsche haben, ob alles ordentlich verlaufen ist. Alles in Ordnung, antworten sie.

Früher war es nicht Sitte, Alkohol zu trinken, aber in der letzten Zeit hat man begonnen zu trinken, Gelage zu veranstalten.

An diesem Abend kommen also die Gäste, trinken Šerbet und Kaffee, essen zu Mittag und zu Abend, abhängig davon, wann sie eingetroffen sind. Am Abend sitzen sie lange zusammen, schließlich gehen sie zum Schlafen nach Hause. Die Braut ist mit ihren Schwägerinnen (zaove, jetrve) und schläft von ihnen behütet. Der Bräutigam durfte sie, zumindest früher, bis zur eigentlichen Hochzeit, nicht einmal mit der Hand berühren. Die Hochzeit wurde Pilav genannt. Da mußte es Pilav und Ćeške geben. [Letzteres ist eine eingekochte Suppe aus geschältem Weizen und Hühnerfleisch. Die Suppe wird so lange gekocht, bis das Fleisch völlig zerfallen ist.]

Wer wohlhabend ist und eine größere Familie hat, wird die eigentliche Hochzeit etwas weiter hinausgezögern. Vielleicht wohnen seine Schwäger (Brüder der Frau = šura) oder seine Onkel mütterlicherseits (daidža) etwas weiter weg, und es dauert etwas länger, bis sie kommen. Auch ihnen müssen Geschenke bereitet werden. Wenn aber der Mann arm ist, dann wird er nicht weit gehen, dann kann z. B. nach zwei Tagen die Trauung und am Abend gleich das Hochzeitsfest sein. Die Braut mußte die islamischen Gebete kennen, die 33 Grundlagen (šart) der islamischen Lehre. Es war undenkbar, daß eine islamische Hochzeit stattfand, ohne daß Braut und Bräutigam mit den islamischen Lehren vertraut gewesen wären. Die Trauung wurde nach dem Scheriatsrecht vollzogen. Es war Sitte, daß die Nachbarn eingeladen wurden, und daß jedes Haus eine Pita und einen großen Brotlaib, genannt Čurek (aus weißem Mehl, mit Ei bestrichen) bereitete; das Gefäß, in dem dieser gebacken wird, heißt Saksijač. Die Backwaren hat man mitgebracht, ferner ein Kilo Zucker und ein halbes Kilo Kaffee. Das war Sitte, und ein Bub brachte diesen Beitrag vor das Haus, wo das Hochzeitsfest stattfand. Diese Sachen wurden in ein weißes Leintuch eingeschlagen (bosčaluk) und der Braut geschenkt. Alle Buben, die solche Beiträge gebracht haben, versammelten sich in einem Zimmer, bekamen ein bißchen Geld und ein Abendessen. Nach dem Essen gehen die Buben zur Unterhaltung (sijelo). Die findet in einem anderen Zimmer statt, wo die Männer sich niederlassen, zu Abend essen, Limonade und Kaffee trinken.

Dann kommt das Abendgebet (akšam), schließlich das Nachtgebet (jacija). Danach sagt man, daß manche unter uns schon ermüdet sind, und man begibt sich zum Schlafen. Der Bräutigam wird vom Hodža und von seinem Vater (babo) unter Anrufung Allahs (tegbir) in sein Zimmer begleitet. Er küßt den älteren Leuten die Hand und sagt Auf Wiedersehen (Allah emanet). Sie antworten ihm »esahadile«, es möge glücklich sein. Man beglückwünscht beide, Braut und Bräutigam.

Dann geht er in sein Zimmer, wo ihn die Braut erwartet. Früher war es so, daß mit der Braut eine Reihe von Frauen wartete. Nun gehen sie hinaus, sodaß das Zimmer leer wird. Dann geht der Bräutigam hinein. An diesem Abend wird das Zimmer nicht versperrt. Eine ältere Frau pflegte vor dem Zimmer aufzupassen, daß niemand hineingeht. Der

Bräutigam geht also hinein und küßt die Braut zwischen die Augen. Dann nimmt er ihr den Schleier (šlaher) ab. Er muß auf ihrem Schleier zwei Rećat beten, und sie auf irgendeinem Gegenstand von ihm, auf seiner Jacke oder seinem Hemd. Danach bringt er Kaffee, schenkt ihn der Braut und sich selbst ein. Der Bräutigam steht auf und sagt zu ihr: »Ich stehe heute vor dir auf, um dich zu bedienen, aber du wirst das tun, solange du lebst, wenn die Ehe gut geraten soll.«

Dann legen sie sich schlafen. Wenn die Braut am nächsten Morgen fröhlich ist, sagt man, der Bräutigam hat es gut gemacht, wenn sie aber traurig oder mürrisch ist, sind die Schwiegereltern besorgt, was wohl gewesen sein mag. Am Morgen kommt der Hodža, es kommt die engere Verwandtschaft des Bräutigams; das hat Maslenica (vgl. S. 162) geheißen. Jetzt schaut man, was für Appetit die jungen Eheleute haben (kake su nafake). Nafaka bedeutet eigentlich: die Gesamtheit der Speisen, die man im diesseitigen Leben zu sich nimmt. Jetzt wird die Maslenica gemacht, ein Frühstück vorbereitet, der Hodža und ein paar enge Freunde des Bräutigams werden eingeladen. Sie setzen sich um die Tafel (sinija), die Maslenica in der Mitte. Dann beginnt der Hodža zu reden, scherzhaft, nach altem Brauch: »Wir haben uns hier versammelt, um zu sehen, wie der Appetit der jungen Frau und des Mannes ist, und jetzt werden wir gleich sehen, wie schnell sie sind« und ruft: »Bismillah, Allahu ekber. Wer wird am meisten Maslenica erwischen?« Alle sehen zu, daß sie ihren Anteil bekommen, die Maslenica wird aufgeteilt und gegessen, bei Scherz und Gelächter. Den ganzen Tag ist man lustig. Wenn die Heirat (svadba) stattfindet, kommen Frauen, um die Braut mit Henna zu färben. Sie erhalten dafür eine Belohnung. Die Schwiegermutter gibt der Braut einen Dukaten.

Wenn alles vorbei ist und beide Parteien zufrieden sind, geht man »um den Frieden« (na mir). Der Schwiegervater geht mit der Jungvermählten und vielleicht noch ein, zwei Mädchen oder Frauen für einen Abend zu den Brauteltern. Es werden auch kleine Geschenke, Kaffee, Zucker, mitgebracht. Und aus diesem Haus sendet man ebenfalls kleine Geschenke, damit eine richtige Freundschaft entsteht. Schließlich beginnt die Ausstattung (ruho = Kleidung, Gewand) einzutreffen.

Die Braut bereitete ihre Ausstattung schon früher vor. Sie wurde mit

Lastpferden (sejsana), meistens waren es zwei, in Kisten in ihr neues Haus geschickt. Die Ausstattung wird in zwei Kategorien geteilt: Suknište und Prtište. Unter Suknište (»Wollzeug«) verstand man: Gebetsteppiche (serdžada), Kelims (ćilim), Decken (ponjava), Pölster (jastuk), Gewebtes; unter Prtište (Linnenzeug) verstand man Kleidung, Wäsche, Unterwäsche, Hemden usw. Dazu kamen auf jeden Fall eine Kupferkanne (ibrik) und ein kupfernes Waschbecken (leđen). Später konnten auch noch andere Gefäße kommen, aber diese zwei mußten gleich dabei sein: die Kanne und das Waschbecken. Sie mußte damit an der Tafel vor dem Essen, allen voran dem Hausherrn, Wasser zum Händewaschen reichen.

Die Scheidung:
Bei uns war das nicht so leicht. Solange das Scheriatsrecht in Kraft war, hatte die Frau gewisse Rechte. Es war bekannt, was sie mit in die Ehe brachte. Der Mann war verpflichtet, sie zu unterhalten, sie zu kleiden, in den Grenzen seiner Möglichkeiten. Gemeinsam sollten sie die Kinder erziehen und sich um die Wirtschaft kümmern. Die Frau kümmerte sich um die Kinder und den Haushalt. Das Scheriatsgesetz regelte genau, was der Frau zufiel. Das Urteil wurde vom Richter (kadija) gefällt. Früher gab es nur das Scheriatsgericht. Dann gab es nebeneinander das Scheriatsgericht und das staatliche Gericht. Und später mußte man sich nach dem staatlichen Gericht verheiraten und konnte nachher nach dem Scheriatsrecht heiraten.

2.10 Almosen (zekjat, zećat; vitr)
Eine der fünf Säulen des Islam ist das Almosengeben (zekjat, zećat). Im Koran ist bereits festgelegt, daß der Gläubige den vierzigsten Teil seines Vermögens (= 2,5%) für die Armen zur Verfügung stellen muß. Es ist dies ein Brauch, der seit der arabischen Wüstengesellschaft des 7. Jahrhunderts beibehalten worden ist. Es handelt sich dabei um einen festen Grundsatz des gegenseitigen sozialen Ausgleichs und um ein Mittel zur Linderung der Armut. Auf dem Land wird die Hilfe meist in Naturalien gegeben, während man in den Städten eher der Islamischen Glaubensgemeinschaft Geld spendet. Neben diesem prozentmäßig festgelegten Almosen gibt es noch ein besonderes Almosen, das Vitr/Vitre (auch Sadakai-

fitr) genannt wird, und von den Gläubigen im Fastenmonat Ramazan gespendet wird. Man soll es am ersten Tag des Bajrams vor dem Bajramgebet geben. Es beträgt 1,66 kg Weizen- oder 3,33 kg Gerstenmehl oder Rosinen oder den Gegenwert dieser Artikel. Gewöhnlich wird es in Bargeld an die Islamische Glaubensgemeinschaft bezahlt. In der Praxis werden die beiden Arten von Almosen nicht deutlich voneinander geschieden.

Salih (Zvornik): Meist gab man Almosen während des Fastenmonats. Wer aber dazu nicht imstande war, der brauchte auch nichts zu geben.

Vasva (Sanski most) : Während des Fastenmonats verteilt man die Vitre. Wir haben immer Geld an die Islamische Gemeinschaft gegeben. Aber man kann es auch direkt an die Armen verteilen. Auch die Schaffelle sammeln wir und geben sie dem Hodža, der sie in die Medresa (höhere islamische Schule) gibt, für die, die das Studium des Hodžas betreiben, für die Studenten (softa). Das heißt Vitr. Zekjat wird meistens in Naturalien gegeben, vom Vermögen, vom Getreide oder Schmuck oder Kleider, aber auch in Geld ist es möglich. Man kann das der Islamischen Gemeinschaft oder den Armen geben, am besten aber den Studenten der islamischen Schulen.

Jusuf (Sanski most): Der Zekjat wird meist im Ramazan verteilt, aber man kann es auch später tun. Was man an Vermögen hat, das wird geteilt. Den Prozentsatz habe ich vergessen. Zweieinhalb oder drei Prozent. Am besten gab man an die Islamische Gemeinschaft, denn diese hat der Staat nicht unterstützt. Wenn sie das Volk nicht unterstützte, könnte sie nicht bestehen. Den Zekjat gab man in Geld, den Vitr konnte man auch in Naturalien leisten. Man sagt, wenn man keine Almosen gibt, hat man vergebens gefastet. Auch den Vitr gab man meist an die Islamische Glaubensgemeinschaft, denn sie ist vom Volk abhängig. Man hat Getreide gesammelt, es in den Geldwert umgerechnet. Wieviel Getreide pro Person, soviel in Geld. Das ist bis heute so geblieben, auch heute spendet man.

Bajro (Brčko): Jeder, der Vermögen hat, gibt Zekjat. Das gibt man in Form von Geld (kann auch Gold sein) an die Islamische Glaubensgemeinschaft in Sarajevo.

Während der Fasten im Ramazan sind wir verpflichtet, besondere Almosen (vitr) zu geben, an die Armen oder an die Islamische Glaubensgemeinschaft. Die Höhe des Zekjat bestimmt man selbst, nach Vermögen, hier gibt es keine Vorschrift, während der Vitr nach dem Gesetz gegeben werden muß. Beide Arten von Almosen gibt man vor dem Bajram, von der Mitte des Ramazans bis zum Bajram. Sobald der Bajram gebetet wird, ist dies vorüber.

2.11 Pilgerfahrt (hadž, haddž, hadžiluk)
Die Pilgerfahrt ist die fünfte grundlegende Pflicht eines Muslims. Jeder, der dazu geistig, körperlich und materiell imstande ist, ob Mann oder Frau, muß einmal im Leben die heiligen Stätten des Islam aufsuchen. Die Verpflichtung zur Pilgerfahrt entsteht, wenn der Gläubige die nötigen finanziellen Mittel erworben hat und wenn für seine zurückbleibende Familie Wohnung und Leben gesichert sind. Der Pilger hat die Pflicht, vor der Reise seine Schulden zu begleichen und seine Mitbürger um Verzeihung für eventuelle Sünden zu bitten. Ist ein Muslim aus gesundheitlichen oder Altersgründen nicht mehr imstande, selbst zu reisen, kann er einen Vertreter (bedel) ausrüsten und entsenden.

Zu den strengen islamischen Gesetzen (farz) der Pilgerfahrt gehören: der Ihram, das ist die Absichtserklärung (nijet), die Pilgerfahrt durchzuführen (als äußeres Zeichen legt der Pilger das aus zwei weißen Leintüchern bestehende Kleid an), dann der Besuch der Hochebene Arefat (Arafat) bei Mekka und die Umkreisung der Kaaba in Mekka.

Die Informanten wissen relativ wenig über den religiösen Sinn und die religiösen Bräuche der Pilgerfahrt.

Vasva (Sanski most): Wenn der Ramazanbajram zu Ende ist, bereiten sich die Leute auf die Pilgerfahrt nach Mekka vor, je nachdem, wer geht. Zu Hause werden alle Angelegenheiten geregelt, der Pilger muß in Frieden von seiner Familie gehen, damit seine Frau nicht etwa sündigt, wenn sie zurückbleibt. Das ganze Dorf begleitet ihn, sie geben ihm Geschenke und Geld. Dafür wird er aus Mekka seinerseits Geschenke mitbringen. Seine Frau muß zu Hause seine Pilgerfahrt behüten, indem sie nicht sündigt und für ihn betet. Falls sie sündigt, verliert er seine Pilgerfahrt. Nach seiner Rückkehr ist er ein Mekkapilger (hadžija).

Fatima (Zvornik): Von der Pilgerfahrt bringt er Geschenke mit: einem die Gebetsschnur (tespih), einem den Gebetsteppich (serdžada), einem die Abanija. Das ist ein großer gelber Schal, mit dem sich die Frauen bedecken, wenn sie beten.

Salih (Zvornik): Es spricht sich herum, wer auf die Pilgerfahrt gehen will. Derjenige lädt nicht ein, die Leute kommen von selbst zu ihm. Sie beglückwünschen ihn und wünschen, daß er wieder gut zurückkommt. Früher hat man ihm nur selten Geschenke gebracht. Wenn er aufbricht, führen ihn zwei Männer an der Hand, und er wirft Kleingeld um sich, das von den Kindern aufgelesen wird. Wenn er zurückkommt, wird ihm wieder gratuliert. Er bringt Geschenke mit, meist Gebetsschnüre, den Frauen Stoffe, damit sie ihre Dimije schneidern können, den Männern einen Zigarettenspitz oder einen Ring. Aber das selten, denn Gold ist teuer in Mekka. Jemandem, der rezitieren kann, einen Musaf (Koran), dann auch den Schal (ahmedija), den er um den Fes wickelt, und er wird ab nun Mekkapilger genannt (hadžija).

Bajro (Brčko): Zur Wallfahrt geht man vor dem Bajram. Man läßt sich beim zuständigen Hodža registrieren. Er gibt dafür die nötigen Anweisungen. Der Wallfahrer lädt seine Verwandtschaft oder wen er will zum Abendessen ein und kündigt seinen Willen, die Wallfahrt zu unternehmen, an. Die Wallfahrer sprechen sich untereinander ab. Sie versammeln sich in der Moschee; der Hodža führt die Pilger unter Gebeten und der Lobpreisung Allahs (tegbir) in die Moschee. Die Pilger bringen den Glaubensdienern Geschenke, Hemden, mit. Dann wird das Wallfahrtsgebet (hadžinska dova) gebetet, und nachher laden die Wallfahrer alle zum Essen ein. Das geschieht für die Fremden, die aus anderen Dörfern kommen. Wenn einer aufbricht, wird er von seiner Verwandtschaft begleitet. Jede Gruppe von Pilgern hat einen Führer, der sie leitet. Wenn der Pilger dort ankommt, legt er seine Kleidung ab und bekleidet sich mit einem weißen Umhang. Wenn er zurückkommt, trägt er das Turbantuch (ahmedija) und erhält den Titel Hadžija. Er bringt auch Geschenke mit, Tücher, Gebetsschnüre (tespih).

Ein Wallfahrtsort bei uns ist Orašje, eine Moschee, wohin die Leute zur Wallfahrt gehen. Es gibt dort ein Haar des Propheten Muhammed (Muhamed Pejgamber). Dieses Haar ist in mehrere Tücher eingewickelt und befindet sich in einem Glas. Einmal bin ich da gewesen. Das Haar ist seit altersher dort. Sie haben aber nicht erklärt, wie es hingekommen ist. Die Leute gehen hin, und es wird gepredigt. Besonders gerne pilgern sie dorthin in der 27. Nacht des Ramazans. Dann gibt es so viele Menschen dort, daß sie gar keinen Platz in der Moschee haben; selbst der Hof ist überfüllt.

Nasva (Sandžak): Ich weiß nicht, wie die Pilger reisen, ob mit dem Schiff oder anderswie. Wenn sie das Dorf verlassen, werden sie verabschiedet. Die Nachbarn und die Familie müssen Essen vorbereiten, um das ganze Dorf zu bewirten und dem Vieh hundert Kilo Getreide zu füttern. Am Vortag betet der Wallfahrer in der Moschee. Wenn er aufbricht, bekommt er Geld als Geschenk zugeworfen, und dieses sammelt er ein. Wenn er zurückkommt, bringt er seinen Nächsten Geschenke mit. Mein Neffe hat mir eine Gebetsschnur mitgebracht. Die Tschetniks hätten mir nicht erlaubt, sie mitzunehmen, und so habe ich sie um das Bein gewickelt und versteckt mitgebracht.

Rahman (Gračanica): Wer nur ein bißchen wohlhabender ist, hat die fünfte islamische Pflicht (peti islamski šart) zu erfüllen. Wer von der Pilgerfahrt zurückkommt, ist für mich nicht mehr einfach Meho [Mehmed], sondern Hadži Meho.

Mevlut ist der Geburtstag des Propheten Muhammed. Er wird zuerst in der Moschee gefeiert und dann mit einem Festessen zu Hause.

Ramo (Zvornik): Heute reisen sie mit Flugzeugen, aber sie werden noch immer von den Verwandten und Freunden verabschiedet. Man bringt dem Pilger Geschenke oder Geld. Auch der Hodža kommt zum Abschied, und dann führen sie den Pilger unter Anrufen Allahs dreimal ums Haus. Beim Aufbruch wirft der Pilger mit Kleingeld um sich, und Kinder sammeln es auf. Wenn er zurückkommt, ist es ähnlich.

2.12 Fasten
Die dritte strenge Vorschrift des Islam ist das Fasten im Monat Ramazan (Ramadan), in dem Gott dem Propheten den Koran zu offenbaren begann. Die Gläubigen enthalten sich dabei jeglichen Essens und Trinkens (auch Wassers), des Rauchens und des Geschlechtsverkehrs von Sonnenauf- bis Sonnenuntergang.

Vasva (Sanski most): Früher gingen die Frauen auch im Fastenmonat Ramazan nicht zur Moschee. Morgens, vor dem Morgengebet, gehen sie in die Moschee, die Mukabela [eigentlich: Koranrezitation durch gelehrte Männer] zu beten, auch zur Teravija (nächtliches Gebet mit 20 Rekat). Nach dem Krieg hat man uns hart getroffen, der Staat hat verboten, daß die Kinder in die Koranschule gehen oder daß der Hodža vorbetet. Später wurde es wieder erlaubt.

In der 27. Nacht wird gebetet und der Mevlut (besondere Gebete und Preisungen zum Geburtstag des Propheten) rezitiert. Da kommen viele Leute zusammen. Es wird lange gebetet, bis zum Sabah (d. h. bis zum Eintritt der Nacht). Die 27. Nacht ist eine besondere Nacht, sie heißt Lejlet-ul-kadr. Es gibt noch eine Nacht, sie heißt Lejlet-ul-miradž, im Monat Redžep. Auch dann wird besonders lang gebetet und diese erinnert daran, wie der Prophet Muhammed mit dem Engel Džibril (Gabriel) in den Himmel aufgefahren ist.

Nach dem Ramazan kommt das Bajramfest. Nach dem Frühstück gehen die Männer in die Moschee, um den Bajram zu beten. Und wenn der Kurbanbajram (Opferfest) kommt, dann dürfen sie weder essen noch trinken. Erst wenn sie nach Hause kommen, erwartet sie das Festessen. Dann kommen auch die Nachbarn zu Kaffee und Limonade; man besucht sich gegenseitig.

Zum Bajram beglückwünscht man sich mit »Bajram bajreć«, und der andere sagt »Allahrazosum«. Wenn jemand älter ist, z. B. die Mutter, dann wird ihr die Hand geküßt. Das ist aber jetzt abgekommen, heute küssen sie sich auch ins Gesicht. Das war bei uns Muslimen nicht Brauch.

Zum Festessen kommt zuerst eine Suppe, dann Burek oder Maslenica, Rešadija (eine Art Halva), Lutma, ein gebratenes Huhn oder Lammfleisch. Es wird Essen für den ganzen Tag vorbereitet, damit man etwas hat, wenn die Gäste kommen, und sie so bewirten kann.

Zum Kurbanbajram werden Schafe geschlachtet. Das geschieht drei Tage hindurch. Das Fleisch wird, solang es reicht, an die Nachbarn verteilt, das Stück muß wenigstens ein halbes Kilo schwer sein. Etwa ein Viertel behält man für sich zu Hause. Die Verteilung nehmen die Kinder vor, und dazu sagen sie »Ja tebi dajem kurban i tebi halalsum« (Ich gebe dir das Opferfleisch und es soll dir gesegnet sein), und du antwortest mit »Kabulsum« (es möge von Gott angenommen werden).

Jedes Jahr wird auch der Mevlut gefeiert, und die Nachbarn werden eingeladen. Mir scheint, daß das vor dem Bajram ist, ich weiß aber jetzt nicht, in welchem Monat. Dann kommt der Hodža und vielleicht noch jemand, der rezitieren kann, dann wird der Mevlut gebetet. Der Sevap (gute Tat) gilt für dich und du gibst dem Hodža Geld. Dann kommt die Bewirtung mit Šerbet, danach das Abendessen.

Fatima (Zvornik): Die Nachbarn werden geladen. Es werden Fleischstrudel und süße Strudel bereitet, dann Fleisch, Reis, gefüllte Paprika und Sarma aus Kraut, dazu noch Sutlije und Halva. Gewöhnlich wird Halva zum Mevlut gemacht.

Man breitet ein großes Leintuch (čaršaf) aus, alle sitzen gemeinsam darum herum. Wenn Platz genug ist, sitzen fünfzehn um eine Sofra. Kaum wird eine Sofra aufgehoben, wird schon eine neue hergerichtet, dazwischen werden die Löffel gewaschen. Wenn Platz ist, wird auf mehreren Sofre in mehreren Zimmern serviert. Auch der Efendija (= Hodža) ist dabei. Man betet zu Mittag und, wenn sichs trifft, auch dieIćindija.

Salih (Zvornik): Wenn du die Anrufung Allahs durchhalten kannst (ako moreš da ilačeš, vom Zeitwort ilakati = fromme Wörter und Sätze aussprechen), betest du die ganze Nacht. Man sagt, wenn du stirbst, wird es dir besser gehen in jener Welt. Im Ramazan kann man in der Nacht essen, was man will, bis eine Stunde vor der Morgendämmerung, dann nicht mehr, weder essen noch trinken noch rauchen. Und wenn du aus Gedankenlosigkeit etwas ißt, dann mußt du diesen Tag nachfasten. Wenn die Zeit des Essens (vakat) kommt, dann hat man bei uns vom Turm Böller (prangija) geschossen. Man wartet schon darauf und horcht, bis es knallt. Dann kommt das Essen (iftar, iftariti se). Manchmal lädt man dazu auch Leute ein, besonders Arme.

Das Morgengebet wird zu Hause verrichtet, dann geht man in die Moschee, betet: zanijeti se nevejtu nusalije ilajte alah. Die Leute treffen sich vor der Moschee, laden sich gegenseitig zum Essen.

Die Frau gibt die Fleischstücke in eine große flache Schüssel aus Kupfer oder Blech (tevsija), bedeckt sie mit einem Handtuch und geht damit von Haus zu Haus. Der Beschenkte bedankt sich mit »kabulosum«, und du sagst »halalosum«. Man ließ nicht ein einziges Haus aus. Der Glückwunsch lautet »Bajram bajrećula« (der Bajrem möge dir glücklich sein), die Antwort »senden Bajram bajrećula« (auch dir sei der Bajram glücklich).

Jusuf (Sanski most): Tagsüber kein Essen, kein Trinken, nichts. Arbeiten muß man trotzdem, z. B. während der Ernte mußte ich auch arbeiten. Jedes Jahr verlagert sich der Ramazan; er beginnt um zehn Tage früher.

Der Hodža kündigt eine Predigt (vaz) an. Die Glückwünsche lauten: »Bajram bajroćum«, »Alah razosum«, »Merhaba, merhaba«. Wer Waffen hat, der schießt auch. Zwei, drei Tage macht man Ausflüge (teferič); die Nachbarn und Freunde besuchen einander; zum Sijelo, zu Kaffee, Šerbet usw. wird eingeladen.

Zum Kurban muß jeder Muslim, wenn er dazu imstande ist, zwei Drittel des Hammels verteilen. Man kann auch ein Kalb oder eine Jungkuh schlachten, z. B. eine zweijährige (june od dvije godine) und auf sieben Leute aufteilen. Meistens aber schlachtet man Lämmer. Dann werden zwei Teile (hise) hinausgetragen, ein Drittel bleibt im Haus. Man verteilt es an die Freunde (dost). Hier gibt es kein Überspringen. Man geht am Morgen in die Moschee, um das Morgengebet zu beten.

Wenn einer den Mevlut geben will, so meldet er es dem Hodža. Der sagt, ich kann dann und dann zu dir kommen. Dann versammelt man die Gäste für das Abendessen; das Abendgebet wird gebetet, dann die Jacija, der Mevlut wird rezitiert, dann setzt man sich zum Abendessen. Dann wird Šerbet gebracht. Auch dem Hodža wird ein Geschenk dargebracht. Wenn er den Mevlut rezitiert hat, gibt man ihm etwas Geld; es ist deine gute Tat (sevap), nicht die des Hodžas. Seine Pflicht ist es nur, zu rezitieren. Wann der Mevlut genau ist, kann ich nicht sagen.

Tajib (Gračanica): Das Abendessen heißt Juftar. Man gratuliert mit Bajram-bajrećuls, die Antwort lautet: Allahrarezula. Zum Bajram macht man unbedingt Baklava.

Bajro (Brčko): Der Fastenmonat Ramazan ist einer der Monate des islamischen Kalenders. Dieser verlagert sich jährlich um zehn Tage nach vor. Nach 33 Jahren fällt er wieder auf denselben Zeitpunkt.

Erst am Abend wird gegessen (iftari se). Früher wurde der Zeitpunkt (vakat, mršenje) mit Böllerschüssen angekündigt. In manchen Dörfern werden Salavat rezitiert. Das sind besondere Gebete in arabischer Sprache, mit denen der Segen Muhammeds herbeigerufen wird. Im Morgengrauen geht einer austrommeln und ruft: Steh auf, es ist Zeit. In der 27. Nacht erfolgt das zusätzliche Beten (naklanjavanje). Man kann dann alle Gebete nachholen, die man aus irgendeinem Grund versäumt hat.

Zur Teravija (nächtliches Gebet) können auch die Frauen gehen. Sie müssen nicht, aber sie dürfen. Früher sind sie selten gegangen, mancherorts ist das auch heute so; sonst kommen sie aber doch meistens. In der Moschee gibt es eine besondere Abteilung im ersten Stock (makfil) für die Frauen. Sie müssen auf jeden Fall hinter den Männern sein. Gebetet wird zwar gemeinsam, aber sie sind doch getrennt.

Zum Bajramfest werden die Nachbarn von Haus zu Haus zu Kaffee und Šerbet eingeladen. Wir gratulieren einander mit »Bajram mubarek olsun« und geben einander die Hand. Zur Antwort sagen wir »Allahrazosum«.

Zum Kurbanbajram oder Pilgerfahrtbajram wird geschlachtet. Alle Wohlhabenderen sind verpflichtet, den »Kurban« (das Opfer) zu schlachten. Das kann ein Lamm von bis zu sechs Monaten oder ein Rind von über drei Jahren sein. Beim Rind tun sich mehrere zusammen, von drei bis neun Personen, mehr als neun aber nicht. Es hängt von der Größe des Rindes ab.

In der Früh wird das Bajramgebet verrichtet. Nach dem Gebet gibt es eine Predigt (vaz). Der Hodža erklärt Stellen aus dem Koran und spricht über das richtige Verhalten, nicht über Politik. Dann gehen wir nach Hause, schlachten die Opfertiere, zerteilen und verteilen sie. Ein Drittel bekommen die Nachbarn, ein Drittel erhalten die Verwandtschaft und Freunde und ein Drittel bleibt dir. Die kleineren Kinder verteilen die Stücke, die Enkel. Dem, dem man gibt, sagt man »kabulosum«, jener der verteilt, sagt »halalosum«. Dann wird zum Essen geladen. Drei Tage wird nicht gearbeitet.

Für das Mevlutfest gibt es auch einen bestimmten Monat. Wenn man feiern will, bestellt man den Hodža, damit er den Mevlut rezitiert, und lädt Freunde und Verwandte ein, zu einer Tafel (sofra). Es können auch die Frauen kommen, sie speisen an einer anderen Tafel. Da werden verschiedene Strudel (pita) gemacht, drei vier Sorten, einige Dolma (gefüllte Paprika, Tomaten u. a., gefüllt mit Hackfleisch und Spinat).

Rahman (Gračanica): Im Ramazan wurde die Zeit des Mahles durch einen Trommler angekündigt. Ihm haben wir Vitr gegeben; er hat uns zum Abendessen geweckt; er geht durchs Dorf, die Kinder schreien: Es ist Essenszeit (iftar). Später, in der Moschee werden Kerzen angezündet.

Die 27. Nacht ist eine Glücksnacht (mubarek noć). In dieser Nacht werden die lebenden und die toten Seelen registriert. So hat es uns der Hodža erklärt. Da wird eingetragen, wer geboren wurde, wer gestorben ist. Dann betet man so viel man kann. Wir nennen das »uoči lejlet-i kadra« (am Vorabend der Nacht der Verheißung).

Man sagt, daß in Orašje ein Haar des Propheten aufbewahrt wird. Ich selbst war nicht dort, aber die Leute aus unserer Gegend gehen massenhaft hin. Es gibt ein Mausoleum in Srebrenik (turbe u Gornjem Srebreniku). Dort sind zwei Freunde (dva ahbaba) begraben. Einer soll ein Christ gewesen sein, einer ein Muslim.

Der Glückwunsch zum Bajram lautet »Bajram bajrećula«, die Antwort darauf »Alahu razila«.

Ramo (Zvornik): Vor dem Ramazan werden die Totengebete (jasin) gebetet. Wenn ich das selbst nicht kann, dann gebe ich eine gewisse Summe Geldes dafür, daß es ein anderer für mich macht.

Eineinhalb Stunden nach dem Akšam beginnt die Teravija, die gemeinsam mit dem täglichen Nachtgebet (jacija) gehalten wird.

Der Hodža und einige fromme Männer sperren sich die letzten zehn Tage des Ramazan in der Moschee ein. Das wird Itikaf genannt, die letzten zehn Tage im Ramazan. Die Gläubigen des Moscheesprengels (džematlija) kommen und bringen ihnen die Nahrung, während die frommen Männer ununterbrochen in geistlichen Übungen (ibadet) verharren.

Die 27. Nacht wird durch den Mevlut charakterisiert, in den Moscheen und in den Häusern. Es wird mehr gebetet und in frommen Übungen verbracht als sonst. Denn in dieser Nacht kommen die Engel (melek) hernieder und bestimmen das Schicksal eines jeden Menschen. Sie gehen umher und schauen, wer geistliche Übungen betreibt und schreiben das auf.

Der Bajram tritt 45 Minuten nach Sonnenaufgang ein. Die Leute beglückwünschen einander, geben sich die Hand und sagen »Bajram bajrek olsun«; man antwortet mit »Alah razi olsum«.

2.13 Alkohol und Schweinefleisch
Zu den Verboten des Islam gehört der Genuß von Alkohol und Schweinefleisch. Mit diesem Verbot gingen die Muslime in Bosnien-Herzegowina und überhaupt in Jugoslawien verschieden um. Jedenfalls waren sie gewohnt, mit Andersgläubigen zusammenzuleben und damit konfrontiert zu werden, daß ihnen Alkohol und Schweinefleisch angeboten wurden. Dementsprechend verhalten sich auch die Flüchtlinge. Manche halten sich an die Verbote, andere nicht. Aus den Antworten unserer Informanten geht hervor, daß in den Zwetschkengegenden der Posavina immer Schnaps gebrannt und getrunken wurde, auch von den Muslimen.

Der Islam verbietet außer Schweinefleisch auch den Genuß des Fleisches von einigen Raubtieren. Die Schlachtung erfolgt nach dem Scheriatsgesetz. Unter Erwähnung des Namens Allahs werden die Luft- und Speiseröhre sowie zwei Hauptschlagadern des zu schlachtenden Tieres durchschnitten.

Vasva (Sanski most): Früher haben die Muslime keinen Alkohol getrunken. Nie hat man einen Betrunkenen gesehen. Erst seit dem Zweiten Weltkrieg wird Schnaps (rakija) gebrannt. Wir haben auch kein Schweinefleisch gegessen. Heute ist alles verkehrt, aber in meinem Dorf nicht, auch heute nicht. Sonst gibt es aber Muslime, die auch Schweinefleisch essen.

Tajib (Gračanica): Man hat auch früher Alkohol getrunken, aber in kleineren Mengen. Die Leute haben Kessel, wo der Schnaps gebrannt wird (rakija se peče). Die Zwetschken werden in Fässern gesammelt. Um den Brennkessel kommen die Leute zusammen, da sitzt man und unterhält sich. Schweinefleisch hat man dagegen nicht gegessen, kaum. Auch heute essen es wenige, höchstens Arbeiter, manchmal.

Nurija (Brčko): Bei uns hat man immer Alkohol getrunken, solange ich mich erinnern kann. Wir leben doch in der besten Zwetschkengegend.

Šefika (Zenica): Nur im Ramazan hat man keinen Alkohol getrunken, dann war kein Tropfen im Haus. Sonst schon, besonders die Männer, wenn sie zum Sijelo (in Gesellschaft, zur Unterhaltung) gingen. Als ich klein war, habe ich kein Schweinefleisch gegessen; auch heute tue ich das nicht. Aber sonst ißt man es schon. Manche tun es, andere nicht. In unserer Familie gibt es kein Schweinefleisch.

2.14 Moslemische Bauten
2.14.1 Moschee (džamija)

Das deutsche Wort Moschee kommt aus dem Arabischen mesdžid, d. h. Bethaus, vermutlich durch italienische Vermittlung (moschea). Für die bosnischen Muslime bedeutet mesdžid (oder mečit) ein kleineres Bethaus, in dem freitags nicht der gemeinsame Gottesdienst (džuma namaz) abgehalten und gepredigt wird. Daher besitzt der Mesdžid keine Kanzel (mimber, minber), vielfach auch kein Minarett (munara). Von derselben Wurzel S-DŽ-D (wie in mesdžid) sind die Ausdrücke sedžada »Gebetsteppich« und sedžda »das Niederfallen zum Gebet« abgeleitet. Die größeren Moscheen heißen Džamija (arabisch džâmiˁ, »derjenige, der sammelt«). Von derselben Wurzel abgeleitet sind die Wörter Džemat »Moscheesprengel« und Džuma »Freitagsgebet«.

Jede Moschee ist auf Mekka ausgerichtet. Die Gebetsnische, die diese Ausrichtung anzeigt, heißt Mihrab. (Die Orientierung nach Mekka, d. h. nach Südosten, wird Kibla genannt.) Vor der Gebetsnische verrichtet der Vorbeter (imam) seine Pflicht. Er steht beim Beten mit dem Gesicht nach Mekka gewandt, d. h. mit dem Rücken zu den Gläubigen. Der Imam wird in Bosnien meist Hodža (aus dem Persischen, »Lehrer«) genannt. Rechts von Mihrab befindet sich die Kanzel für die Freitagspredigt (Kanzel = mimber, Freitagspredigt = hutba, hudba). Der Imam, der die Freitagspredigt hält, wird Hatib genannt.

Ein äußeres Kennzeichen der Moschee ist das Minarett (in Bosnien wie in der Türkei das »Bleistiftminarett«), von dem aus fünfmal am Tag der Gebetsruf (ezan) erschallt. Es besitzt einen Rundgang oder eine Galerie (šerefe), in der neuesten Zeit gibt es auch Moscheen mit zwei Rundgängen.

Die schönsten Moscheen Bosniens und der Herzegowina sind die

Kuppelmoscheen aus dem 16. Jahrhundert. Das sind steinerne, im wesentlichen quadratisch angelegte Bauten, die von einem Minarett flankiert sind. An der Vorderfront finden wir vielfach von drei Kuppeln überwölbte Säulenhallen (vgl. Abb. 42 Ferhadija in Banjaluka, Abb. 58 Hadži-Alija-Moschee in Počitelj). Zur absolut notwendigen Einrichtung gehört ein Brunnen für die rituellen Waschungen, manchmal als Springbrunnen (šedrvan) ausgeführt, vgl. Abb. 70 Begova džamija Sarajevo. Daher wurden die Moscheen vielfach an Quellen, Flüssen oder Bächen errichtet. Viele Moscheen besitzten auch einen Uhrturm (sahat kula), der die Gebetszeiten anzeigt (Abb. 38 Begova džamija Sarajevo). In der unmittelbaren Umgebung findet man oft auch das Grabmal des Stifters oder anderer heiliger Männer, Turbe genannt (Abb. 17). Zum Bereich einiger größerer Moscheen gehörten Koranschulen; heute sind nur noch zwei, in Sarajevo (Abb. 18) und in Počitelj in der Herzegowina, erhalten.

Einige der schönsten Kuppelmoscheen aus dem 16. Jahrhundert sind: die Gazi-Husrevbeg-Moschee (1531), die Ali-Paša-Moschee und die Sultansmoschee (Careva džamija) (1565) in Sarajevo, die Ferhad-Paša-Moschee in Banjaluka (1597), die Aladža-Moschee in Foča (1550), die Karađozbeg-Moschee in Mostar (1570), die Jusuf-Paša-Moschee in Maglaj (2. Hälfte des 16. Jahrhunderts) und andere.

Salih (Zvornik): Der Innenraum einer Moschee (Abb. 15, 43) ist mit Teppichen ausgelegt. Beim Eingang sind die Stellagen, wo man die Schuhe zurückläßt. Der Platz, auf dem sich erhöht der Hodža befindet, heißt Baška (bedeutet eigentlich »abgeteilt, extra«). Und wir stellen uns unten auf und beten in Reihen. Seit kurzem gibt es auch einen eigenen Raum (abdesthana), in dem die Waschung vorgenommen wird, einen Brunnen, auch ein WC. Früher war das nicht, man hat die Waschung (abdest) draußen gemacht.

Ramo (Zvornik): Es gab kleinere, hölzerne Moscheen mit hölzernem Minarett. Rechts im Gebetsraum in der Ecke ist die Kanzel (mimber), wo der Hodža die Freitags- und Bajrampredigt (hutba) vorträgt. Sie kann eine verschieden große Zahl von Stufen haben, je nach der Höhe der Moschee. In der Mitte steht der Mihrab (Gebetsnische). Die Gläubigen haben die Gebetsschnüre (tespih). Auf der linken Seite gibt es in der Ecke einen Polster (šiljte), von wo aus der Hodža vor dem Freitagsgebet unterrichtet.

Im Raum für die Waschung stehen die Kupfergefäße (ibrik) oder die irdenen (bardak). Heute wird das Wasser meistens eingeleitet.

Der Totenwaschraum (gasulhana) ist – sofern vorhanden – etwas abgetrennt, neben der Moschee. Wenn der Tote in der Nähe der Moschee gestorben ist, dann wird er dort gewaschen.

Dann gibt es einen Unterrichtsraum für den Unterricht der Kinder (Koranschule = mejtef). Dort gibt es die Bücherbank (pešta); das ist ein kleines Tischchen, wo die Bücher aufgestellt sind. Die Kinder sitzen auf dem Boden, der Hodža oberhalb vor ihnen.

Beim hölzernen Minarett (munara) ist auch die Galerie (šerefa), von der der Muezzin zum Gebet ruft (den Ezan rezitiert), aus Holz. Im Inneren ist eine Leiter (merdevine), auf der der Muezzin hochsteigt. In der letzten Zeit gibt es Kassetten und Lautsprecher. An der Spitze des Minaretts befindet sich zur Verzierung der Alem: Das ist ein Halbmond mit drei Kugeln aus Kupfer, verzinnt oder vergoldet. Es kann auch eine arabische Inschrift angebracht sein.

Wenn eine neue Moschee eröffnet wird, so geschieht das gewöhnlich an einem Samstag oder Sonntag, wenn die Leute mehr Zeit haben. Die Eröffnung wird vom Oberhaupt der Islamischen Gemeinschaft vorgenommen, es kommen Korangelehrte und halten Vorträge. Etwas weiter entfernt gibt es dazu ein Volksfest. Hier wird gekocht, Lämmer werden auf dem Spieß gebraten. Wenn der erste Namaz gebetet wird, dann heißt das »Proklanj džamije« (etwa: »Einbeten«). Damit wird die Moschee der Islamischen Glaubensgemeinschaft übergeben und von da an ist sie ein Gotteshaus.

2.14.2 Derwischklöster, Derwischorden

Die islamische Mystik hat sich seit dem 12. Jahrhundert von Persien aus verbreitet. Sie entwickelte sich aus dem Bedürfnis, die nüchternen Gebetsriten durch religiöse Übungen, deren Ziel die mystische Vereinigung mit Gott war, zu ergänzen. So entstanden zahlreiche Derwischorden, die sich durch ihren Ritus unterschieden. Der Name Derwisch (derviš) kommt aus dem Persischen und bedeutet dasselbe wie das arabische faqîr, nämlich »arm; Bettler«. An der Spitze des Ordens steht der Scheich (šejh/šejk, persisch pîr). Nichts wäre falscher als die Derwischorden mit christlichen Mönchsorden zu vergleichen. Ein für das ganze Leben bindendes Gelöbnis gibt es im Derwischorden nicht. Auch der Zölibat ist dem Islam fremd. Jeder kann an den Übungen teilnehmen. Sie werden gewöhnlich in einem eigens dafür vorgesehenen Haus, das Tekija genannt wird, durchgeführt. Eine der schönsten Tekije steht an der Bunaquelle in der Nähe von Mostar (Abb. 22). In Jugoslawien waren die Orden verboten; die Übungen wurden im geheimen vollzogen. Einer der Orden ist der Nakšbandija-Orden (gegründet 1319), der in der Türkei weit verbreitet war. Ebenfalls große Ausbreitung fand der Bektaši-Orden (seit 1357), dem die Janitscharen nahestanden. Nach seinem Verbot in der Türkei verlagerte sich sein Zentrum nach Albanien. Ein anderer, bekannter Orden ist der Orden der tanzenden Derwische, der von dem Perser Dželâl-ud-dîn Rûmî gegründet wurde und dessen Hauptsitz in Konya in der Türkei ist. Dželâl-ud-dîn Rûmî ist der Verfasser eines der bedeutendsten Werke der persischen Literatur, des Mathnavî (Mesnevija). Die Derwische tragen ein eigenes Kleid und eine hohe Filzmütze. Kenntnisse über ihre Riten sind unter den bosnischen Muslimen nicht sehr verbreitet.

Fatima (Zvornik): Oben in Konjić Polje (Gemeinde Bratunac) gab es so eine Tekija; von dort stammt meine Mutter. Mit ihr bin ich vor vielen Jahren dorthin gegangen, als ich noch unverheiratet war. Im Mausoleum (turbe) sind Grabsteine (nišan), zwei Gräber (mezar). Das waren für den Glauben gefallene Märtyrer (šehit), so hat man sie genannt. Ihre Gräber sind mit Teppichen bedeckt. Dort haben wir die Fatiha gebetet.
Ramo (Zvornik): Mir sind die Derwische erst aus der letzten Zeit bekannt. Das was sie machten heißt Zikir (Ritual): fromme, geistliche Übungen (ibadet), um Allah zu gefallen. Die Derwische setzen sich im Kreis (halka) nieder – wenn es zu viele sind, bilden sie zwei – und machen ihre Übungen. Das kann in der Moschee sein, aber auch in einem Privathaus. Die Namen der Orden kenne ich nicht.
Besim (Zvornik): Früher hatte der Staat die Derwischorden verboten, aber die alten Leute erinnern sich, daß es Derwische gab, die ihr Zikir in

der Tekija vollzogen. Aber auch die Islamische Glaubensgemeinschaft war dagegen. Erst in der letzten Zeit wurde es wieder erlaubt. Unter Zikir versteht man die Nennung des Namens Allahs, seine Verherrlichung, z. B.: La ilâh illa-llâh (»es gibt keinen Gott außer Allah«) und: Allâh hu (Anrufung des Namens Allahs, eigentlich: Allah, er!). Eigentlich ist das eine alte Tradition. Aber jetzt ist vielen lächerlich, wie es gemacht wird. Denn das sind Bewegungen nach rechts, nach links, nach vorne und nach hinten. Das wird so lange gemacht, bis man in Trance gerät. Man vergißt die diesseitige Welt und denkt an die jenseitige. Man denkt an Allah und versinkt; man hält Zwiesprache mit ihm. Bei uns in Zvornik gab es einen Scheich, Mehmed efendija, vom Nakšibendija-Orden.

Es gibt einen sitzenden Zikir (sjedeći zikir) und einen stehenden Zikir (kijam zikir). Wenn die Derwische sich versammeln, kann ein Kreis (halka), oder zwei, gebildet werden. Das Ritual kann die ganze Nacht dauern. Vor kurzem ist in der Vorstadt von Zvornik, Na Diviću, ein Derwischkloster (tekija) eröffnet worden. Es wird ein bestimmter Tag für das Ritual festgelegt. Dann kommen die Derwische, aber auch jeder andere kann kommen, um teilzunehmen oder zuzuschauen. Das Ritual kann auch in der Moschee oder in einem Privathaus abgehalten werden. Wenn ich den Zikir bei mir zu Hause abhalten will, rufe ich den Scheich und die anderen und lade sie ein. Oder wir verabreden uns schon vorher, wo wir das nächstemal zusammenkommen. Der Scheich leitet den Zikir. Zunächst sind wir alle im Kreis. Später kann es sein, daß der Scheich in der Mitte ist, wenn zwei Kreise gebildet werden.

Es kommt auch vor, daß Derwische aus verschiedenen Städten und daß mehrere Scheichs zusammenkommen, aus Zvornik, aus Mostar. Und dann kann man auch beobachten, wie Derwische ihre Körper mit Nadeln stechen, ohne daß sie es spüren und ohne daß Blut hervortritt, wenn sie in Trance sind.

Der Derwisch ist immer bußfertig. Wenn einer Derwisch ist, heißt das, er darf nicht die leiseste Sünde begehen, er muß stets an Gott denken, wohin immer er geht, und er muß dauernd unter ritueller Waschung stehen (pod abdestom).

Die Nakšibendije lassen sich den Bart wachsen. Das zählt zur Überlieferung (sunet).

Zu den Äußerlichkeiten gehört es, daß sie die hohe Derwischmütze aus Filz (ćulah) tragen und die Hajdarija (Kleid). Um den weißen oder grauen Ćulah windet man einen grünen Streifen. Die Hajdarija ist eine Art Weste ohne Ärmel und ohne Knöpfe; sie wird nur umgehängt. Man zieht sie nur zum Zikir an, sonst nicht.

Von den Büchern weiß ich vom Masnevija. Es konnte jeder lesen, aber es war für die Derwische. [Das Mathnawî ist eine Art Enzyklopädie des Sufismus, der islamischen Mystik, verfaßt von Džmélâl-ud-dîn Rûmî in persischer Sprache, 13. Jahrhundert].

Manche haben den Derwischen Sympathien entgegengebracht, andere nicht. Wahrscheinlich aus Unwissenheit; vielen schien es eine modische Neuigkeit zu sein. Aber die Derwische waren nur deswegen nicht bekannt, weil sie so lange verboten waren.

Wenn jemand schon längere Zeit Derwisch ist und gewisse Kenntnisse erreicht hat, erhält er vom Scheich den Rang eines Rehber. Der nächsthöhere Rang ist der des Vekil. Wenn kein Scheich da ist, kann der Vekil, oder, wenn auch kein Vekil da ist, der Rehber das Ritual leiten.

Das äußere Zeichen des Novizen, der sich in den Orden einfügen will, ist die Mütze mit dem Buchstaben Elif (alif) in der Form eines senkrechten Strichs. Als Derwisch bekommt er einen grünen Streifen um den Ćulah, der dann oben nicht das Alif, sondern ein rundes Zeichen hat. Der Scheich trägt ebenfalls den Ćulah, nur kennt man ihn daran, daß er einen grünen Schal in Turbanart um ihn gewickelt trägt, ähnlich wie die Hodžas oder die Professoren (muderis) der Theologischen Hochschule.

2.15 Das bosnisch-herzegowinische Haus

Auf dem Land sind die Häuser bis auf den heutigen Tag sehr einfach und primitiv. Man kann äußerlich zwei Arten von Häusern unterscheiden, das bosnische und das herzegowinische. Sie unterscheiden sich voneinander in folgendem: Das bosnische Haus besitzt ein hohes, steiles Dach, während das Dach des herzegowinischen Hauses eher flach ist. Der zweite wesentliche Unterschied ist das Material, aus dem die Häuser gebaut sind, je nach ihrer Umgebung, in der sie stehen. So besteht das bosnische Haus zumindest zu einem guten Teil aus Holz, während das herzegowinische Haus ganz aus Stein ist.

Die bosnisch-herzegowinischen Häuser sind meistens zweiräumig (zweizellig) und bestehen aus der Küche (mutvak, kuća) und dem Zimmer (soba). Die einfachste, altertümlichste Form hat Wände aus Rutengeflecht (pleter) und in Bosnien ein Stroh- oder Schindeldach, während in der Herzegowina die Häuser mit Steinplatten gedeckt werden. Das Rutengeflecht wird gewöhnlich mit Lehm beworfen. Der Grundriß des Hauses ist immer rechteckig.

Im zweizelligen Haus führt die Eingangstür immer direkt in die Küche, niemals in das Zimmer. Die Küche besitzt oft keine besondere Zimmerdecke, dann befindet sich unmittelbar über ihr das Dach. Dagegen hat das Zimmer eine eigene Decke aus Brettern. Der Raum unter dem Dach ist der Dachboden (tavan). Gelegentlich erstreckt sich der Dachboden auch auf den Raum über der Küche. Dieser Raum wird zur Aufbewahrung von allerlei Gegenständen gebraucht.

Aus diesen einfachsten Formen entwickelten sich kompliziertere Hausformen: Zimmer und Küche konnten durch einen Flur voneinander getrennt werden, es konnten mehrere Zimmer angefügt werden, wie auch eine Vorhalle; schließlich konnte auch ein Stockwerk auf das ebenerdige Haus aufgesetzt werden.

Vasva (Sanski most): Man sagt bei uns: Wie groß der Mann ist, so groß ist auch sein Haus. Die Wände wurden aus Ruten geflochten und mit Lehm verschmiert. Solche Häuser gab es noch, als ich neun Jahre alt war. Mancher hat ein Schaf geschlachtet und dessen Haut im Fenster (pendžer) ausgespannt, wenn er keine Fensterscheiben aus Glas hatte. Drinnen war der Herd, die Kochstelle (ognjišće), und so hat man gekocht. In den Wänden hatte man kleine Türen und Hohlräume (hatula), dort gab man das Geschirr hinein, so wie heute in die Kredenz.

Einen Plafond gab es nicht. Das Dach war bei den einen aus Stroh und bei den anderen aus Schindeln. Der Boden wurde gestampft, und geschlafen hat man auf Stroh. Später ging es den Leuten besser, und sie haben Häuser aus Holz gemacht und sie mit Schindeln gedeckt. Dabei war im Untergeschoß der Stall mit den Kühen und oben die Familie. Als ich heiratete und noch früher begann man die Häuser unten aus Stein und oben aus Ziegeln zu machen.

Salih (Zvornik): Die Häuser waren armselig, vier bis fünf Meter im Geviert, selten sechs bis sieben. Möbel gab es keine, nur das nötige Geschirr. Auf Stroh hat man geschlafen und sich mit Kotzen zugedeckt. Es gab keine Teppiche (ćilim) oder Bettdecken (jorgan). Die Wasserleitung, die durch ein Rohr ins Freie ging, hieß Đeriz. Im Haus war ein Baderaum (hamamdžik), mit Brettern abgegrenzt, sodaß man nicht hineinsehen konnte; dort hat man die rituelle Waschung (abdest) vorgenommen.

Jusuf (Sanski most): Die Häuser waren meist aus Holz, Buchenholz oder Haselruten; die letzteren wurden geflochten. Dann wurde das Haus wenigstens innen mit Mörtel verputzt, nur wenige machten es auch von außen. Außen war Erde. Gleich nach dem Ersten Weltkrieg hat man, wie in Deutschland, hölzerne Türen gemacht. Aber es gab auch einfache Türen aus Brettern, die wurden mit eisernen Angeln (baglame) befestigt.

Im Haus war kein Fußboden (popodito), nur Erde. Und oben als Decke nur Bretter (šiše, Mehrzahl šišeta), kein Plafond. Das kam erst nach dem Zweiten Weltkrieg. Über dem Herd hing der Kessel (kotao) an einer Kette (verige). Das Brot wurde im Feuer gebacken; da wurde die Glut beiseite geschoben und das Brot darauf gelegt. Wenn man Pitas backte, hat man sie auf kupferne, flache Schüsseln (tevsija) gelegt.

Meistens waren drei Räume: die Küche mit dem Herd in der Ecke, das Zimmer und dann der Baderaum (hamam); der mußte vorhanden sein (wenigstens meistens), er war mit Brettern vom Zimmer abgetrennt, später war er auch aus Zement.

Speicher (hambar) gab es auch, später Magaza genannt. Die waren aus Holz und mit einem Boden versehen. Hier wurde das Getreide hineingeschüttet.

Der Čardak, ebenfalls ein Speicher, wurde aus Ruten geflochten, aus Haselnuß, rundherum. Von oben wurde Mais hineingeschüttet und er wird mit Maisblätterwerk (komuš) bedeckt. Ein Beg (muslimischer adeliger Grundbesitzer) hatte z. B. ein gutes Haus und ließ einen Čardak errichten. Er hat im Dorf seine Wohnung und seine Bauern (kmet), z. B. 100 Häuser, 200 Bauern und sammelt von ihnen im Sommer sein Drittel (trećina) ein. Und im Winter hatte er irgendwo anders seinen Wohnsitz, in der Stadt. Er konnte auch einen Einkehrgasthof (ahar) führen. Dorthin kamen die Reisenden, übernachteten und verpflegten sich. Es gab auch Arme, die nichts zu essen hatten. Dann kamen sie dorthin, konnten einen Monat oder zwei dort bleiben.

Bajro (Brčko): Gewöhnlich waren vier Räume: eine Küche und zwei Zimmer, und in der Küche war meistens das Bad (hamamdžik), abgegrenzt mit feinen Brettern, angestrichen. Die Tür konnte man von innen zusperren. Die Wasserzufuhr (kaluf) war entweder aus Stein oder aus Zement. Dort hat man die rituelle Waschung vorgenommen.

Der Herd war aus gebrannten Ziegeln (cigla) oder ungebrannten (ćerpič); das haben die Handwerker gesetzt. Es gab auch irdene Herde. Unten befand sich das Backrohr, oben war eine leinerne Aufhängung für das Holz. Den Boden hatten manche aus gestampfter Erde, aber meist gab es eine Diele (patos). Darauf legte man geflochtene Matten aus Binsen oder Schilf (hasura). Man machte eine niedrige Bank aus Brettern entlang der Wand (sećija). Sie wurde mit Decken bedeckt. Geschlafen hat man auf Wollmatratzen (dušek od vune), hatte man keine, dann auf Strohsäcken.

Brot wurde auf dem Herd (ognjište) gebacken, der Kamin (odžak) war offen. Im Herd wurde Feuer gemacht und die eiserne Schale (peka), die später über den Teig für das Brot gestülpt wurde, aufgesetzt. Sie wurde erhitzt, die Glut wurde zerstreut, und unter der Peka backte man das Brot, die Pite und anderes.

Der Stall war aus Balken und wurde Ahar genannt. Das ist ein hölzernes Gebäude für das Vieh. Erst in neuerer Zeit nennt man das Štala. Der Boden bestand aus gestampftem Lehm (podpođeno). Die Speicher (hambar) hatten oben eine Öffnung, einen Schacht zum Hineinschütten des Getreides (okno); die Speicher dienten zur Aufbewahrung von Korn, Weizen, Mais usw. Seit altersher gab es auch Čardaks, manche nennen sie Koš; auch sie waren mit Öffnungen wie die jetzigen Silos (magaza) versehen. Die weniger Wohlhabenden haben den Koš gemacht, im Kreis Pfähle eingeschlagen und sie mit Ruten verflochten (Abb. 65). Oben schüttete man die Maiskolben hinein.

Nasva (Sandžak): Zwei Zimmer waren zum Schlafen, auf der anderen Seite das offene Feuer (ognjište). Dieser Raum wurde Kuća genannt. Hier hatte man die runden Backbleche (sač) und den Dreifuß (sadžak) und den Kupferkessel (bakrač). Hier hat man gekocht und gebacken. Der Sparherd (šporet) war gemauert, aus Erde. Man kaufte die Herdplatte und mauerte sie ein. Und hier war auch jener Balken, der quer durchs Zimmer gehängt wurde, wenn Gäste kamen. In diesem Fall wurden Teppiche und Decken darübergehängt, so daß der Raum für die Frauen abgeteilt war, damit man sie nicht sah. Früher hat man die Frauen versteckt. Hier stand auch der niedrige Speisetisch (sinija) und der Backtrog (naćve). Wenn ein Mann auf Besuch kam, wurde er von Männern bedient. Ein Mann gab dem Gast das Essen, den Kaffee. Wenn irgendwelche Burschen gekommen waren, haben die Frauen, weil sie neugierig waren, kleine Löcher in die Vorhänge gemacht und hindurchgeschaut.

In einem Zimmer war die Stelle für die Waschungen (avdestluk), zementiert und verrohrt. Manche nennen das auch Đeriz. Die war mit Brettern abgegrenzt und mußte unbedingt vorhanden sein. Man betrat sie durch eine Tür. Auch wenn das Zimmer voller Leute ist, kannst du hineingehen, nimmst die Kupferkanne (ibrik), und niemand sieht dich. Man wärmt Wasser im Kessel und wäscht sich. Hier vollzieht man auch die religiöse Waschung (avdest). Wer den Avdestluk nicht im Zimmer hat, der ist kein Muslim.

Nurija (Brčko): Beim Hausbau kenne ich mich gut aus; ich habe zwei Häuser gebaut. Die Fundamente sind aus Holz. Das heißt »ringlovana kuća«. Die Wände werden entweder aus ungebrannten Ziegeln (ćerpič) oder aus gebrannten Ziegeln (cigla) zwischen den Balken (direk) ausgeführt. Der Plafond besteht aus zugeschnittenen Brettern (kolenike). Es gibt auch einen Kolotanz dieses Namens: kolenike vreteno »Spindelholz«. Für den Plafond hat man Bretter in der Länge zwischen 50 und 80 cm abgeschnitten, mit Stroh, Spreu und Lehm belegt und eingesetzt. Die Unterseite wurde mit Mörtel verputzt.

Die Häuser hatten zumeist zwei Zimmer, einen Flur (hodnik) und eine Küche (kuhinja). In der Ecke befand sich der Baderaum (hamamdžik oder abdesthana). Der Sparherd war aus Blech, und der Ofen (peć) aus Ziegeln und Kacheln gesetzt. Die Sparherde ganz aus Blech wurden Fiaker (fijaker) genannt. Bei den anderen war nur der Innenteil aus Eisen, und rundherum waren sie gemauert.

Der Boden war aus Holz, aber nackt. Man hat geflochtene Matten (hasura) aus Binsen (šaš) ausgebreitet. Wer einen Kelim hatte, war ein reicher Mann; er breitete ihn im Empfangszimmer auf. Auf diese Matten oder Teppiche legte man sich zum Schlafen. Dazu hatte man Bettzeug. Der Baderaum war mit dem Ofen (peć, furuna) verbunden.

Die alten Hausformen sind seit den sechziger Jahren verschwunden.

Rahman (Gračanica): Die Häuser hatten vier bis sechs Räume. Der Plafond bestand aus Brettern. Wenn er verrußte, haben ihn die Frauen gereinigt, abgeschabt. Das, was wir heute Speis nennen, hat Ćirel geheißen. Hier hat man Milch und Mehl aufbewahrt. Im Oberstock war der Čardak, die Zimmer. Dort schliefen der Hausherr und seine Frau. Geschlafen hat man auf der Hasura, auf der geflochtenen Matte aus Binsen. Die hat man zu Neujahr geflochten. Zu Neujahr hat der Vater die Matte gekauft und fühlte sich wohl so, als ob er uns hundert Pölster gekauft hätte. Die Matte konnte drei Meter lang sein und zwei Meter breit. Die Matte lag auf dem nackten Boden, darüber die Kotzen (ponjava), dann kam das Bettzeug, aus Flachs gewebt, in welches Stroh gestopft wurde. Das waren die Strohsäcke (slamarica) und die Strohpölster (jastuče). Darauf schlief man. Wir haben zu sechst unter einer Decke geschlafen.

Der Speicher, den wir Čardak oder Koš nennen, wurde aus sechs Balken gemacht, rundherum Latten (letve) befestigt. Da hinein wurden die Maiskolben geschüttet, um sie zu trocknen. Auch heute gibt es das.

Die Ställe bestanden aus vier Balken, die mit Lehm verschmiert und mit Stroh gedeckt wurden.

Šefika (Zenica): Ich hatte ein altes Haus aus Lehm, keine Ziegel. Das Dach war mit Holzschindeln (šintara) gedeckt. Ich habe es noch immer dort in Zenica. Es gab keinen Plafond, sondern nur hölzerne Balken. Es gab keine Feuerstelle im Haus; es ist ein altes Haus, aus dem Geflecht (šeper), auch jene alten Fenster sind vorhanden. Oben und unten gibt es je zwei Zimmer, zusammen vier. Und oben ist eine große Veranda. Dorthin haben wir im Sommer den Sparherd hinausgetragen und geheizt. Einrichtung gab es nicht. Wir hatten zwei Betten und darinnen Strohsäcke. In einem schlief der Vater, im anderen der Bruder, und wir auf Wollmatrazen (dušek) auf dem Boden. Dann hatten wir eine »Mansarde«, wo wir die Matrazen unterbrachten. Das ist eine Ausbuchtung in der Wand mit Vorhang, wohin wir das Bettzeug gaben. Dort haben wir auch gebadet. Eine Dusche gab es ja nicht. Man erhitzte das Wasser, und für den Abfluß war ein Loch gemacht, eine blecherne Rinne, Oluk genannt. Wir haben den Baderaum Mansarde genannt. Er war nur durch einen Vorhang abgetrennt.

In der Küche war der sogenannte Fiaker-Sparherd, jener schwarze aus Blech. Meine Tanten hatten früher einen irdenen Herd. In der Küche hatten wir noch eine Stellage für das Geschirr. Sonst hat der Vater keine Möbel erlaubt. Nur die niedere Bank entlang der Wand (sećija), rundherum Pölster (minder) und Borde, um das Geschirr aufzureihen, türkische Tellerchen, wunderschöne mit Deckeln. Auf dem Boden ein bosnischer Kelim, das war alles.

Ramo (Zvornik): Die Speicher wurden bei uns Hudera genannt, anderswo Hambar. Drei Schächte (okno) wurden gemacht, ein Meter mal einen Meter, einer für Roggen, einer für Weizen, einer für Hafer. Für den Mais wurde ein Čardak gebaut, aus Latten zwei mal zwei Meter groß. Die Wände waren aus Ruten. Der Stall (košara) bestand aus Flechtwerk (šeper), mit Lehm verschmiert; so wie bei den Häusern war das Dach mit Stroh gedeckt. Früher gab es irdene Öfen (furuna), irdene Töpfe (lončić). Die Öfen hießen Platnara furuna (Ofen mit »Platten«, gemeint Ringe). Sie hatten ein Rohr (rena), Ofenringe wie ein Sparherd, nur irden, gemauert. Das haben Handwerker gemauert, oder Leute, die es verstanden. Das Brot backte man in den irdenen Backöfen (furuna).

2.16 Küchengeräte und Hausrat

Der wichtigste Teil der Küche (die in Bosnien mutvak oder kuća genannt wird; letzteres bedeutet sonst im Serbokroatischen allgemein »Haus«) ist die Feuerstelle oder der Herd. Er ist von primitiver Form, aus Lehm gemacht oder gemauert und erhebt sich nur wenig über den Fußboden. Die Feuerstelle befindet sich immer an der Wand. Auf der anderen Seite der Herdmauer, im Zimmer, steht der Ofen (peć), oft ein Kachelofen mit schön verzierten Kacheln. Der Kamin für beide Feuerstellen ist gemeinsam. Anstelle des offenen Herdfeuers trat später der gemauerte Ofen und dann kamen die blechernen oder eisernen »Sparherde«. Seit den ältesten Zeiten benützen die Muslime in Bosnien-Herzegowina hölzernes und irdenes Geschirr und Gefäße, die hier auch vor der Ankunft der Türken verwendet wurden. Diese Gefäße standen sehr lange in Gebrauch, vielleicht stellenweise auch heute noch.

Jusuf (Sanski most): In den irdenen Töpfen gekocht, schmeckten die Bohnen besser als heute. Die Töpfe wurden auf dem Markt verkauft, und man brauchte sie auch, um das Fladenbrot (somun) zu backen.

Nasva (Sandžak): Das Kaffeegeschirr stellte man auf die Glut, um Kaffee zu »backen« (peče se kahva). Das älteste Geschirr war aus Kupfer, alle Teller, die flachen Tepsije, und jene Teller mit dem gravierten (savatli) Deckel (kapak). Diese hatte der Hausherr speziell für die Gäste. Ferner gab es noch kupferne Suppenschüsseln (ćasa) und Teller (sahan). Als ich Flüchtling in Tešanj war, machten sie dort diese irdenen Schüsseln. Solche hätte ich heute noch gerne, um Suppe (čorba) zu essen.

Nach dem Zweiten Weltkrieg sind die Handwerker, die das Kupfergeschirr gemacht haben, verschwunden. Dann mußte man das Kupfergeschirr hüten und ausbessern lassen, verzinnen (kalajisati). Wenn man es zum Meister in die Stadt brachte, dann war es in Ordnung. Aber, wenn man es dem Zigeuner gab, war es nichts wert. Die Zigeuner kamen in die Dörfer, reparierten die Kupfergefäße, aber sie vermischten das Zinn mit Blei und dann hielt es nicht. Später ist man mehr und mehr von den Kupfergeschirren abgekommen, man hat sie höchstens als Andenken aufgehoben. Mein Sohn hat z. B. nur eine Tepsija und einen Teller aus Kupfer aufbewahrt. Die Kupfergefäße brauchte man, wenn einer Kuh das Euter schmerzte. Man rief eine Frau, die es ausspülte und beschwor (bajati), und sie fragte, hast du ein Kupfergeschirr? Sie gab Salz hinein und wusch das Euter aus.

Nurija (Brčko): Irdenes Geschirr gibt es heute noch in manchen Bäckereien (pekara) oder Garküchen (aščinica). Die Zwetschkenmarmelade (pekmez) kocht man in eigenen Gefäßen namens Tavulja.

Rahman (Gračanica): Der Sparherd war aus Erde, Lehm (glina; ilovača). Die Krušnica war aus Blech; die haben die Zigeuner gemacht. Man saß auf Schemeln (skemlija). Die Bank an der Wand (sećija) kam erst später. Wenn ein Gast kam, hieß es, gib ihm den Schemel, aus drei Brettchen und zwei Beinen.

Šefika (Zenica): Ich kenne halbrunde Schalen zum Servieren von flüssigen Speisen (ćasa), runde, blecherne, große Tassen (tepsija), Teller (sahan), meist kupfern. Für den Pitateig verwendete man hölzerne Tröge (naćve). An Tellern (sahan) gab es solche mit Deckel und auf diesem waren Halbmond und Stern. Alle haben wir aus einem Topf gegessen, nicht jeder etxtra. Es wird eine Ćasa hingestellt, wenn Bohnen serviert wurden, oder eine Tepsija, auf einem runden Tisch (sinija = sofra). Wir hatten nur eine irdene Tegarica (auch Tagara, s. unten), die war speziell für das Milchkochen, aber auch Bohnen und der echte Bosnische Eintopf (bosanski lonac) wurden damit gekocht.

Jusuf (Sanski most): Wir hatten Kübel zum Wassertragen (fučija). Diese wurden auch aus Tannen- oder Fichtenholz gemacht, mehr aus dem letzteren. Außerdem gab es Bottiche, kleine und große Wannen ebenfalls aus Holz. Als später die Sägewerke (pilana) aufkamen, haben die das gemacht, auch die Faßdauben, entweder für die Fässer (kaca) oder die Eimer (fučija), oder das Gefäß zum Buttern (stap), wo die Milch hineinkommt. Die haben das schön gehobelt, gespannt und die eisernen Ringe (obruč) darauf geschlagen, so hielt das Wasser.

Die charakteristischsten Formen der irdenen Gefäße sind folgende:

Ćasa: Tiefere Schale von halbkugelartiger Form, in der flüssige Speisen wie Suppe oder Milch serviert werden. (Auch kupferne Suppenschüsseln werden so bezeichnet.)

Đuveč: Irdenes rundes Gefäß, in dem die gleichnamige Speise und ähnliche Speisen gebacken werden.

Bardak: Wassergefäß mit langem Schnabel, in der Form ähnlich dem Ibrik (s. d.).

Testija: Ähnlich dem Bardak; dient zum Wassertragen.

Ćup: Großes, irdenes, bauchiges Gefäß mit zwei Henkeln an den Seiten. Dient verschiedenen Zwecken.

Tagara, auch Dagara: Irdener Topf mit Deckel, in dem Gemüse- und Fleischspeisen gegart werden. Der Topf wird bis auf den heutigen Tag verwendet.

Die charakteristischsten Formen hölzerner Gefäße sind folgende:

Čanak: Hölzerne Schüssel oder Napf. Wurde auch als Eßgeschirr verwendet.
Fučija: Eine Art kleineres, längliches Faß oder Eimer für die Aufbewahrung oder das Tragen von Trinkwasser.
Naćve: Hölzerner Trog, in dem Mehl aufbewahrt und Brotteig geknetet wird.
Kutlača: Hölzerner Kochlöffel oder Schöpflöffel; wird auch heute noch verwendet.

Besonders typisch für die bosnischen Muslime ist der Gebrauch von Kupfergeschirr. Im wesentlichen hat diese Art Geschirr bis heute weder das Aussehen noch den Zweck verändert. Die Art der Bearbeitung und die äußere Form weisen eindeutig auf orientalische Herkunft hin. Meistens sind die kupfernen Gefäße auch mit orientalischen Ornamenten reich verziert bzw. graviert (savatli).

Die wichtigsten Formen sind:
Bakrač: Kupferkessel mit Henkel aus Eisen oder dickem Draht, an dem er getragen oder an einer Kette aufgehängt wird.
Ibrik: Kupfergefäß verschiedener Größe (vom Kaffeekännchen über das Wassergefäß für die religiöse Waschung bis zur großen Kanne zum Blumengießen) mit engem Schnabelrohr und kegelförmigem Deckel sowie einem seitlichen, großen Henkel zum Tragen (Abb. 52). Das Gefäß kann auch aus Gold oder Silber sein.
Sahan: Kupferteller mit hohem Deckel, an dessen Spitze sich gewöhnlich Halbmond und Stern (Symbole des Islam) befinden (Abb. 76). Das Gefäß ist verzinnt und oft reich graviert.
Susak: Kupferner Schöpflöffel mit langem Stiel zum Wasserschöpfen.
Đugum: Kupfergefäß mit breitem Hals zum Wassertragen, dann auch Blechgefäß zum Austragen der Milch. Der Kaffeeđugum (kafeni đugum) ist ein kleineres Gefäß, in dem Wasser zum Kaffeemachen erhitzt wird.
Džezva: Kleines Kupfergefäß mit langem Stiel zum Kaffeekochen, innen verzinnt, von glänzend gelber bis rötlicher Farbe. Die Größe variiert von ein, zwei Täßchen (fildžan) bis zu einem Liter (Abb. 63).
Tava: Pfanne mit langem Stiel, in der Eier gebraten, Mehlschwitzen/ Einbrennen gemacht werden oder Fett ausgelassen wird.

Tendžera: Tiefere Pfanne ohne Stiel.

Tepsija, tevsija: Großes, rundes, flaches Gefäß aus Kupfer oder emailliert. Die Tepsija, in der die Pita gebacken wird, ist etwas flacher, die Tepsija zum Brotbacken ist tiefer.

Leđen: Waschschüssel für die persönliche Hygiene.

Die meisten Arten der beschriebenen Kupfergefäße werden durch besonderes Behämmern aus einem einzigen Stück Kupferplatte hergestellt und innen verzinnt.

2.17 Erntehilfe (moba)

Die gegenseitige Erntehilfe ist ein verbreiteter Brauch unter allen Konfessionen. Zum Unterschied von den Christen nehmen bei den Muslimen die Frauen und Mädchen an dieser gemeinsamen Arbeit nicht oder seltener teil. Dies wird auch nicht überall gleich gehandhabt. Die wichtige ökonomische und soziale Funktion der Erntehilfe ist evident.

Fatima (Zvornik): Die einen helfen den anderen, heute bei mir, morgen bei dir. Die Jüngeren haben das gemacht, die Burschen, aber auch die Frauen, nur die Älteren sind nicht gegangen.

Vasva (Sanski most): Mit der Sichel wird geschnitten. Ich habe vergessen, wie man das nennt. Die Mädchen singen: »Ječam, žito, sijala te, ne jela te, žela te, ne jela te« (Gerste, Korn, ich habe dich gesät, nicht gegessen, ich habe dich geschnitten, nicht gegessen). So singen sie, wenn sie schneiden. Abends kommen alle zusammen und es wird wieder gesungen. Wenn der Mais geschält wird, sagen sie: »Perušajte, moji perušači, sad će doći kafa i kolači« (Entkernt, meine Entkerner, jetzt kommen Kaffee und Kuchen). Heute ist alles anders, Männer und Frauen entkernen, keine Mädchen und Burschen mehr.

Salih (Zvornik): Wenn das Getreide geerntet wird, werden die Leute zusammengerufen, zehn, fünfzehn. Zu Mittag wird das Essen hinausgetragen, Kukuruz, Suppe, Sauerkraut mit Rauchfleisch (kalja), Pita. Beim Mähen hat man das nicht gemacht, aber bei der Ernte. Anschließend wurde zum Sijelo geladen.

Bajro (Brčko): Fünfzehn bis dreißig Schnitter versammeln sich und helfen einander gegenseitig. Die Serben in den gebirgigeren Gegenden sind zu fünfzig bis siebzig zusammengekommen, darunter auch die Frauen, während bei uns Muslimen die Frauen bei der Erntehilfe nicht mitmachen. Wenn die Erntehilfe vorbei ist, kommt man zusammen (sijelo), dann gibt es Unterhaltung (veselje) und Musik.

Nasva (Sandžak): Früher hat man nicht mit der Sense gemäht, sondern alles mit der Sichel geschnitten. Wenn die Moba einberufen wird, versammeln sich zwanzig bis fünfzig Mädchen und Burschen. Die Mädchen schneiden, und die Burschen sammeln ein und binden die Garben. Und am Abend kommt man zum Sijelo zusammen. Dann singen sie die Mählieder, z.B.: »Na kraj, mobo, na kraju je dobro, na kraju je momak i djevojka« (Weg mit der Moba, zum Schluß ist es gut, am Schluß (bleiben) Burschen und Mädchen«). Zwei, drei kochen. Dann kommt die Mutter oder der Bruder, um den Mädchen frische Kleider zu bringen, damit sie sich umziehen, neue Schuhe, schöne Kleider, aus weißer oder gelber Seide; und sie waschen sich und kleiden sich um, weil sie doch von der Arbeit verstaubt sind. Die Harmonika spielt, man singt und tanzt, bis zum Morgen, ohne Rücksicht darauf, daß man müde ist und am nächsten Tag weiter arbeiten muß. Darauf freuen sich alle Mädchen. Im Herbst kommt das Kämmen des Flachses (kudjelja). Im Zimmer sitzen der Bursch und das Mädchen immer getrennt und erzählen. Immer sitzt jemand dabei, die Mutter oder ein Bruder des Mädchens.

Rahman (Gračanica): Früher hat man die Schnitter zusammengerufen. Ich kann mich erinnern, wenn mein Vater Weizen mähte, waren es an die vierzig Leute. Er hat eine Unterhaltung, mit Tanz, organisiert, dabei wurde auch ein Lindenstamm (lipić) abgeschält, mit Öl eingerieben, und oben ein Hemd aufgehängt. Wer es geschafft hat, das Hemd zu erreichen, dem hat es gehört; die anderen schauten zu. Das nannten wir Stožina. Das war eine Art Sport. Nach der Ernte kam das Essen. Dann wurde Kolo getanzt. Man saß zusammen, sang, erzählte usw.

Šefika (Zenica): Meine Schwestern sind noch zum Sijelo gegangen. Ich schon ins Kino und zu Tanzveranstaltungen.

2.18 Orientalische Speisen

Die traditionelle Küche der bosnisch-herzogowinischen Muslime wird einerseits bestimmt durch den orientalischen Einfluß, andererseits aber durch die Natur der im Lande vorkommenden und gedeihenden Nahrungsmittel. Grundcharakteristik dieser Küche ist die relativ geringe Auswahl an Speisen sowie ihre einfache Zubereitung. Eines ihrer Grundelemente ist Stärkemehl (skrob); seine Anwendung ist dabei aber nicht vielfältig.

Der orientalische Einfluß äußert sich im reichlichen Gebrauch von Gewürzen (die Speisen sind pikant) wie auch in der übermäßigen Verwendung von Zucker bei der Bereitung von Mehl- und Süßspeisen. Dazu kommt, daß die Küche bei den Muslimen auch von den Regeln des Islam beeinflußt wird, was sich insbesondere darin äußert, daß nach islamischen Regeln geschlachtetes Fleisch verwendet wird, und daß man Schweinefleisch und Alkohol meidet (dazu auch S. 143f.).

2.18.1 Salzige Speisen

Die charakteristischsten und am weitesten verbreiteten traditionellen Speisen, von denen sich viele bis auf den heutigen Tag erhalten haben, sind folgende:

Pita (das Wort ist aus dem Griechischen über das Türkische entlehnt): Besteht aus fein ausgewalkten Teigblättern (= »Strudel«, jufke) und Fülle (fila, nadjeva).

Der Teig wird aus weißem Weizenmehl, vermischt mit lauwarmem Wasser und Salz, hergestellt. Den Teig läßt man ruhen und knetet ihn dann abermals durch (prekuhati). Dann walkt man ihn mit dem Nudelholz (oklagija) in ganz feine Blätter (Strudelteig) aus. Auf sie wird die Fülle gegeben, die Teigblätter werden gerollt und auf dem Backblech (in der »Tepsija«) in konzentrischen Kreisen aufgelegt. Die Pita wird eine halbe Stunde gebacken, wobei sie gegen Ende des Backvorgangs mit ölvermischtem Wasser oder Kajmak (Frischkäse aus Schafsmilch; Quark/Topfen) bestrichen wird.

Wenn die Fülle aus gehacktem Kalb- oder Rindfleisch, vermischt mit feingehacktem Zwiebel, gewürzt mit Salz und Pfeffer, besteht, heißt die Pita Burek (Fleischpita).

Besteht die Fülle aus Käse, vermischt mit Kajmak und Eiern, dann heißt die Pita Sirnica (Käsepita).

Wenn als Fülle klein geschnittene Kartoffeln, vermengt mit fein geschnittenen Zwiebeln und Gewürzen verwendet werden, heißt die Pita Krompiruša (Kartoffelpita).

Die Pita kann auch aus Blattgemüse, entweder Spinat oder Brennesseln, zubereitet werden; dann heißt sie Zeljanica (zu zelje = »Blattgemüse«).

Eine besondere Art der Pita heißt Maslenica oder Maslenjak. Sie wird aus Weizenvollkornmehl gemacht. Der Teig ist dabei dicker als bei den übrigen Arten. Die Teigblätter werden nicht gerollt, sondern aufgeschichtet, wobei zwischen die Schichten Butterschmalz und Kajmak gegeben werden.

2.18.2 Andere Speisen

Lutma (pretišpanja oder razljevak): Wird aus Maismehl, Kajmak und Butter bereitet. In gesalzenes Mehl gibt man etwas Butter und ein bis zwei Eier. Der Teig wird auf einem Backblech eine halbe Stunde gebacken. Wenn der Teig braun wird, wird er mit Kajmak halbfingerdick bestrichen, in Würfel geschnitten und mit saurer Milch oder Salat serviert.

Podgriža (potkoricc): Aus Mehl, Wasser und Salz wird ein fester Teig geknetet und als Fladen (pogača) geformt. Dieser wird eine Stunde gebacken. Währenddessen dünstet man Fleisch (Huhn, Rind- oder Kalbfleisch) auf Zwiebel und Fett. Das Fleisch gießt man mit Wasser auf, sodaß man eine Suppe erhält. Die gebackene Pogača wird kreuzförmig in eine Schüssel geschlichtet und mit kochender Suppe aufgegossen.

Popara: Wird aus altbackenem Brot, das in Wasser aufgeweicht wird, zubereitet. Zunächst wird Zwiebel angeröstet; sobald er angebräunt ist, wird ihm das aufgeweichte Brot beigefügt und mit Salz, Pfeffer und gemahlenem rotem Paprika gewürzt. Die Speise wird heiß serviert und – nach Wunsch und Möglichkeit – mit Frischkäse (Quark/Topfen) bestreut.

Maisbrot (proja od kukuruza): Wird aus Maismehl, mit Wasser und Salz vermischt, bereitet. Die Masse wird eine halbe Stunde auf dem

Backblech (tepsija) gebacken. Wird mit saurer Milch, Frischkäse und Zwiebel serviert.

Pura: Maismehl wird unter ständigem Umrühren in gesalzenes, kochendes Wasser gegeben. Die erhaltene Masse wird heiß mit Milch serviert.

Pilav (das Wort ist persischer Herkunft): Gekochter, fester Reis wird mit zerkleinertem Hühnerfleisch im Backrohr gebacken. Da diese Speise bei den Hochzeitsfeierlichkeiten serviert wird, steht der Name der Speise Pilav auch für die Hochzeit selbst (siehe unter Hochzeit, 2.9).

Sarma: Eine Fülle, bestehend aus gehacktem Kalb- oder Rindfleisch, vermischt mit Reis und entsprechend gewürzt, wird in Sauerkraut- oder Weinblätter eingeschlagen und in einem tieferen Gefäß wenigstens zwei bis drei Stunden gedünstet. Schließlich wird das Ganze mit Mehlschwitze (Einbrenn) bestreut.

Bamja (Bamija, Bamuja; orientalisches Gemüse in Schotenform, bei uns eher unter dem Namen Okra bekannt): Wird einige Minuten in Wasser gesotten und danach mit auf Zwiebel gedünstetem Hühner- oder Kalbfleisch vermischt. Gewürze nach Geschmack.

Bosnischer Eintopf (Bosanski lonac): Eine Speise, die aus Saisongemüse (Zwiebel, Mohrrüben/Karotten, Tomaten, Paprika, Kartoffeln), vermischt mit Kalb- oder Rindfleisch, besteht. Alles zusammen wird gewürzt und einige Stunden auf leichtem Feuer gekocht.

Tagara: Besteht aus den gleichen Zutaten wie der Bosnische Eintopf, nur daß der Inhalt in einen irdenen Topf gegeben und unter mehrmaligem Aufgießen im Rohr gegart wird.

Während des Fastenmonats Ramazan (Ramadan), wenn tagsüber keine Nahrung und keine Flüssigkeit aufgenommen werden darf, wird die Hauptmahlzeit erst während der Abendstunden eingenommen, »wenn die Kanone donnert« (kad punkne top). Das Zünden der Kanone ist das allgemeine Zeichen, daß gegessen werden darf. Die Mahlzeit heißt Iftar und dauert bis spät in die Nacht (vgl. Kapitel Fasten, S. 137–143). Diese Mahlzeit besteht traditionellerweise aus:

Ajran: Saure Milch, die in einem hölzernen, hohen Gefäß mit geringem Durchmesser, Stupa genannt, mit einem Kolben gestoßen wird, vermischt man mit frischen Gurken und Knoblauch. Das Ganze wird als Vorspeise gegessen.

Suppe (čorba): Eine Fleischsuppe, für die man gewöhnlich Stücke von durchzogenem Rind- oder Kalbfleisch nimmt. Dazu kommen Gemüse und die Mehlschwitze/Einbrenn, nach der die Suppe auch »ajnpren supa« genannt wird.

Pita: Verschiedene Arten wie vorstehend angeführt.

Braten: Verschiedene Arten Fleisch (Kalb-, Jungrind-, Lamm-, Ziegenfleisch) werden gebraten und zusammen mit Salat ohne sonstige Beilagen gereicht. Charakteristischerweise wird das Fleisch auf der Holzfeuerglut langsam (mehrere Stunden) unter langsamem Drehen am Spieß gebraten.

Kuchen, Süßspeisen.
Verschiedene Arten wie nachfolgend.

Das Mahl wird gewöhnlich wieder mit der Eingangspeise (Ajran) beendet.

2.18.3 Süßspeisen, Kuchen

Kadaif: Der fein ausgewalkte Strudelteig (jufke) wird getrocknet und in feine Nudeln geschnitten. Schicht auf Schicht dieser Nudeln wird auf ein Blech gelegt und mit heißer ausgelassener Butter übergossen. Dazu wird ein sehr süßer Sirup aus Zuckerwasser, genannt Agda, bereitet, mit dem das ausgebackene Kadaif übergossen wird. Man serviert es kalt.

Ružica (Röschen): Wird so bereitet, daß der getrocknete Strudelteig mit Nüssen gefüllt und mit Butter bestrichen wird. Dann wird der Teig mit der Fülle eingerollt. Der Strudel wird in fingerdicke Scheiben geschnitten und auf eingefetteten Backblech zwanzig Minuten gebacken. Danach wird die Ružica mit dickem Zuckersirup (agda) übergossen und kalt serviert.

Hurmašice (hurma = Dattel): Ausgelassene Butter, Kajmak, etwas Zucker und Mehl werden vermischt. Der erhaltene feste Teig wird in kleine Stücke von 5–7 cm Länge, 2–3 cm Breite und 1 cm Höhe zerschnitten und auf dem Backblech gebacken. Schließlich wird er mit Zuckersirup übergossen. (Der Name der Mehlspeise kommt daher, weil ihre äußere Form an Datteln erinnert.)

Tulumba: Wird aus einer Teigmasse, Zucker und kochendem Wasser bereitet. Die verdichtete Masse wird mit Hilfe einer Spritze in 5–7 cm lange Würstchen geformt, die in heißem Öl braun gebacken und dann mit dickem Zuckersirup übergossen werden.

Baklava: Wird aus feinem, dünnem Strudelteig (wie für Pita) bereitet, auf ein Backblech gebreitet und mit einer Masse aus gemahlenen Nüssen, Zucker, Rosinen in mehreren Lagen aufgeschichtet. Die so vorbereitete Baklava wird im Rohr ungefähr dreißig Minuten lang gebacken. Darauf wird sie mit dickem Zuckersirup übergossen. Sie wird erst serviert, wenn sie ausgekühlt ist.

Süße Pite: Sie werden so wie die salzigen Pite gemacht, nur daß die Fülle aus Obst und Zucker besteht. Je nach dem verwendeten Obst erhält die Pita ihren Namen: Jabukovača (Apfelpita), Šljivopita (Zwetschkenpita) usw.

Sutlija (Sutlijaš, zu türkisch süt »Milch«, Milchreis): Wird aus gekochtem Reis und gesüßter Milch gemacht. Dieser Milchreis wird so lange gekocht, bis die Masse kompakt wird, dann mit Zimt bestreut und warm oder kalt serviert.

Tufahija (zu arabisch tuffâh »Apfel«): Geschälte Äpfel werden in Zuckerwasser gekocht und mit gemahlenen Nüssen oder Mandeln, Milch und Zucker übergossen.

Halva (arabisch »Süßigkeit«): Wird aus weißem Weizenmehl, Butter und Zucker gemacht. Die Masse wird in kochendes Wasser gegeben, bis sie unter ständigem Umrühren fest wird. Wenn man anstelle des Zuckers Honig beifügt, heißt sie Honighalva (medena halva), fügt man statt des Zuckers Pekmez (eingemachte Früchte) bei, dann wird es Marmeladehalva (pekmezna halva) genannt.

Damit sind gewiß nicht alle Arten von Speisen der bosnischen Muslime erfaßt, zumindest aber die wichtigsten und charakteristischsten. Die Grundlagen der Speisen sowie alle Rezepte im einzelnen sind in Gesprächen mit bosnischen Muslimen überprüft worden.

2.19 Geselligkeiten
Bei den Muslimen in Bosnien und der Herzegowina sind Ausflüge und Picknicks am Freitagnachmittag nach dem Freitagsgebet sehr beliebt. Diese Ausflüge beginnen im Frühling um den Georgstag (Jurjevdan, Đurđevdan). Dieser christliche Feiertag ist auch den Muslimen ein Begriff. Mit ihm sind bei den Orthodoxen verschiedene Bräuche noch aus heidnischer Zeit verbunden. So hält man sich beispielsweise bei den Serben, besonders im Osten, an den Brauch, daß vor dem Georgstag kein Lammfleisch gegessen wird.

Neben Tanz, Gesang und Musik werden bei diesen Ausflügen auch andere Lustbarkeiten wie Pferderennen, Wettläufe, Wettkämpfe aller Art und Grillfeste veranstaltet.

Eine weitverbreitete Sitte sind die gegenseitigen Besuche und Zusammenkünfte, die im weitesten Sinne als Sijelo (von sjesti »sich setzen«) bezeichnet werden. Auf die Frage an die Gastarbeiter und Flüchtlinge, woran sie sich am wenigsten in der Fremde gewöhnen können, hört man, daß es gerade das Fehlen dieser Besuchskultur und des Zusammenseins sei, was sie am meisten vermissen. Die regelmäßigen Zusammenkünfte auf dem Dorf im Gefolge der gegenseitigen Erntehilfe oder des Kukuruzschälens oder auch nur, um sich zu unterhalten, hatten wichtige soziale Funktionen. Nicht zuletzt boten solche Zusammenkünfte auch den jungen Menschen die Gelegenheiten, einander kennenzulernen.

2.19.1 Lied und Tanz, Ausflüge
Vasva (Sanski most): Wenn so eine Vergnügung (dernek) am Bajram stattfand, ging hin, wer wollte, hauptsächlich die Männer, die Mädchen und die Kinder, die Frauen blieben zu Hause. Die Mädchen und die Burschen führten ihren Reigen (kolo) an. Ich erinnere mich an keine Lieder mehr. Wie sollte ich denn, bin ich doch schon bald siebzig.

Fatima (Zvornik): Diese Ausflüge, Picknicks (teferič), wurden am Freitag nach der Moschee abgehalten; da kam die Jugend zusammen.

Salih (Zvornik): Den Kolo tanzten nur die Mädchen. Erst wenn getanzt wurde, kamen die Burschen dazu. Einige ältere Leute paßten auf, daß die Burschen den Mädchen nicht zu nahe kamen. An Instrumenten gab es nur die Šarkija, Harmonika gab es damals nicht. Manchmal kamen auch Spielleute mit Violinen (ćemane) und Šarkija.

Jusuf (Sanski most): Von den Volksreigen (narodna kola) hat man z. B. gesungen:

>»Puhni vjetre sa Ne-malo-retve, pa ponosi tamo po Mostaru« (Weh, Wind, ein bißchen von der Neretva und vertrage (es) durch Mostar). Oder:
>»Eto Drine od vedrine, eto Muje i Halila« (Hier ist die heitere Drina, hier sind Mujo und Halil). [Die Brüder Mujo und Halil sind Helden der muslimischen Volksepik.]

Bei diesen Vergnügungen gab es auch Wettrennen, entweder mit Pferden oder Wettlaufen der Burschen. Der Sieger erhielt einen Preis.

Tajib (Tuzla): Ich erinnere mich an die Bauernreigen Sremica, Gergel. Es wurde mit oder ohne Šargija getanzt. Die Mädchen und Burschen tanzen gemeinsam, aber sie berühren sich dabei nicht, sie fassen sich an einem Tuch, damit »die Hände sich nicht vermischen« (da se ruke ne bi miješale).

An Liedern habe ich so ziemlich alle gekannt. Wenn man zur Spinnstube (prelo) geht, da warten schon die Mädchen, und wir singen:

>»Volio sam svoju malu, kad je bila lijepa,
>ali je sad ne volim, što je slijepa«.

>»Ich liebte meine Kleine, als sie schön war,
>aber jetzt liebe ich sie nicht mehr, weil sie blind ist«.

Und dann:

>»Jel sloboda, moja cura mila,
>jel sloboda leći preko krila.«
>»Sloboda je, i dosad je bila,
>samo tebi, moja lolo mila.«

>»Ist es gestattet, liebes Mädchen,
>ist es gestattet, sich über den Schoß zu legen?«
>»Es ist gestattet, auch bisher war es so,
>aber nur dir, mein schöner Bursche.«

Das hab ich gesungen, als ich zu meinem Mädchen ging.

Bajro (Brčko): Ausflüge wurden gemacht, wenn der Georgstag (Jurjevdan) kommt oder der Frühling. Da waren Musikanten dabei, Trommler. Die Mädchen kamen, die Frauen waren aber verdeckt. Öfters hat man Pferderennen gemacht. Wenn einer seinen Sohn verheiratete, konnte er ein Pferderennen veranstalten.

Vasva (Sanski most): Den Kolo hat man zur Harmonika getanzt, oder zur kleinen Tamburica. In meiner Gegend war die Harmonika. Da gab es einen Spieler, der ging auch manchmal für einen Monat fort ins Nachbardorf, und dann war er weg.

Es gab auch die Doppelflöten (dvojnica). Für die Muslime war es aber Sünde, auf diesen zu spielen. Die spielten die Serben. Daran erinnere ich mich.

Ausflüge (teferič) machte man zum Georgstag (Jurjevdan); Mädchen und Burschen bestellten sie. Aber es gab kein Mädchen, ohne daß ihre Mutter oder ihr Bruder mitging. Irgendjemand von ihrer Familie mußte mitgehen. Nur die Burschen konnten allein gehen. Man hat getanzt und gesungen. Man durfte die Burschen aber nicht an der Hand halten, sondern nur über ein Tuch.

Jusuf S. (Foča): Unter den Tänzen gab es z. B. den Ravno kolo; den tanzten Burschen und Mädchen gemeinsam. Es gab verschiedene Musik, Doppelflöten (dvojnica) und andere Instrumente. Zu meiner Zeit gab es weder Harmonika noch den »Reigen aus Užice« (Užičko kolo).

Reigentanzen (kolanje) und Tanzen (igranje) sind zwei verschiedene Dinge. Burschen und Mädchen singen einander abwechselnd zu. Es gab verschiedene Arten von Liedern: Hochzeitslieder und andere. Die Mädchen sangen z. B.:

> »Hajd u kolo, mlado neženjeno,
> fatajte se u kolo djevojke,
> hajd u kolo, iza kola momci,
> hajd u kolo, iza kola dame,
> pa da i mi ne kolamo same.«

> »Komm in den Reigen, junger Bursche,
> faßt euch im Reigen, ihr Mädchen,

komm in den Kolo, nach dem Kolo die Burschen,
komm in den Kolo, nach dem Kolo die Damen,
damit wir nicht alleine Reigen tanzen.«

Ein anderes Lied ist:

»Mene majka u kolo ne dade,
već me šalje za goru.«

»Meine Mutter ließ mich nicht in den Reigen,
sondern schickte mich über den Berg.«

2.19.2 Sijelo (geselliges Beisammensein), Spiele
Die Spiele, mit denen man sich vergnügte, waren nicht nur bei den Muslimen in Gebrauch, sondern wurden von allen gespielt. Charakteristisch ist, daß sie so gut wie ausschließlich von Männern gespielt wurden (und zum Teil auch heute noch gespielt werden), während es sich für die Frauen nicht schickte, sich mit Spielen zu vergnügen. Zu ihren Vergnügungen gehörte die Handarbeit, höchstens noch Singen und der Reigentanz (kolo).

Vasva (Sanski most): Die Frauen haben nicht gespielt; sie haben sich mehr mit Handarbeiten beschäftigt. Die Kinder haben sich aus Lehm Puppen gemacht, kleine Figuren, Gefäße. Die kleinen Mädchen durften kaum spielen, sie lernten zu sticken, stricken und häkeln.
Fatima (Zvornik): Die Frauen haben gewoben, gesponnen, gehäkelt, je nach Möglichkeit. Außerdem stickten sie die Seidentücher, auf einem Viereck ausgespannt, genannt Čevrija.
Salih (Zvornik): Ein beliebtes Spiel ist das »Ringeln« (igralo se prstena). Man nimmt zehn bis fünfzehn Kappen (fes), die in den Kreis zwischen die Spieler gesetzt werden. Nun werden zwei Parteien von je drei, vier Spielern gebildet. Einer aus der Partei, die das Spiel beginnt, nimmt einen Ring in seine Faust und steckt nacheinander seine Faust unter alle Kappen, wobei er unter einer den Ring fallen läßt, aber so, daß es möglichst niemand sieht. Aufgabe der gegnerischen Mannschaft ist es zu erraten, unter welcher Kappe sich der Ring befindet. Wenn dies beim erstenmal gelingt, übernimmt sie den Ring und versteckt ihn im nächsten

Versuch. Wenn die Mannschaft nicht im ersten Versuch errät, wo sich der Ring befindet, sondern erst in einem der nächsten Versuche, dann bekommt sie Schlechtpunkte, die »Pferde« (konj) genannt werden. Sieger ist die Mannschaft, die mit weniger Schlechtpunkten eine größere Trefferanzahl erreicht hat.

Ein anderes Spiel heißt »Klis«. Man braucht dazu ein Gabelholz, das in die Erde gesteckt wird, oder ein anderes Holz, das eine Vertiefung aufweist, und als Auflage für einen hölzernen Stab dient, der Klis genannt wird. Dieser Klis ist ungefähr zwanzig Zentimeter lang und an beiden Enden zugespitzt. Nun wird mit einem Schlagholz, einem stärkeren Stab, der Klis so angeschlagen, daß er senkrecht einen Meter oder etwas mehr in die Luft steigt, wobei er rotiert. Nun wird der Klis mit einem zweiten Schlag, der viel Geschick erfordert, in Richtung auf ein vorher bestimmtes Ziel befördert. Sieger ist derjenige, der mit weniger Versuchen das Ziel trifft.

Um im Augenblick des Schlages mit höchster Konzentration das Ziel zu treffen, ruft man aus: Neka karije sve pogode! (Die Karije sollen alles treffen!) Unter Karija versteht man einen Mann, der imstande ist, jedes Wort im Koran genau auszusprechen, zu »treffen«.

Ein weiteres Spiel heißt »Firiz«. Ein Pfahl wird zugespitzt und in die Erde gerammt. Er dient als Ziel für ein kleineres Stück Holz von 20 bis 30 cm Länge, das Firiz genannt wird. Sieger ist derjenige, der mit seinem Firiz näher an den eingerammten Pfahl herankommt. Der Firiz ist in der Mitte dick und an den beiden Enden zugespitzt. Dadurch erhält er eine besondere aerodynamische Form (ähnlich einer Zigarre) und erreicht beim Werfen eine große Geschwindigkeit. Daher sind damit volkstümliche Ausdrücke verbunden wie: Er läuft/fliegt wie ein Firiz (trči kao firiz). Wenn ich dich schlage, wird dein Kopf wie ein Firiz davonfliegen (ako te udarim, odletiće ti glava kao firiz).

Andere Arten des Vergnügens waren Ringkämpfe oder das Steinewerfen. Man nimmt dabei einen etwas schwereren Felsbrocken und wirft oder stößt ihn von der Schulter. Dann das Wettlaufen oder der Weitsprung. Bei diesen Arten sportlicher Wettkämpfe wurden gewöhnlich keine Preise ausgesetzt.

Jusuf (Sanski most): Bei uns hat man gerne Domino gespielt. Ein anderes Spiel wird »Mica« genannt. Man ritzt die Umrisse eines Feldes in die Erde ein oder zeichnet es auf Papier. Es besteht aus mindestens neun Einzelfeldern, und der Sinn des Spiels besteht darin, daß man drei nebeneinanderliegende Felder besetzt (mit Kreuzchen oder Papierkugeln oder Steinen). Dies muß der Gegner verhindern.

Ferner hat man bei uns auch Ringeln gespielt; manchmal verwendete man Kaffeetäßchen (fildžan) statt der Kappen oder Socken, unter die der Ring versteckt wurde.

Bajro (Brčko): Wir haben Klis und Palika »Schläger« (ähnlich wie Klis) gespielt, dann auch »Kanonenkugel« (top). Die Kanonenkugel ist eine harte Kugel, die aus Rinderhaaren gewalzt und ein bißchen angefeuchtet wird, sodaß sie hart und fest wird. Einer versteckt die Kugel unter seiner Achsel und versucht dann, einen der anderen Mitspieler abzuschießen. Aber diese wissen nicht, wer die Kugel hat. So muß sich jeder vor jedem vorsehen, weil niemand weiß, wo sich die Kugel befindet.

Jusuf S. (Foča): Beim Ringelspiel wird der Spieler, der dem anderen von den Augen ablesen kann (koji je mogao s oka skinuti gdje je prsten), wo der Ring ist, Indžija genannt. Während der Ring versteckt wurde, hat sich die gegnerische Mannschaft geteilt, die einen schauten dem Mann in die Augen, die anderen auf die Hände. Wenn man es beim ersten Versuch nicht erraten konnte, wurde der Versuch als »unfruchtbar« (jalov) bezeichnet, wenn man es erriet, dann hat man den Gegner »unfruchtbar gemacht« (izjalovili ga).

Šefika (Zenica): Mein Vater hat seine Gäste nach Hause gebracht und da haben sie meistens Domino gespielt. Er hat jeden Abend zwei, drei Freunde mitgebracht, zu uns, oder sie gingen zu einem anderen, und dann haben sie getrunken und einen kleinen Imbiß (meze) zu sich genommen. Sie tranken Schnaps, so viel wie man in ein Glasfläschchen (čokanić) füllt, zwei Deziliter, sie redeten und manchmal sangen sie auch. Das nennt man Akšamlučenje (von akšam »Abend«).

Die Mädchen versammelten sich wöchentlich und brachten einen Ziehharmonikaspieler mit. Sie beschäftigten sich mit Singen und Reigentanz.

2.20 Merkmale der traditionellen Volksmusik der Muslime

Mit der Verbreitung und Festigung der islamischen Kultur auf dem Gebiet Bosnien-Herzegowinas verbreitete sich auch die orientalische Musik als Bestandteil dieser Kultur. Wie in anderen Bereichen der Kultur ist auch die Musik eine Verbindung der charakteristischen bodenständigen Merkmale mit den Neuerungen, die der Orient mit sich brachte. Das grundlegende Merkmal, das wir in den Gebieten der Verbreitung des Islam finden, ist die Pflege von viel mehr vokalen als instrumentalen Musikformen. Die geringe Intervallbreite der aus dem Orient stammenden Musikinstrumente (verschiedene Formen der Tamburizza, die ein Intervall von einigen Tönen nicht überschreiten) entsprach dem vorgefundenen Zustand, wo das Hauptinstrument, die einseitige Kniegeige (gusle, Abb. 74) nur die Möglichkeit eines oder zweier Töne bot.

Die bei den übrigen Völkern Bosniens und der Herzegowina grundlegende Eigenschaft, nämlich daß zwei Traditionen des musikalischen Ausdrucks bestehen, die dörfliche und die städtische, ist bei den Muslimen kaum entwickelt. Im Einklang mit der epischen Tradition bei den Serben und Kroaten hat sich auch diese Musikform bei den Muslimen entwickelt, allerdings in etwas geringerem Ausmaß.

Das Hauptcharakteristikum der musikalischen Tradition der Muslime sind verschiedenartige Formen, deren Grundgewebe das lyrische Volkslied bildet. Die charakteristischste Form und gleichzeitig ein besonderes Merkmal des traditionellen städtischen Liedes in ganz Bosnien-Herzegowina ist die sogenannte »Sevdalinka« (sevdah bedeutet »Liebe, Liebessehnsucht«, aus arabisch sawdâ´, eigentlich »schwarz; schwarze Galle«). Die Sevdalinka ist ein Sologesang mit sehr breiter und verzierter Linienführung, bei dem der Liedrhythmus, musikalisch »unregelmäßig«, immer den Rhythmus der Worte begleitet. Dynamisch betrachtet, ist diese Art von Gesang außerordentlich fein nuanciert, wobei Crescendo und Decrescendo regelmäßig abwechseln. Sehr häufig tritt das Intervall der großen Sekunde (wobei sich die instrumentale und vokale Linie nicht decken) als eindeutiger Hinweis auf den orientalischen Einfluß auf. Die Stimmung der Sevdalinka ist immer melancholisch, Trauer und Sehnsucht sind die Hauptmotive dieses Liedes. Die Sevdalinka hat sich als Lied der städtischen Tradition Bosniens und der Herzegowina bis in unsere Tage erhalten. In der Vergangenheit haben für diese Art des musikalischen Ausdrucks sogar bedeutende Dichter ihre Textvorlagen geschrieben, auch solche, die selbst nicht Muslime waren (wie der bekannte Realist Aleksa Šantić), und später hat man diese Texte häufig der mündlichen Tradition zugeschrieben.

Weitere musikalische Formen bei den Muslimen sind die frommen Lieder (ilahija) und die Lieder didaktischen oder verherrlichenden Charakters (kasida), aber ihre musikalische Linie und ihr Rhythmus sind ärmer als bei der Sevdalinka.

Unter den Musikinstrumenten, die für die musikalische Tradition der Muslime Bosniens und der Herzegowina typisch sind, müssen die verschiedenen Arten der Tamburizza (Saiteninstrument mit birnförmigem Resonanzkörper, gezupft), die die Türken in diese Gebiete gebracht haben, genannt werden. Unter ihnen sind am charakteristischsten: das Saz, mit ausgeprägt langem Steg und ziemlich engem musikalischem Intervall, und die Šargija (auch Šarkija), ähnlich dem Saz, aber kleiner und mit kürzerem Steg. Das Saz hat sich vor allem bei den Muslimen gehalten, während die Šargija auch bei den anderen Völkern Bosniens und der Herzegowina als volkstümliches Instrument verbreitet ist.

Aus dem Orient sind auch verschiedene Arten von Schlaginstrumenten eingedrungen: das Talambas, eine Art Trommel aus Bronze in Form eines tiefen Napfes, mit aufgespannter Haut auf der Oberseite, während die Unterseite geschlossen ist, ferner das Def, eine Handtrommel, die aus einem hölzernen Reifen, der auf einer Seite von einer Haut überspannt ist, besteht, und die Daire, ähnlich dem Def, wobei zusätzlich noch Schellen angebracht sind.

2.21 Volksmedizin

Nur wenige Bosnier sind mit volkstümlichen Heilmitteln vertraut. Am ehesten bekannt sind Tees und Salben. Die bosnischen Frauen auf dem Lande haben ihre Kinder gewöhnlich zu Hause und ohne ärztliche Hilfe geboren. Bei den Muslimen ist es Sitte, daß die Mutter, wenn sie es sich leisten kann, vierzig Tage nach der Geburt geschont wird. Eine Pflegerin sieht während dieser Zeit nach ihr und dem Neugeborenen.

Im Volk sind verschiedene Arten des Aberglaubens bekannt, vor allem die Bekämpfung der Strava, des »Schreckens« (der Fraisen). Um eine Person vor Ungemach zu schützen, werden Amulette, z. B. Koranverse, von Personen, die dazu berufen sind, aufgeschrieben und vom Schutzsuchenden am Körper getragen oder auch in irgendeiner Form zu sich genommen. Eine korankundige Flüchtlingsfrau aus Maglaj pflegt Amulette gegen ein kleines Honorar zu schreiben. Sie sagt, falls sie Fehler mache, werde ihr Allah verzeihen. Nach ihrer Rückkehr nach Bosnien werde sie alle Fehler korrigieren. Sie steckt solche Zettel auch ihren Angehörigen ins Auto, damit sie besser vor Unfällen geschützt sind. In der Erzählung »Die Schlange« (Zmija) hat Ivo Andrić eine Beschwörung (bajanje) gegen den Biß einer giftigen Schlange beschrieben, die einzige Art von Hilfe, die dem gebissenen Mädchen zum Entsetzen der beiden Offizierstöchter aus Wien, die im Zuge der Okkupation nach Bosnien gekommen waren, geboten werden konnte, denn einen Arzt gab es weit und breit nicht.

2.21.1 Heilmittel
Vasva (Sanski most): Ein Heilmittel kenne ich: Wir sagen dazu Djed, andere sagen Bodljiva (Distel). Wenn sich Wunden öffnen und sie nicht heilen, dann trocknet man diese Pflanze, verbrennt sie in einem sauberen Gefäß, und mit ihrer Asche wird die Wunde bestreut. Das ist eine Pflanze. Man kann auch die Wallwurz (gavez, lat. symphytum officinale) verwenden. Die kocht man in Milch und bindet das auf die Wunde. Mit Gottes Hilfe wird das alles wieder heilen. Und wenn die Kinder die Krätze haben oder so etwas, dann gibt es das Fünffingerkraut (trava od pet prsta); das wird in frischer Butter geröstet und auf die Wunde gestrichen. Dann fallen die Krätzen ab und heilen.
Salih (Zvornik): Balsame (mehlem) oder Salben kenne ich nicht. Ich weiß nur, daß das Mehlem genannt wird, was bei der Beschneidung zur Behandlung der Wunde gebraucht wird.
Jusuf (Sanski most): Wenn man ein Geschwür hat, ist am besten der Huflattich (lat. tussilago farfara, bosnisch podbilj, mičine), ähnlich wie der Wegerich (lat. plantago maior, bosnisch bokvica). Auch Honig kann verwendet werden. Ein Mittel, wenn einer Herzerweiterung hat: der ißt vierzig Tage lang Zitrone samt der Schale und keinen Zucker; und davon wird man gesund.

Nasva (Sandžak): Wenn man sich verletzt oder geschnitten hat, dann hat man so einen Balsam gemacht. Ich weiß nicht, wie das gemacht wird, aber ich weiß schon, was drinnen ist: frische Butter, Kienspan (Kienholz, lat. taeda, bosnisch luč), dazu kommen einige Kräuter. Das wird alles zerlassen und aufgelöst und ergibt dann diesen Balsam. Ihn verwendet man ebenfalls gegen einen Ausschlag von den Masern und bei der Beschneidung. Einer fragte den anderen, wer denn den Balsam machen kann.

Nurija (Brčko): Meine Mutter pflegte eine Salbe zu machen, und zwar aus Honig, Butter und Schafgarbe (kunica). Das galt als Heilsalbe, wenn man sich mit dem Messer schnitt. Einen Arzt gab es weit und breit nicht.

Jusuf S. (Foča): Für die Versorgung von Wunden hat man eine Salbe gemacht aus Eidotter und ein bißchen Mehl und noch irgendetwas. Wenn man eine Wunde nähte, hat man den Zwirn in Wachs getaucht, bevor man Arzneien hatte. Es gibt genug Leute, die die Kräuter verwenden, Tees von der Schafgarbe (kunica), Pfefferminze (nana), von der Kamille (kamilica), Lindenblüten (lipov čaj), Hagebutte (šipurak), und anderen.

2.21.2 Geburt

Vasva (Sanski most): Die Frauen haben zu Hause geboren. Gewöhnlich kam eine alte Frau um ihnen beizustehen. Aber alles geschieht mit Gottes Hilfe. Ich erinnere mich nur an eine schwerere Geburt in unserem Dorf. Auch auf den Feldern haben die Frauen geboren und das Kind nach Hause gebracht.

Nasva (Sandžak): Die Engel (meleć) haben den Frauen beim Gebären geholfen, und andere Frauen, man war nicht so wie heute im Krankenhaus. Zuerst mußte sich die Mutter erholen; das Kind wurde gut eingewickelt. Dann kam die Pflegerin (bíka). Sie kam bis zum vierzigsten Tag nach der Geburt, um das Kind zu baden und zu pflegen. Sie brachte alles Nötige zum Baden und Anziehen mit, die Hemdchen und dergleichen. Nach der Geburt wurden die Geschenke der Familie und der Nachbarn überreicht. Die Buben wurden bevorzugt, aber auch die Mädchen wurden beschenkt. Man legte Geld unter den Kopf der Mutter. Dann wurde gratuliert: Er soll leben und ein Held werden.

Nurija (Brčko): Die Geburt erfolgte ganz nach Gottes Willen. Du kommst von der Arbeit nach Hause und es heißt: Deine Frau hat ein Kind geboren. Mašallah, es ist ein Sohn! [arabisch mâšâ´allâh bedeutet »was Gott will (geschieht)«; es ist ein Ausdruck der Freude und Verwunderung.] Natürlich haben andere Frauen, z. B. die Schwiegermutter, dabei geholfen; die meisten haben gewußt, wie man den Nabel abbindet.

Šefika (Zenica): Der Nachbar muß das Kind beschenken, gewöhnlich mit Geld. Es ist nicht richtig, wenn man es nicht tut. Ich habe einen Bruder, der hat einer Nachbarin ein Stück des Kleides abgeschnitten, weil sie dem Kind nichts auf die Stirn gelegt hat. Sie ist gesessen, und als er erkannte, daß sie das Kind nicht beschenken würde, hat er eine Schere vorbereitet. Als sie aufstand und zur Tür ging, hat er ihr ein Stück Kleid abgeschnitten, und sie hat es nicht einmal bemerkt. Er hat gesagt, man muß dem Kind etwas auf die Stirne legen und sei es noch so klein.

Jusuf S. (Foča): Den Neugeborenen hat man früher auch den Kopf eingebunden, damit er die richtige Form bekam. Das Neugeborene hat noch einen weichen Kopf. Man gibt ihm ein Geschenk in die Wiege (bešika).

2.21.3 Aberglaube

Vasva (Sanski most): Wie der Schrecken/die Fraisen (strava) ausgetrieben wird? Es werden Abschnitte aus dem Koran (ajet) gebetet, dann wird Blei in einem Löffel erhitzt und über einem Glas Wasser über den Kopf des Kindes gehalten, dann über der Brust und über den Beinen, damit dem Kind der Schrecken vergeht.

Fatima (Zvornik): Die Austreibung wurde meistens bei Alten und Kindern, die sich z. B. vor Schlangen fürchteten, angewendet.

Dann gibt es auch die Beschwörung (bajanje). Das machten kundige Frauen gegenüber den Kindern, ebenfalls über Wasser, auch über Kohlen. Die Frau betet, wenn sie es kann, das Kulhuvala [die 112. Sure Al-Ichlas »Bekenntnis zur Einheit Allahs«] von hinten, und dreimal das Elham [Elhamdu lillah illadhi etc., Gebet beim Waschen der Hände]. Dann nehmen sie das Feuer und löschen es. So wird den Stummen und Tauben der böse Blick (urok), das Übelansehen einer Handlung (zazor) und der Schrecken ausgetrieben. Die Frauen, die das können, machen es z. B. beim Biß einer Schlange oder Kröte oder sonst. Aber ich kann das nicht.

Jusuf (Sanski most): Am besten wird der Schrecken zwischen Akšam und Jacija ausgetrieben. Meistens verstanden sich die Frauen darauf, seltener die Männer. Bei uns gab es zwei Männer, die das gemacht haben. Es gab auch Frauen, die wahrgesagt haben (vračalice, koje su gatale). Meist haben sie es im Frühling, um den Georgstag, gemacht. Sie schauen dabei in Verschiedenes: in Bohnen, in die Karten, ins Wasser. Wenn der Arzt nicht helfen kann, geht man zur Wahrsagerin (gatara).

Nasva (Sandžak): Wahrsagen (gatanje) ist eine Sünde. Trotzdem wird es gemacht, z. B. aus der Kaffeetasse. Oder mit Bohnen, so eine Frau verdient Achtung! Ich hätte auch gerne, daß mir eine die Bohnen ausdeutet, weil es die selige Fatima (hazreti Fatima = Tochter Muhammeds) gemacht hat. Aus den Karten hat man bei uns nicht wahrgesagt, höchstens die Zigeunerinnen. Wenn sie gekommen sind, bin ich immer gelaufen und habe den Töchtern und der Schwiegertochter gedroht, sie sollen ja das Tor zumachen und sie nicht hereinlassen.

Nurija (Brčko): Blei wird in einem Gefäß oder Schöpflöffel erhitzt. Das Blei wird ins Wasser gegossen, und im Wasser erscheint dann die Strava, wovor sich das Kind erschreckt hat. Sie haben es auch wegen Krankheiten benützt. Man trinkt dreimal von diesem Wasser.

Rahman (Gračanica): Das Beschwören heißt bei mir Gatka. Das machen Frauen, die die Gebete (dova) kennen. Ich kann das nicht, aber ich habe es schon gesehen. Das ist für mich eine Art Sadaka (Almosen). Beim Wahrsagen kenne ich mich nicht aus.

Ramo (Zvornik): In meiner Gegend gibt es das Beschwören nicht mehr. Es ist in den letzten Jahren ausgestorben. Wahrsagen gibt es auch heute, aber es stimmt mit dem Islam nicht überein.

2.21.4 Verwünschungen, Glückwunsch

Vasva (Sanski most): Mancher sagt: »Božja te sablja posekla« (Das Schwert/der Säbel Gottes soll dich zerstückeln). Wenn man jemandem Erfolg wünscht, sagt man: »Daj Bože kako je najbolje« (Gebe Gott, wie es am besten ist) oder: »Svako ti Bog dobro dao« (Gott gebe dir alles Gute), »Dobro te srelo i hair ti bio« (Gutes soll dich treffen und dir Wohltat sein).

Salih (Zvornik): »Da ti Bog dâ dobro i veselja da zapamtiš, od đece«

(Gott möge dir Gutes gewähren, und nur an Frohsinn sollst du dich bei deinen Kindern erinnern).

Jusuf (Sanski most): Als ich ein Kind war, erzählte man, daß ein gewisser Mujo aus Mostar den Hochzeitszug anführte, und seine Mutter verwünschte ihn, es soll ihn der Säbel Gottes zerschneiden. Und Gott bestimmte, daß ein Sturm kam, und alle Hochzeitsgäste erfroren, nur die Braut und der Brautführer blieben am Leben.

Nasva (Sandžak): Ich verfluche niemals jemanden. Selbst die Tschetniks, die mich vertrieben haben, verwünsche ich nicht, ich sage nur: Gott möge sie richten. Wenn man jemanden verflucht, kann sich das gegen die eigenen Kinder wenden.

Als Glückwunsch sagt man: Bewahre dir Gott, was du am liebsten hast. Das können die Kinder sein oder die Gesundheit.

Nurija (Brčko): Wenn man jemandem ein Gebet zum Glück sagen will, so rezitiert man einige Suren aus dem Koran und spricht: »Dragi Allah da ti da, sveviš nji Allah, koji je svemoguć an, sve najbolje, ono koje si zamislio« (Der liebe Gott, der erhabene Allah, der allmächtig ist, möge dir alles Gute, das, was du dir ausgedacht hast, gewähren«).

Rahman (Gračanica): Als Verwünschung sagt man: »Dâ bog da ti dijete nastradalo, da bog da ovo, da bog da ono« (Dein Kind soll dir umkommen; Gott soll dir dieses oder jenes machen). Was wird den Menschen mehr treffen als das Unglück des Kindes?

Als Glückwunsch kann man sagen: »Da bog da ti dao svako dobro, ništa ne radio, a bog ti dao zlatne stope« (Gott gebe dir alles Gute ohne zu arbeiten, und er gebe dir goldene Füße). Das heißt, wohin du auch gehst, soll dich das Glück begleiten.

2.21.5 Amulette *(zapis)*

Vasva (Sanski most): Amulette gibt es für alle Krankheiten. Der Hodža weiß das, er hat den Koran, besondere Bücher (kitab), und er schreibt daraus etwas auf Papier. Er kann dir z. B. drei Amulette verschreiben: Eines trägst du an dir in der Kleidung, ein zweites sollst du in Wasser auflösen und trinken, und das dritte ins Badewasser tun. Das Amulett, das man an sich trägt, wird in ein Wachstuch (mušema) eingeschlagen und an einer Schnur am Gürtel befestigt, oder es wird irgendwo eingenäht.

Solche Amulette hat man auch für das Vieh gemacht. Sie werden ins Futter vermischt, oder in die Tränke gegeben. Die Amulette hat man den Rindern auch an die Hörner gesteckt.

Fatima (Zvornik): Der Hodža schreibt mehrere Amulette, eines wird dem Kind unter den Kopf gelegt, damit es ruhiger schläft, mit einem wird das Kind beräuchert, eines wird in Wasser aufgelöst, und das Kind trinkt dann sieben Tage lang von dem Wasser, wenn es krank ist und nicht geheilt werden kann. – Auch dem Vieh hat man es an den Hörnern befestigt.

Jusuf (Sanski most): Wenn der Arzt nicht helfen kann, wendet man sich an eine Wahrsagerin (vračalica) oder den Hodža. Manchem hilft das Amulett, anderen nicht, wie es sich eben trifft. Meistens machten es die Hodžas. Er schreibt etwas auf Papier, mit arabischen Buchstaben. Das wird in Wachs eingeschlagen, und zwar neunfach, und am Körper getragen. Oder der Körper wird damit ausgeräuchert. Manche geben es ins Wasser und damit badet man, oder es wird in der Erde vergraben.

Nasva (Sandžak): Der Hodža schreibt eine Sure aus dem Koran. Die Frauen können das Amulett auch im Haar tragen, oder es wird eingenäht. Man schlägt es in ein Tuch ein und taucht es in Wachs. Man näht es ein, und es kann dann jahrelang an Ort und Stelle bleiben.

Auch für das Vieh hat man es gemacht, besonders vor den vlahischen (= serbischen) Feiertagen, zu Weihnachten und vor Weihnachten, vor ihren Feiertagen. Das Amulett wird in Salz gelegt, das Papier klein zerschnitzelt und vermischt oder ins Futter getan, und das Vieh frißt es. Oder wenn dir jemand sagt: Steck es hinter die Tür, mußt du gut aufpassen, wohin du es tust, damit es niemand sieht. Dann wird es mit Erde verschmiert oder sonst etwas.

2.22 Begräbnis (dženaza)

Nach den muslimischen Sitten wird ein Verstorbener möglichst rasch begraben, meist am nächsten Tag. Der Tote wird gewaschen und ohne Unterschied seines Standes in ein weißes Totenhemd gekleidet. Nach den Totengebeten wird der oder die Verstorbene auf den Schultern der männlichen Trauergäste zum Friedhof getragen (Abb. 75, 77). Die Frauen und Kinder bleiben zu Hause. Nach den muslimischen Begräbnissitten ist es üblich, daß die Toten nicht in Särgen, sondern auf der Bahre begraben werden. Da dies nicht den österreichischen Vorschriften entspricht, weichen die Muslime, die derzeit in Kärnten leben, teilweise nach Slowenien aus. In Jesenice, jenseits des Karawankentunnels in Slowenien, besteht ein muslimischer Friedhof. Die Überführungen bereiten immer wieder administrative und technische Probleme. 1994 wurde auch auf dem Klagenfurter Friedhof Annabichl eine bosnisch-muslimische Abteilung eingerichtet; dort müssen die Toten in Särgen bestattet werden.

Die Gräber der Muslime werden nicht mit Kränzen oder Blumen geschmückt, es ist auch nicht (oder nur selten bzw. nur in manchen Gegenden) üblich, den Verstorbenen Kerzen anzuzünden. Die Gedenktage der Toten (tevhid) werden so wie bei den Orthodoxen gehalten, und zwar: nach sieben Tagen, nach vierzig Tagen, nach einem halben Jahr und nach einem Jahr. An diesem Tag wird auch des Toten in der Moschee gedacht. Der Tevhid besteht aus gruppenweisem Rezitieren frommer Aussprüche und Gebete. Aus diesem Anlaß kommen auch Frauen in die Moschee.

Vasva (Sanski most): Wenn es dem lieben Gott gefällt und er einen Menschen zu sich genommen hat, dann wird der Tote mit warmem Wasser und Seife gewaschen und mit einem Hemd, leinernen Unterhosen und einem leinernen Überhemd (ćefin) bekleidet.

Dem Toten wird das Kinn festgebunden. Wenn es Gott jemandem gewährt, dann lächelt er im Tod. Zuerst werden die Füße kalt und das geht von unten herauf, so weit die Seele geht, und man hört, wie er atmet. Und die Seele kommt bis zum Herzen, und er schaut und lächelt. Die Kälte des Körpers bezeugt den Tod. Die Körperöffnungen (Nase, Mund) werden mit Tüchern geschlossen. Der Tote muß ausgestreckt sein. Die Augen werden geschlossen, bei manchen aber geht das nicht.

Der Tote wird dann mit Düften besprengt. Das alles wird so vorbereitet, und dann wird er auf die Bahre (tabut) gelegt.

Die Frauen gehen nicht im Leichenzug (dženaza) zum Friedhof (mezarluk). Der Tote wird hinausgeleitet, dann wird das Elham fatihu (die erste Sure des Korans) gebetet und gefragt, ob ihr eurer Schwester Muminkinja (mumin = der Gläubige) verzeiht. So fragt der Hodža, und alle antworten: Es sei ihr verziehen (halal bilo), die Erde möge ihr leicht sein (lagana joj zemlja bila). Und wenn er will, wird das dreimal gemacht.

Fatima (Zvornik): Wenn der Hodža mit dem Leichenzug (den Männern) gegangen ist, wird der Tevhid (das Totengedenken) zu Hause von den Frauen fortgesetzt. Die Mulahanuma (gelehrte Frau) bleibt und verrichtet den Tevhid.

Wenn das alles vorüber ist, dann kommt die Verwandtschaft ins Haus. Der eine bringt Kaffee, der andere Zucker, einer Öl, einer Stoff. Das Beileid wird mit Worten ausgedrückt, wir sagen, er (der Tote) möge glücklich sein in jener Welt (dunajluk, auch dunjaluk), und daß wir ihm verzeihen.

Salih (Zvornik): Der Tote wird entkleidet und mit einem Leintuch bedeckt. Sie nehmen Seife und reiben ihn damit über dem Leintuch ab; er darf nämlich nicht nackt gesehen werden. Das macht der Hodža. Rundherum wird alles mit Teppichen und Decken verhängt, damit niemand zuschauen kann. Erst wenn die Waschung beendet ist, darf man ihn sehen. Der Tote wird so bekleidet: Man nimmt Leinen, zehn, zwölf Meter. Oben zieht man ihm ein Hemd an, ohne Ärmel, das wird zugeschnitten und genäht, der Hodža macht das, ein anderer könnte das gar nicht. Der Verstorbene wird ganz in das Leintuch eingewickelt, auch der Kopf. Oberhalb des Kopfes und unterhalb der Füße wird es zugebunden.

Jusuf (Sanski most): Wenn heute einer stirbt, dann geht man zum Hodža, damit die Nachricht im Dorf verbreitet wird und im zweiten und im dritten, so weit du willst. Es wird die Sala rezitiert. Das ist die Ausrufung der Trauernachricht vom Minarett. Der Hodža betet die Sala um zehn, elf Uhr. Wer zur Dženaza gehen will, geht zum Hodža nachfragen. Der erklärt ihm, wer gestorben ist. Dann geht der Hodža in das betreffende Haus. Der Tote wird gebadet und in das Leintuch (ćefin) eingewickelt. Sie baden ihn nackt, auf dem Tisch, rundherum sind Bretter in die Erde gerammt, mit Leintüchern verhangen. Dieser Ćefin ist ein langes Hemd und eine lange Leinenhose. Dann wird er ganz in ein Leintuch (čaršaf) eingewickelt. Das wird über dem Kopf und unter den Füßen zugebunden. Dann wird er auf die Bahre gelegt und hinausgetragen; der

Hodža betet die Dženaza (dženaza-namaz). Wollt ihr ihm verzeihen? fragt er das Volk, Männer und Frauen, die eben da sind. Ja, das wollen wir. Dreimal wird gefragt. Danach wird er auf den Friedhof getragen. Dort wird gebetet. Dann lassen sie ihn ins Grab (mezar), richten die Bretter über ihm ein (über der Bahre) und begraben ihn. Die Bretter dienen dazu, daß die Erde nicht unmittelbar auf den Leichnam fällt. Die Grabsteine werden nicht sofort aufgestellt, sondern ein Brett mit der Inschrift. Zu seinem Haupt und den Füßen werden Pfähle (bašluk) eingeschlagen und an sie Tücher gebunden. Erst später wird der Grabstein (nišan) aufgestellt, wenn ihn einer kauft und beschriften läßt, damit man weiß, wer da liegt. Der Leichenzug ist heute genauso wie früher. Einzig, daß man heute in den Moscheen betet, zur Ikindija.

Bajro (Brčko): Wenn einer stirbt, wird er, solange er noch warm ist, ausgestreckt. Man hat bei uns weder einen Spiegel zur Feststellung der Atmung verwendet, noch hat man das Kinn festgebunden, noch hat man die Augen geschlossen. Wenn die Augen offen waren, ließ man sie offen. Dann wird der Hodža verständigt und das Leichenbegängnis abgesprochen. Der Imam verkündet im Dorf, wer gestorben ist und wann das Begräbnis sein wird.

Der Leichnam (meit) wird vom Hodža gewaschen, draußen vor dem Haus. Dabei wird der Platz umzäunt und verhängt. In einem Kessel wird Wasser gewärmt. Ein Helfer gießt das Wasser über den Leichnam, der Hodža reibt ihn mit Seife ab, aber nicht den nackten Körper, sondern über dem weißen Leintuch, mit dem der Tote bedeckt ist. Das weiße Linnen heißt Kamrika. Der Tote wird darin eingewickelt, der Hodža weiß, wie man das zuschneiden muß. Das Totenkleid (ćefin) wird nur in einem Stück gewickelt, nicht genäht. Dann wird er auf die Bahre aus Brettern gelegt und mit einem schwarzen Linnen zugedeckt. Wenn er ins Grab gelegt wird, nimmt man das weg. Vier Männer tragen ihn auf der Bahre, wobei man sich ständig abwechselt. Zwei Stangen sind unterhalb des Toten, eine vorne und eine hinten. Jeder will den Toten tragen. Beim Aufbruch wird das Elham (erste Sure) gebetet, und der Tote wird vor die Moschee getragen. Die Frauen bleiben zurück, sie nehmen am Leichenbegängnis nicht teil. Meist wird er vor der Ićindija vor die Moschee gebracht. Dann geht man in die Moschee, um die Ićindija zu beten. Anschließend trägt man ihn zum Friedhof (mezarluk). Wenn er ins Grab (mezar) hinabgelassen wird, wird die Fatiha gebetet. Diejenigen, die den Toten hinablassen, gehören zur engsten Familie, Söhne oder andere ganz nahe Verwandte, zu zweit. Das schwarze Tuch wird abgenommen und vorbereitete Bretter werden schräg über den Leichnam gelegt. Jeder wirft eine Handvoll Erde ins Grab, und wenn es zugeschaufelt wird, wird gebetet. Das Grab wird mit einer Kanne Wasser begossen. Dann werden zwei Pfähle (bašljuk) eingeschlagen, damit man weiß, wo der Tote liegt. Dann rezitiert der Hodža, und es wird gebetet. Wenn das beendet ist, geht man auseinander, nur der Hodža bleibt noch allein beim Grab. Er ruft zum Talkin. Das heißt, er sagt dem Toten, was er den beiden Totenengeln Munkir und Nekir antworten muß. Die Leute gehen nach Hause, und später kommen sie zur Trauerfeier (žalost) ins Haus, auch die Frauen. Man bringt dabei nichts mit, und wird auch nicht bewirtet, höchstens mit Kaffee.

Nasva (Sandžak): Wo ich gelebt habe, wird beim Beileidwünschen (žalost) nicht bewirtet, anderswo schon. Wenn eine Frau gestorben ist, dann wird sie von der Bula (muslimische Religionslehrerin) gewaschen, eine Frau hilft ihr. Wenn es ein Mann ist, dann macht es der Hodža. Er wäscht den Toten. Im Freien wird Wasser in einem Kupferkessel (bakreni kazan) erhitzt. Entweder gibt es einen Schuppen (magaza), dann trägt man den Toten dort hinaus; wenn es keinen Schuppen gibt, dann wird ein Platz umzäunt und mit Kleidern, Kelims (ćilim) und Kotzen, groben Teppichen verhängt. Der Hodža wäscht den Toten mit Seife und wickelt ihn in das Leintuch, welches nur gebunden, aber nicht zugenäht wird. Dann wird der Tote auf die Bahre gelegt und fortgebracht. Der eine weint, der andere weint nicht, die Hodžas erlauben das Weinen nicht. Besonders, wenn eine Mutter um ihr Kind weint, dann wird das vom Hodža streng verboten. Denn man sagt, dort in der anderen Welt ist das Kind ganz in Wasser. Als wir in Tešanj waren, ist mein sechsjähriger Sohn gestorben. Wir waren während des Zweiten Weltkriegs Flüchtlinge (muhađer). Und sie bitten mich, umarmen mich: Weine nicht, denn dort wird das Kind ganz in Tränen sein.

Man geht vom Haus direkt zum Friedhof, nicht zuerst in die Moschee, und dann wird der Tote begraben. Die Dženaza (Begräbnisgebet) wird nur von den Männern gebetet. Früher war es überhaupt nicht üblich, daß Frauen auf den Friedhof gingen. Es war auch nicht möglich, daß ein Mann nur so dastand, ohne zu beten und die Verbeugungen zu machen; das war eine große Schande. In der letzten Zeit kam das aber vor, auch daß Männer und Frauen auf den Friedhof gingen, selbst wenn es sich um ein religiöses Begräbnis handelte. Das kommt daher, daß bei uns Serben und Muslime vermischt waren. Man ging gegenseitig zu den Begräbnissen, massenhaft.

Dann werden hölzerne Pfähle eingerammt und, wer kann, läßt einen Grabstein machen. Aber erst nach einem Jahr. Der kann aus Stein gemacht werden, mit Inschrift. Bilder werden nicht angebracht. Das wäre unerhört.

Nurija (Brčko): Das Wasser für die Totenwaschung wird in Gefäßen erhitzt, die »Tavulja« genannt werden. Der Leichnam wird in das Leintuch (ćefin) eingeschlagen, es heißt auch Kamrika. Wenn einer gestorben ist, sagt man: Dieser oder jener ist Allah rahmetile (verstorben).

Šefika (Zenica): Ich erinnere mich, wie sie von meiner Mutter gesagt haben: Beginica Allah rahmetile (die Frau des Begs ist verstorben).

Jusuf S. (Foča): Wenn jemand im Dorf stirbt, wird er mit einem weißen Leintuch zugedeckt, und auf die Brust schiebt man ihm einen Nagel (ekser) hin und eine Scholle Erde (grumen zemlje). So war es Brauch. Warum es so war, kann ich nicht sagen. Inzwischen kommen die Dorfbewohner, um Beileid zu wünschen; auch der Hodža, sobald er verständigt worden ist. Wenn eine Stätte zur Leichenwaschung (gasulhana) vorhanden ist, wird der Tote zunächst dorthin gebracht. Bis der Leichnam gewaschen wird, hat man früher die Fatiha (die erste Sure des Korans) gebetet. Dann haben uns die Hodžas belehrt, daß es nicht nötig ist zu beten, solange der Tote nicht gewaschen ist; erst wenn er ganz rein ist, soll man es tun. Die Gasulhana muß nicht in der Moschee sein, sie kann irgendwo in einem Keller eingerichtet sein, oder, wenn es keine gibt, macht man es im Freien. Es wird ein Platz mit Teppichen oder Plastikvorhängen verhängt, damit man ihn nicht einsieht. Man bereitet einen Kessel warmen Wassers vor und einige Kupferkannen (ibrik). Der Hodža nimmt die Waschung vor, einige Männer helfen ihm. Der Tote ist dabei immer von einem Leintuch bedeckt, damit er nicht gesehen wird, aber der Hodža greift beim Waschen unter das Leintuch, nur der Körper darf nicht gesehen werden. Der Hodža und seine Helfer müssen selbst rein sein, das heißt, sie müssen vorher den Abdest (Waschung) vorgenommen haben. Der Hodža nimmt die Seife, schneidet ein Stück ab, wickelt es in ein Tuch ein und wäscht so den Toten. Er darf ihn mit der nackten Hand nicht berühren, aus hygienischen Gründen, wegen möglicher Ansteckung. Die Tücher werden dabei aus einem Leintuch gerissen. Man kann dabei ein ganzes Leintuch verbrauchen. Wenn der Hodža fertig ist, nimmt er am Toten die rituelle Waschung vor: Er wäscht ihm die Hände und Arme, dreimal den Mund, die Nase, das Gesicht, den Kopf und den Hals und schließlich die Füße. Dann wird er sorgfältig zugedeckt, und die Totenwache bleibt bei ihm bis zum Mittagsgebet, das entweder im Haus oder in der Moschee oder auch im Freien verrichtet wird.

Wenn eine Frau gestorben ist, nimmt eine Bula (korankundige Frau) die Totenwaschung vor. Es helfen ihr andere Frauen, die sich vor einer Toten nicht fürchten. Man sucht nach einer Bula; sie wird aus der Stadt geholt. Früher waren die Frauen in den Dörfern Autodidakten, die Kenntnisse wurden von einer Generation auf die andere übertragen. Jede, die sich auskennt, kann bei der Toten die rituelle Waschung vornehmen.

Der Leichnam kommt vollkommen bedeckt mit dem Leintuch auf die Bahre. Das Leintuch wird an drei Stellen geknüpft. Wenn der Leichnam begraben wird, werden diese Knoten gelöst. Solange der Leichnam auf der Bahre liegt, ist er von einer Decke bedeckt. Diese Decken beschafft man jetzt aus den arabischen Ländern, während man früher den Toten mit einer Feredža oder einem Mantel zudeckte. Wenn die Totenwaschung vorbei ist, wird der Leichnam hinausgetragen vor die Mitglieder des Moscheesprengels (džemat). Dann wird die Fatiha rezitiert, und der Hodža fragt: »Liebe Nachbarn und Nachbarinnen (komšije i komšinice)! Unser lieber Verstorbener (mehrum) verabschiedet sich heute das letzte Mal von euch, so wie er war. Wollt ihr ihm verzeihen (hoćete li mu halaliti)?« Natürlich wird jeder verzeihen, auch wenn er vorher ein bißchen böse auf ihn war. Dann bricht der Leichenzug auf, aber nur die Männer, die Frauen bleiben zurück. Die Bahre wird entweder auf den Händen oder auf den Schultern getragen. Vier Männer tragen den Toten oder die Tote, wobei sie einander ständig abwechseln. Das hängt davon ab, wie viele Leute beim Begräbnis sind. Aber jeder sollte ihn oder sie wenigstens einmal tragen. Die Bahre wird vor den Friedhof gebracht. Vor jedem Friedhof gibt es eine Wiese, wo die Angehörigen des Džemat stehenbleiben können. Die Männer reihen sich auf, je nachdem, in fünf Reihen oder in drei. In der ersten Reihe (saf) stehen am meisten, z. B. fünfzig, am wenigsten in der letzten Reihe. Kann sein, daß in ihr nur drei Mann stehen.

Der Hodža erklärt, wie alles gemacht wird, was während der Dženaza gebetet und rezitiert wird. Am Grab (mezar) wird wieder die Fatiha rezitiert. Die nähere Verwandtschaft, die Söhne, wenn er welche hat, lassen den Leichnam ins Grab hinunter. Sie haben schon mit Stäben (ulčija) ausgemessen, wie lang das Grab sein muß. Der Hodža wirft die erste Erdscholle und dann die Verwandten und die anderen, und dann wird langsam zugeschaufelt. Dann werden zwei Pfähle an seinem Haupt und seinen Füßen eingeschlagen. Wenn das alles vorbei ist, gießt ein Mann an seinem Haupt und ein anderer an seinen Füßen eine Kupferkanne voll Wasser aus.

Nach dem Begräbnis bleibt der Hodža allein auf dem Friedhof, um den Toten zum Talkin aufzurufen.

Inzwischen werden die Teilnehmer am Begräbnis nach Hause eingeladen zum Kaffee, zum Šerbet, zum Essen. Um sein Beileid auszudrücken, sagt man »baškumsakolsum« [richtig: bašunsagolsun, s. unten], die Antwort lautet »dostumsagolsum«. Die näheren Verwandten, die Söhne, sofern es welche gibt, bringen Geschenke in Tüchern (boščaluk), z. B. Kaffee oder Zucker. Die Söhne legen Geld auf den Leichnam, das dann die Hodžas untereinander verteilen.

Es bestehen mehrere Möglichkeiten, wie man sein Beileid im Todesfall aussprechen kann. Traditionell ist die türkische Formel Bašun-sag-olsun (-osun) »dein Kopf möge gesund sein« (türkisch başın »dein Kopf«, sağ »gesund«, olsun »möge sein«). Darauf antwortet der/die Trauernde mit Dostum-sag-olsun (-osun) »mein Freund möge gesund sein« oder mit senden-sag-olsun (-osun) »du mögest gesund sein«. Eine andere Möglichkeit ist die Verwendung der hybriden Formel Rahmetli sućut »Beileid« (türkisch rahmetli »der Verstorbene«, serbokroatisch sućut »Mitgefühl«), oder man sagt die serbokroatische Formel Primite saučešće »Nehmen Sie mein Beileid entgegen«, worauf man mit Hvala »danke« antwortet.

Anstelle von »sterben« gebrauchen die Muslime auch den Euphemismus »in das Jenseits übersiedeln« (preseliti se na ahiret).

Ausblick

Der Islam in Europa! Mit diesem Gedanken scheinen sich weder West- noch Osteuropa abfinden zu können. Europa werde vom Islam in die Zange genommen. Auf der einen Seite stehen Spanien und Frankreich, wo bereits Millionen von zugezogenen Muslimen, vor allem aus Nordafrika, leben, auf der anderen Seite die Balkanhalbinsel mit Millionen seit Jahrhunderten ansässigen Mohammedanern: in der europäischen Türkei, als kleine Minderheit in Griechenland, als große Minderheit (von etwa einer Million Menschen) in Bulgarien (größtenteils Türken, zum kleineren Teil Bulgaren) und Mazedonien (zum größeren Teil Albaner, zum kleineren Mazedonier), als große Mehrheit in Albanien und im serbischen Kosovo (dort fast zwei Millionen), als Minderheit in Serbien (die Bosniaken des Sandžaks), in Montenegro (Albaner und Montenegriner) und als relative Mehrheit in Bosnien-Herzegowina. Der Islam ist auch in Rußland präsent, denken wir nur an die Separationsbestrebungen der Tataren (Tatarstan mit der Hauptstadt Kazan an der Wolga), der Baschkiren (Baschkirien, Hauptstadt Ufa im Ural), der Tschetschenen und Inguschen im Kaukasus usw.

Das Chalifat von Cordoba in Spanien hat im Mittelalter gezeigt, wie das Zusammenleben von Christen, Muslimen und Juden durch Jahrhunderte in einem Klima der Toleranz möglich war. (Auch in Bosnien war das der Fall, allerdings später.) Erst als die christlichen Könige Ferdinand II. von Aragonien und Isabella von Kastilien die Mauren aus ihrem letzten Reich, Granada, aus Spanien vertrieben und Aragonien und Kastilien als Königreich Spanien vereinigt hatten, nahm der Geist der Toleranz ein Ende. Inquisitionstribunale wurden eingerichtet und Mauren und Juden verfolgt und vertrieben. Das Jahr 1492 ist nicht nur durch die von Ferdinand und Isabella geförderte Entdeckung Amerikas bedeutsam, sondern auch durch die Vertreibung der Juden, der sogenannten Spaniolen. Viele von ihnen fanden in der Levante und auf der Balkanhalbinsel eine neue

Heimat. In Sarajevo bestand bis zum Ende des Zweiten Weltkriegs eine größere jüdisch-sephardische Kolonie, einige wenige Überlebende leben dort noch heute. Friedhöfe und Synagogen legen Zeugnis über die jüdische Vergangenheit Sarajevos ab.

Die Leistungen der Araber im Mittelalter auf den Gebieten der Mathematik, der Chemie, der Medizin, der Astronomie und anderer Wissenschaften sind gut bekannt. Unter diesen »Arabern« waren auch zahlreiche Angehörige anderer islamischer Völker. Seit der türkischen Eroberung Bosniens und der Herzegowina haben auch die Bosniaken begonnen, die Wissenschaften und Literatur in orientalischen Sprachen zu bereichern. Die arabische Sprache – andere orientalische Sprachen in geringerem Ausmaß – hat die europäischen Sprachen maßgeblich beeinflußt. Einige Beispiele für orientalische Wörter oder Wörter, die über orientalische Sprachen ins Deutsche eingedrungen sind, seien angeführt: Admiral, Albatros, Alchimie, Aldebaran (Sternname), Algebra, Algol (Stern), Alkali, Alkohol, Alkoven, Almanach, Attair (Stern), Amalgam, Amulett, Anilin, Antimon, Aprikose, Arsenal, Artischocke, Atlas, Bakschisch, Baldachin, Balkon, Barock, Bazar, Benetnasch (Stern), Benzin, Berberitze, Beteigeuze (Stern), Damast, Derwisch, Dolmetsch, Dschungel, Effendi, Elixier, Emir, Estragon, Fakîr, Fellache, Fes, Gala, Gamaschen, Gazelle, Giaur, Gips, Giraffe, Hadschi, Haiduck, Harem, Havarie, Hedschra, Horde, Indigo, Janitschar, Joghurt, Kabel, Kadi, Kaffee, Kaftan, kalfatern, Kaliber, Kalif, Kalium, Kamel, Kampfer, Karaffe, Karat, Karawane, karmin, Kattun, Kelim, Khaki, Kismet, Koffer, Kopeke, Koran, Kukuruz, Kümmel, Kuppel, Kutscher usw. usw. (Weitere Beispiele in Lokotsch 1975.)

Was ist vom k. u. k. Bosnien-Herzegowina in der deutschen Sprache Österreichs geblieben? Wahrscheinlich sind es nicht mehr als drei Wörter, die an die vierzigjährige Herrschaft Österreich-Ungarns erinnern: Einmal, die »Bosniaken«, eine Art Gebäck. Zweitens, besteht noch heute eine gewisse Erinnerung an den Führer des bosnischen Widerstandes gegen die Okkupationstruppen von 1878. Im *Wörterbuch des Wiener Dialekts* von Julius Jakob (Wien und Leipzig 1929) heißt es unter dem Stichwort Hadschi Loja: »kleiner Brotwecken, benannt nach einem bosnischen Insurgentenführer«. Es handelt sich dabei um den Namen des muslimischen Derwischs Hadži Lojo (oder Loja), der den Widerstand gegen die Habsburger-Truppen organisierte. In *Sprechen Sie Wienerisch?* (Wien 1980) von Peter Wehle steht dazu noch die Bedeutung »hinkender Mensch«. Mir ist der Ausdruck allerdings eher in der Bedeutung »Dummkopf« bekannt. Das dritte Wort, das ich mit Bosnien verbinde, ist das in Österreich geläufige Schimpfwort Tschusch, das einen »Balkanesen«, egal welcher Herkunft, bezeichnet. Die Etymologie dieses Wortes ist nicht eindeutig. Ich erinnere mich an ein Gespräch, das ich als Student der Slawistik in den sechziger Jahren mit einer alten Dame in Linz führte. Sie war während des Ersten Weltkriegs als Telefonistin in Bosnien eingesetzt. Sie sagte: »Wir nannten die Eingeborenen Tschuschen, weil sie dauernd »čuješ« (= hörst du) sagten.« Im Kriegstagebuch meines Großvaters von 1915, als er als k. u. k. Leutnant in Bileća in der Herzegowina stationiert war, heißt es in einer Anmerkung: »Tschuschen = abfällige Bezeichnung für die Eingeborenen.« Egal, welcher Herkunft das Wort ist, es scheint mir, daß seine Verbreitung aus der k. u. k. Zeit Bosniens stammt.

Wir sind es gewöhnt, unsere Zivilisation als abendländisch und christlich zu bezeichnen. Unsere Wertvorstellung ist das »christliche Abendland«, auch wenn wir mit diesem Begriff in Wirklichkeit wenig anfangen können.

Um ein Volk verstehen zu können, müssen wir es kennenlernen. Das gilt auch für die bosnischen Flüchtlinge und Gastarbeiter in Westeuropa, die darauf warten, wieder in ihre Heimat zurückkehren zu können. Österreich war zur Zeit der Monarchie in Bosnien-Herzegowina geschätzt und beliebt, trotz des anfänglich blutigen Widerstandes. Als die Österreicher mit dem Ende des Ersten Weltkrieges abzogen, erinnerte man sich in Bosnien an sie mit Aussprüchen wie: »Nesta Frane, nesta hrane« (Franz Josef weg, Nahrung weg), oder »Ode Švabo, ode bábo« (Ist der Schwabe [= Österreicher] fort, ist auch der Vater fort).

Literaturhinweise

Balić, Smail: *Das unbekannte Bosnien.* Köln–Weimar–Wien. 1992 (Böhlau Verlag) (= Kölner Veröffentlichungen zur Religionsgeschichte, Band 23).

Bauer, Ernest: *Zwischen Halbmond und Doppeladler. 40 Jahre österreichische Verwaltung in Bosnien-Herzegowina.* Wien–München 1971 (Herold).

Bauer, Ernest: *Der letzte Paladin des Reiches. Generaloberst Stefan Freiherr Sarkotić von Lovćen.* Graz–Wien–Köln 1988 (Styria).

Boroević, Svetozar: *Durch Bosnien. Illustrierter Führer auf der k. k. Bosna-Bahn.* Wien 1887.

Bosnien und Herzegowina. Die österreichisch-ungarische Monarchie in Wort und Bild. Wien 1901 (Druck und Verlag der k. k. Hof- und Staatsdruckerei).

Džaja, Srećko M.: *Die »Bosnische Kirche« und das Islamisierungsproblem Bosniens und der Herzegowina in den Forschungen nach dem Zweiten Weltkrieg.* München 1978 (Trofenik).

Džambo, Jozo: *Die Franziskaner im mittelalterlichen Bosnien.* Werl/Westfalen 1991 (Dietrich Coelde-Verlag) (= Franziskanische Forschungen, 35. Heft).

Enciklopedija Jugoslavije (1955–1971), 1. Ausgabe (Lateinschrift), 1–8, Zagreb.

Enciklopedija Jugoslavije (1980–), 2. Ausgabe (Lateinschrift), bisher 6 Bände, Zagreb.

Hadžibegović, Iljas: *Bosanskohercegovački gradovi na razmeđu 19. i 20. stoljeća.* [Die bosnisch-herzegowinischen Städte an der Wende vom 19. zum 20. Jahrhundert.] Sarajevo 1991 (Oslobođenje Public).

Hangi, Anton: *Die Moslim's in Bosnien-Hercegovina. Ihre Lebensweise, Sitten und Gebräuche.* Autorisierte Übersetzung von H. Tausk. Sarajevo 1907 (Verlag Daniel A. Kajon).

Kraljevina Srba, Hrvata i Slovenaca. Duboki bakrorezi po fotografskim snimcima profesora Kurta Hielschera. [Königreich der Serben, Kroaten und Slowenen. Kupferstiche nach photographischen Aufnahmen von Professor Kurt Hielscher.] Ljubljana, ohne Jahr.

Kuripešič (Curipeschitz), Benedikt: *Itinerarium.* (Nachdruck von S. M. Džaja und J. Džambo, Bochum 1983).

Kuripešič (Curipeschitz), Benedikt: *Itinerarium.* Herausgegeben von Eleonore Gräfin Lamberg-Schwarzenberg. Innsbruck 1910. (Verlag der Wagner'schen Universitäts-Buchhandlung).

Kuripešič (Curipeschitz), Benedikt: *Ein Disputation oder Gesprech zwayer Stalbuben, So mit Künigklicher Maye. Botschafft, bey dem Türckischen Keyser zu Constantinopel gewesen,* ... ohne Ort (1531).

Lokotsch, Karl: *Etymologisches Wörterbuch der europäischen (germanischen, romanischen und slavischen) Wörter orientalischen Ursprungs.* 2. Aufl., Heidelberg 1975 (Carl Winter).

Markotić, Ante: *Demografski aspekt promjena u nacionalnoj strukturi stanovništva Bosne i Hercegovine.* [Der demographische Aspekt der Veränderungen in der nationalen Struktur Bosniens und der Herzegowina.] In: Sveske (Sarajevo), 16–17 (1986), 283–306.

Meringer, Rudolf: *Pučka kuća u Bosni i Hercegovini.* [Das volkstümliche Haus in Bosnien und der Herzegowina.] In: *Glasnik zemaljskog muzeja,* 11 (1899), 187–235. Erschienen auch in deutscher Sprache in »Wissenschaftliche Mitteilungen aus Bosnien und der Hercegovina«.

Mulahalilović, Enver: *Vjerski običaji Muslimana u Bosni i Hercegovini.* [Die religiösen Bräuche der Muslime Bosniens und der Herzegowina.] Sarajevo 1988 (Starješinstvo islamske zajednice Bosne i Hercegovine, Hrvatske i Slovenije).

Popović, Alexandre: *L'islam balkanique.* Berlin 1986. Harrassowitz (FU, Balkanologische Veröffentlichungen, 11).

Rehder, Peter (Hsg.): *Das neue Ost-Europa von A–Z.* München 1992 (Droemer Knaur).

Renner, Heinrich: *Durch Bosnien und die Hercegovina kreuz und quer.* 2. Auflage. Berlin 1897 (Verlag D. Reimer).

Rośkiewicz, Johann: *Studien über Bosnien und die Herzegovina.* Leipzig und Wien 1868 (F. A. Brockhaus).

Šabanović, Hazim: *Bosanski pašaluk.* [Das bosnische Pašaluk.] Sarajevo 1982 (Svjetlost).

Seewann, Gerhard: *Die Ethnostruktur der Länder Südosteuropas aufgrund der beiden letzten Volkszählungen im Zeitraum 1977–1992.* In: Südosteuropa, 42(1993), 78–82.

Šidak, J.: *Studije o »Crkvi bosanskoj« i bogumilstvu.* [Studien zur »Bosnischen Kirche« und zum Bogumilentum.] Zagreb 1975.

Šidak, J.: *Heretička »Crkva bosanska«.* [Die häretische »Bosnische Kirche.] In: Slovo (Zagreb) 27 (1977), 149–184.

Škaljić, Abdulah: *Turcizmi u srpskohrvatskom jeziku.* [Die Turzismen in der serbokroatischen Sprache.] Sarajevo 1966 (Svjetlost).

Smailović, Ismet: *Muslimanska imena orijentalnog porijekla u Bosni i Hercegovini.* [Die muslimischen Vornamen orientalischer Herkunft in Bosnien und der Herzegowina.] Sarajevo 1977. (Institut za jezik i književnost u Sarajevu. Odjeljenje za jezik. Monografije, 1).

Zimányi, Vera, und Klára Hegyi: *Muslime und Christen. Das Osmanische Reich in Europa.* Budapest 1988 (Corvina).

Verzeichnis der Abbildungen

1. *Sarajevo: Kaisermoschee (Careva džamija), besser als »Sultanmoschee« zu übersetzen. Erbaut 1566, in ihr ist die Bibliothek des Gazi Husrev Beg untergebracht, eine der wertvollsten Sammlungen orientalischer Handschriften auf dem Balkan. Die kolorierte Ansichtskarte stammt aus der k. u. k. Zeit.*
2. *Anton Hangi: Die Moslim's in Bosnien-Hercegovina. Deutsche Übersetzung 1907. Das Titelbild zeigt einen bosnischen Beg (Adeligen) in Festtracht.*
3. *Sarajevo: Blick auf die Stadt vom Kastell aus. Im Zentrum das aus der k. u. k. Zeit stammende Rathaus (vijećnica), erbaut 1896. Ansichtskarte von 1988.*
4. *Bosnien, die Hercegovina und Rascien. Die Karte zeigt das Vilajet (Provinz) Bosnien mit den Ländern/Kreisen (Sandžaks) Bosnien, Herzegowina und Rascien (Novi Pazar) aus der Zeit vor der Okkupation durch Österreich-Ungarn. Aus: Roskiewicz 1868.*
5. *Österreichisch-ungarische Monarchie 1914. Politische Karte zu Beginn des Ersten Weltkriegs. Der Sandžak Novi Pazar existiert nicht mehr; er ist bereits zwischen Montenegro und Serbien aufgeteilt.*
6. *Nationale Struktur Bosniens und der Herzegowina nach der Volkszählung von 1981 nach den Gemeinden. Absolute Mehrheiten werden durch voll gefärbte Flächen, relative Mehrheiten durch schraffierte Flächen dargestellt. Die Farben sind dabei: Muslime violett, Serben gelb, Kroaten orange. Die Zahlen bezeichnen den Prozentsatz der Mehrheit in jeder Gemeinde. Die kleinen Quadrate zeigen die Reihenfolge des Anteils der Muslime, Serben, Kroaten und anderen Völker (Jugoslawen und andere). Aus: Sveske (Sarajevo), 16–17 (1986).*
7. *Karte der nationalen Struktur nach der Volkszählung von 1991. Herausgegeben von Leksikografski zavod »Miroslav Krleža«, Zagreb. Aus der Karte ist im Vergleich zur Abb. 6 deutlich die demographische Veränderung zugunsten der Muslime innerhalb eines Jahrzehnts zu erkennen.*
8. *Karte des mittelalterlichen Bosnien (nach Džambo).*
9. *Bildnis des Großvojvoden Hrvoje Vukčić Hrvatinić, der den Titel eines Herzogs von Split (dux spalatensis) trug. Aus dem nach ihm benannten Missale, das in seinem Auftrag in den Jahren 1403/1404 in glagolitischer Schrift geschrieben wurde. Es gehört der kroatischen literarischen Tradition an. Das Original befindet sich in Istanbul. Aus: Nachdruck des Missales, Zagreb–Graz, Grazer Akademische Druck- und Verlagsanstalt 1973.*
10. *Abbildung aus dem Hval-Codex, Beginn des Lukasevangeliums. Der Codex des Chri-*

sten Hval (so benannt nach dem Diakon Hval, dem Abschreiber des Textes) ist ebenfalls im Auftrag von Hrvoje Vukčić und um die gleiche Zeit wie der Text der Abb. 9 (1404) geschrieben worden. Es ist dies der schönste und vollständigste Codex der Bosnischen Christen (Bogumilen). Die Darstellung zeigt auf der linken Seite den Evangelisten Lukas, auf der rechten den Beginn des Lukasevangeliums in kyrillischer Schrift. Der Codex befindet sich heute in Bologna. Aus: Nachdruck.

11. Sarajevo: Blick auf den Stadtteil Bistrik. Links die Sultanmoschee, rechts von ihr das öffentliche Bad, dahinter der Konak (die Residenz) des Landeschefs und kommandierenden Generals. Der Konak wurde 1868 als Palast für den türkischen Statthalter (valija) Bosniens und der Herzegowina gebaut. Kolorierte Ansichtskarte aus der k. u. k. Zeit.

12. Sarajevo: Blick vom Stadtteil Bistrik auf das Rathaus (Magistrat). Kolorierte Ansichtskarte aus der k. u. k. Zeit.

13. Sarajevo: Blick auf den Stadtteil Bendbaša (Bembaša) mit der damals noch nicht regulierten Miljacka. Kolorierte Ansichtskarte 1909. Im Hintergrund Mitte links das Rathaus (Magistrat).

14. Sarajevo: Baščaršija. Baščaršija bedeutet »der Hauptmarkt«, aus türkisch baş »Haupt, Kopf« und çarşi »Markt«, dieses wiederum aus persisch čehar su »Viereck, Platz«. Im Hintergrund links die Baščaršija-Moschee; davor der Marktbrunnen (česma). Kolorierte Ansichtskarte, geschrieben 1914.

15. Sarajevo: Inneres der Husrev-Beg-Moschee. Blick auf die Kanzel (mimber). Kolorierte Ansichtskarte aus der k. u. k. Zeit.

16. Muslimische Bauernhochzeit. Ansichtskarte aus der k. u. k. Zeit.

17. Sarajevo: Mausoleum (turbe) des Gazi Husrev Beg, zum Komplex der Moschee gehörig. Foto: Neweklowsky.

18. Sarajevo: Eingang zur Koranschule (Kuršumli medresa »die bleierne Koranschule«, so genannt wegen ihrer bleiernen Dächer) im Komplex der Husrev-Beg-Moschee. Foto: Neweklowsky.

19. Doboj: Ansicht auf die Ruine und die Landesbank. Doboj liegt an der Bahnstrecke Bosanski Brod–Sarajevo. Die mittelalterliche Festungsanlage wurde 1415 erstmals erwähnt, ist aber älter. Die Anlage wurde bis um die Mitte des 19. Jahrhunderts zu militärischen Zwecken verwendet. Neben der Burg die Selimija-Moschee, wahrscheinlich aus dem 16. Jahrhundert. Kolorierte Ansichtskarte 1916.

20. Ansicht der Stadt Dolnja Tuzla (Untertuzla). In Obertuzla (Gornja Tuzla) älteste Pfahlbausiedlung Bosniens, neolithische Ausgrabungen. Tuzla ist das antike Salinae; die Salzvorkommen spiegeln sich auch im türkischen Namen Tuzla (tuz = Salz) wider.

21. Mostar: Altstadt von der Alten Brücke aus. Foto: Neweklowsky.

22. Derwischkloster an der Bunaquelle, Nähe Mostar. Vermutlich aus dem 17. Jahrhundert. Typisch türkische Architektur. Foto: Neweklowsky.

23. *Derwischkloster an der Bunaquelle, Nähe Mostar. Museumswächterehepaar mit Kaffeeservice. Foto: Neweklowsky.*

24. *Original-Volkstypen aus Bosnien und Herzegowina. Kolorierte Ansichtskarte, geschrieben 1903.*

25. *Das Getreidewiegen. Kolorierte Ansichtskarte 1913.*

26. *Volksleben: Getränkeverkäufer in Sarajevo. Kolorierte Ansichtskarte, geschrieben zu Neujahr 1902.*

27. *Volkstrachten: Bauernmädchen Sandžak/Banjaluka. Kolorierte Ansichtskarte aus der k. u. k. Zeit.*

28. *Türkische Mädchentracht. Kolorierte Ansichtskarte aus der k. u. k. Zeit.*

29. *Türkische Frau. Ansichtskarte aus der k. u. k. Zeit.*

30. *Bosnische und hercegovinische Trachten. Ansichtskarte aus der k. u. k. Zeit.*

31. *Sarajevo: Baščaršija-Moschee, links von ihr der Platz mit dem Marktbrunnen. Ansichtskarte 1970.*

32. *Sarajevo: Baščaršija mit dem Marktbrunnen. Ansichtskarte, geschrieben 1990.*

33. *Stećak: Steinsarkophag mit Kampfszene (Bogenschütze und Schwertkämpfer). Diese Grabsteine der Bosnischen Christen sind auch außerhalb der heutigen Grenzen Bosniens in Dalmatien (im gegebenen Fall in der Nähe von Knin) zu finden, in den Gebieten, die zum mittelalterlichen Bosnien gehörten. Dadurch ergibt sich als Datierung das Ende des 14. Jahrhunderts. Foto: Neweklowsky.*

34. *Titelseite mit Holzschnitt aus »Disputation oder Gespräch zweier Stallbuben« 1531, von Benedikt Kuripešič, nach dem Original in der Österreichischen Nationalbibliothek in Wien. Das Bild zeigt den Empfang der königlichen Gesandten Nikola Jurišić und Josef von Lamberg durch Gazi Husrev Beg, den Statthalter von Bosnien in Bosna Seraj oder Vrhbosna (Sarajevo). Auf dem Bild sind Angehörige verschiedener türkischer Einheiten zu erkennen: ein Janitschare (die von Sultan Orchan 1328 gegründete Elitetruppe, die aus christlichen Knaben rekrutiert wurde, 1826 abgeschafft), ein Solak (Angehöriger einer besonderen Gardeeinheit der Janitscharen), rechts ein »Jauasta« (?).*

35. *Stećak: Bogumilischer Steinsarkophag mit Verzierungen. Foto: Neweklowsky.*

36. *Sarajevo: Šeherčinabrücke (richtiger Šeherćehajina ćuprija »Bürgermeisterbrücke«) aus dem 16. Jahrhundert, auf der Höhe des Rathauses. Ansichtskarte aus der k. u. k. Zeit.*

37. *Sarajevo: Blick auf den Stadtteil Alifakovac. Ansichtskarte aus der k. u. k. Zeit, geschrieben 1898.*

38. *Sarajevo: Husrev-Beg-Moschee. Erbaut 1531 durch den Statthalter Gazi Husrev Beg. Der Bau besitzt eine zentrale Grundfläche von 13 x 13 m und drei Seitenschiffe mit Kuppeln und Halbkuppeln. Größte Moschee Bosniens. Ansichtskarte, geschrieben 1930.*

39. Die Ziegenbrücke (Kozja ćuprija) in der Nähe von Sarajevo wurde vermutlich in der ersten Hälfte des 16. Jahrhunderts erbaut; sie zählt zu den schönsten Steinbrücken Bosniens. Foto: Neweklowsky.

40. Prača: Eisenbahnstation an der Bahnlinie Sarajevo–Ostgrenze (Sandžak) bei Kilometer 45 von Sarajevo aus. Die Fahrzeit von Sarajevo nach Prača betrug 2 Stunden 10 Minuten. Ansichtskarte, geschrieben 1899.

41. An der Schmalspurbahn Sarajevo–Višegrad. Heute ist die Strecke aufgelassen. Foto: Neweklowsky.

42. Banjaluka: Ferhad-Paša-Moschee 1579. Die Ferhad-Paša-Moschee (oder Ferhadija) ist eines der bedeutendsten islamischen Bauwerke Bosniens, errichtet 1579 im Auftrag des Statthalters Ferhad Paša Sokolović. Die Moschee hat eine mächtige Kuppel und ein schlankes, 41,5 m hohes Minarett. Ansichtskarte vom Beginn des Jahrhunderts.

43. Ferhad-Paša-Moschee. Das Bild zeigt die Kanzel (mimber) im Inneren der Moschee. Foto: Neweklowsky.

44. Jajce: Stadt an der Mündung der Pliva in den Vrbas. Die Festung stammt aus dem 14. Jahrhundert, wurde später von den Ungarn und nach der türkischen Eroberung von den Türken ausgebaut. Jajce war während der bosnischen Selbständigkeit Residenz des bosnischen Königs. Foto: Neweklowsky.

45. Wassermühlen an der Pliva in der Nähe von Jajce. Foto: Neweklowsky 1968.

46. Travnik. Die Wesirenstadt Travnik war bis 1850 das Verwaltungszentrum Bosniens.

47. Travnik: Die aus dem 16. Jahrhundert stammende Sulejman-Moschee (Sulejmanija). Die ursprüngliche Kuppel wurde 1815–16 durch ein Walmdach ersetzt. In den Arkaden des Erdgeschosses befinden sich zahlreiche Läden. Foto: Neweklowsky.

48. Die Brücke über die Drina in Višegrad. Die Brücke wurde im Auftrag des Großwesirs Mehmed Paša Sokolović vom berühmtesten aller türkischen Baumeister, Sinan, von 1571–1577 gebaut. Sie ist 180 m lang, an die sieben Meter breit und weist elf Bögen auf. Die Geschichte der Brücke und die Chronik der Stadt Višegrad sind Gegenstand des Romans »Die Brücke über die Drina« des bosnischen Nobelpreisträgers Ivo Andrić. Foto: Neweklowsky 1968.

49. Die Brücke über die Drina. Steinerner Aufbau mit Inschrift in der Mitte der Brücke, genannt Kapija (»Tor«), mit dem Namen des Erbauers und der Jahreszahl. Foto: Neweklowsky.

50. Konjic am Oberlauf der Neretva noch mit der alten, längst verschwundenen, türkischen Brücke. Die Ansichtskarte wurde 1917 abgeschickt.

51. Mostar: Die berühmte Brücke wurde 1566 zum Ruhm Sultan Sulejmans des Prächtigen vom türkischen Baumeister Hajruddin errichtet. Man erzählt, daß sich Hajruddin versteckte, als die Gerüste weggenommen wurden, da er nicht sicher war, daß seine Konstruktion halten würde. Die knapp 30 m lange Brücke hat die Zeiten bis 1993 überdauert. Dann wurde sie zerstört. Foto: Neweklowsky 1968.

52. Sarajevo: Kupferschmiede. Bearbeitung von Wasserkannen (ibrik). Aus: Kraljevina SHS.
53. Mostar: Alte Brücke mit Altstadt. Foto: Neweklowsky.
54. Mostar: Blick über die Stadt von Westen nach Osten. Im Hintergrund, hoch am Abhang des Veležgebirges, liegt die serbisch-orthodoxe Kirche. Foto: Neweklowsky 1968.
55. Mostar: Stadtansicht. Foto: Neweklowsky.
56. Mostar: Hotel Narenta. Kolorierte Ansichtskarte von 1910.
57. Gacko befindet sich nahe der Grenze zu Montenegro in der östlichen Herzegowina. Im Ort und in der Umgebung ist die größte Ansammlung von Bogumilensteinen aus Bosnien-Herzegowina bekannt: 114 Gräberfelder enthalten 2219 Grabsteine, von denen viele Verzierungen und Beschriftungen tragen. Das Bild zeigt die Steinhäuser und Steindächer der Herzegowina. Ansichtskarte 1913.
58. Počitelj an der Neretva: Hadži-Alija-Moschee aus dem Jahre 1563. Aus: Kraljevina SHS.
59. Volkstrachten: Bosnische Bauerntypen in Hadžići (etwa 20 km westlich von Sarajevo). Ansichtskarte, geschrieben 1900.
60. Sarajevo: Baščaršija (Basar), Pazarni dan (Markttag). Man erkennt den Marktbrunnen und die Baščaršija-Moschee. Ansichtskarte, Photographie 1930.
61. Sarajevo: Handarbeitenverkäuferin auf dem Basar in Sarajevo. Ansichtskarte, Photographie 1934.
62. Bileća: Kafana (Café) Austro-Hungaria. k. u. k. Offiziere vor dem Café. Aufnahme 1916 aus dem Album »Kriegsbilder 1914–1918« des Ernst Neweklowsky.
63. Travnik: Kupferschmied (kujundžija). Im Vordergrund Kaffeekännchen (džezva) und -täßchen (fildžan). Foto: Neweklowsky.
64. Ramazanmusik. Flötenspieler und Trommler. In manchen Gegenden war es Sitte, daß Trommler und Musiker im Fastenmonat Ramazan die Gläubigen rechtzeitig vor dem Morgengrauen weckten, damit sie ihre letzte Mahlzeit vor Tagesanbruch einnehmen konnten. Die Musiker wurden dafür bewirtet und zum Bajramfest mit Geld oder Tüchern beschenkt. Ansichtskarte, geschrieben 1898.
65. In der Nähe von Bileća: Orthodoxe aus der östlichen Herzegowina. Das Bild zeigt die für die Herzegowina typischen Hausformen, aus Stein und aus Ruten geflochtene Speicher. Aufnahme 1915 aus dem Album »Kriegsbilder 1914–1918« des Ernst Neweklowsky.
66. Aus Zaušje auswandernde Türken (= Muslime) mit Hausrat. Aufnahme 1915 aus dem Album »Kriegsbilder 1914–1918« des Ernst Neweklowsky.
67. In der Nähe von Bileća: Schutzkorpsmann mit Frau und Schwiegertochter, Muslime. Aufnahme 1915 aus dem Album »Kriegsbilder 1914–1918« des Ernst Neweklowsky.
68. Muslimfrauen und Kinder aus Zaušje in der östlichen Herzegowina. Teile der musli-

mischen Frauentracht (Zar, Peča) sind gut zu erkennen. Aufnahme 1915 aus dem Album »Kriegsbilder 1914–1918« des Ernst Neweklowsky.

69. In der Nähe von Bileća: Mann mit Frau zu Pferd, Muslime. Aufnahme 1915 aus dem Album »Kriegsbilder 1914–1918« des Ernst Neweklowsky.

70. Abdest am Brunnen (šedrvan) der Husrev-Beg-Moschee in Sarajevo. Foto: Neweklowsky.

71. In der Nähe von Bileća: Muslimjunge, serbisches Mädchen, zwei muslimische Mädchen. Aufnahme 1915 aus dem Album »Kriegsbilder 1914–1918« des Ernst Neweklowsky.

72. Muslimischer alter Friedhof (mezaristan) im Hof der Sultansmoschee (Careva džamija). Foto: Neweklowsky.

73. Takvim (Kalender für das Jahr 1363/1943), 2 Seiten. Geschrieben in serbokroatischer Sprache mit arabischen Buchstaben in der von Kemal efendi Čaušević entwickelten Form, die mit Hilfe von diakritischen Zeichen eine eindeutige Lesart des Textes ermöglichte. Die erste Seite zeigt den Umschlag des Büchleins, links ist das Titelblatt mit dem Text Takvim za godinu 1363, uredio profesor Muhamed M. Kantardžić. Hrvatska državna tiskara u Zagrebu, podružnica u Sarajevu 1943 (Kalender für das Jahr 1363, redigiert von Prof. Muhammed M. Kantardžić. Kroatische Staatsdruckerei in Zagreb, Zweigniederlassung in Sarajevo). – Die zweite Seite zeigt – von rechts nach links zu lesen – den Beginn des Monats Muharrem (den Beginn des islamischen Jahres) 1363, parallel dazu das christliche Datum Dezember 1943–Januar 1944 und die Uhrzeit für die täglichen Gebete.

74. Gusle. Einsaitige Kniegeige; dient als Begleitinstrument bei der Rezitation der epischen Heldenlieder. Das abgebildete Exemplar stammt aus der Herzegowina und wurde vor 1916 hergestellt. Foto: Neweklowsky.

75. Leichenbegängnis in Sarajevo. Foto: Neweklowsky.

76. Sahan. Bosnische Teller mit gravierten Deckeln. Foto: Neweklowsky.

77. Leichenbegängnis (dženaza) in Sarajevo. Die Bahre oder der Sarg, bedeckt mit dem grünen Tuch, wird von den (nur männlichen) Trauergästen getragen. Ansichtskarte aus der k. u. k. Zeit.

78. Muslimische Frauentracht aus der Herzegowina. Ansichtskarte aus der k. u. k. Zeit.

79. Gruß aus Plevlje (Sandžak), Ansichtskarte, geschrieben 1906. Zu jener Zeit gehörte Plevlje noch zur Türkei; Österreich-Ungarn war berechtigt, eine Garnison in dem Städtchen zu unterhalten. Die Garnisonen im Sandžak wurden nach der Annexion 1908 aufgegeben.

Index der bosnischen Wörter

Die Wörter sind nach dem serbokroatischen lateinschriftigen Alphabet angeordnet. Die Erklärungen der Begriffe findet man auf den angegebenen Seiten im Text, gewöhnlich beim ersten Auftreten. Der Index enthält alle bosnischen Fachtermini, die im Buch vorkommen, dazu einige wenige aus anderen Sprachen. Etymologisch ist die überwältigende Mehrzahl der angeführten Wörter orientalischen (arabischen, persischen und türkischen) Ursprungs.

abanija 136
abdest (avdest) 81, 92, 110, 145, 151, 153, 185
abdesthana 116, 145, 153
Abdulah (Abdullah) 87, 90, 92, 93
Abid 90, 93
Adem 80, 91, 93
agda 164
ahar 151, 152
ahbaba 142
Ahdname 48
ahiret 80, 187
Ahmed (Ahmet) 88, 92, 93
ahmedija 136
Aiša 87, 92, 93
ajalet 60
ajet 176
ajran 163
akšam 81, 115, 131, 142
akšam hajr olsun 86
akšamlučenje 171
Alah (Allah) emanet 86, 131
Alah razi olsun, Alah razi olsum, Alah razosum, Alahu razila 86, 138, 140, 141, 142, 143
alaibeg 48
alem 146
alif (elif) 149
Alija 87, 93
Allah 77
Allah rahmetile 184

Allâh hu 148
amanet 86, 125
amidža 128
anterija 101, 107
Arefat 135
Arslan 89
Asim 92, 93
aščinica 156
ašikovanje 117,121
ašikovati 122
Atifa 93
avdest, s. abdest
avdestluk 153
Avdo, s. Abdulah
Azemina 90, 93

babo 131
baglame 151
Bahrudin 88
bajanje 176
bajati 156
bajrak 120, 123, 128
bajraktar 123
Bajram, Bajro 12, 88, 91, 92, 93, 104, 110
Bajram bajrek olsun, Bajram bajreć, Bajram-bajrećuls, Bajram bajrećula, Bajram bajroćum 138, 140, 142, 143
Bajram mubarek olsun 141
Bajro, s. Bajram

baklava 125, 140, 164
bakrač 152, 158
bamja, bamija, bamuja 163
ban 32, 36
bardak 127, 146, 157
barjak, s. bajrak
Baščaršija 13, 107
baška 114, 145
bašljuk (bašluk) 182, 183
bašun-sag-olsun 186
bedel 135
beg 46, 151
beginica 184
beglerbeg 60
beglerbegluk 60
begluk 48
Bego 93
belenzuk, Mz. belenzuci 103, 106
Belka (Belkisa) 89
bensilah 101, 102
berberin 110
berbo 109
bez 96, 97
bešika 111, 176
bíka 175
bismillah 81, 89
bjelaća kapa 97
bjelica 98
bodljiva 174
bokvica 174
bosančica 35
bosanski lonac 157, 163
bošča 108, 126
boščaluk 122, 126, 128, 131, 186
britva 102
budžak 120
bula 183, 185
burek 125, 161
burma, burme 98, 121

cajg 101
cigla 152, 153

čaderbez 98
čajo (= čauš) 128
čakmak 102
čakšire 96, 97, 100, 101, 103
čalma 96
čanak, 158
čarape na popljet 102
čardak 151, 152, 154, 155
čaruk (čarug) 97
čarukčija (čarugdžija) 97
čaršaf 139, 181
čaršija 101
čauš 118
čelebija 88
čelićki opanci 100
čestita 125, 126
čevra (čevrija) 110, 169
čifluk-sahibija 66
čifut 98
čoha 96, 100, 104, 106
čokanić 171
čorba 114, 156, 164
čuftijane (čiftijane) 107
čurek 131

ćasa 156, 157
ćefin 180, 181
ćehlubar (ćehrubar) 106, 107
ćemane 167
ćereće 107, 108
ćerpič 152, 153
ćeške 99, 130
ćeten (keten) 98, 104
ćilim 103, 133, 151
ćirel 154
ćulah 98, 101, 149
ćup 157
ćurena koža 99
ćurs 116

dagara, s. tagara
daidža 131
daire 173

dars 116
dedo 110
def 111, 173
demirli pendžer 125
dernek 166
derviš 146
Devlija, Devla, Devleta 91, 93
did, s. djed
dimije 104, 105, 106, 107, 108, 136
direk 153
djed (did) 34, 97, 174
djèver (đever) 113, 118, 121, 122, 123, 125, 126, 127, 128
dobar dan 87
dobar večer 87
dobro jutro 87
dolma 142
dost 118, 140
dostum-sag-olsun 186
dova 113, 114, 127
dovica 112
do viđenja 87
dubak, s. duvak
dulumbaz 128
dunajluk (dunjaluk) 180
duvak 120, 122, 127, 129
dušek 152, 154
dušmanin 92
dvojnica 168

džamija 144
džehennem 80
džemadan 101
džemat 75, 144, 185
džematile 114
džematlija 142
Džemila 91, 93
dženaza 179, 180, 183
dženaza-namaz 182
džennet 80
džezva 158
Džibril 138
džuma 115, 116, 144

džuma namaz 144
Džumada-l-Ahira 83
Džumada-l-Ula 83

đečerma (ječerma) 98, 106
đerdan 104, 106, 108
đeriz 151, 153
đernek (đerdek, gerdek) 126
đever, s. djever
đugum 158
Đula 87
Đulzada 87
Đurđevdan 166
đuveč 157

efendija 76
ejsahadile 86, 131
ekser 184
Elham, Elham fatihu 176, 180, 182
elif 149
Emina, Mina 91, 93
Enisa 87
Enver 87
esahadile, s. ejsahadile
Esed 89
Esma 91, 93
esselamu alejkum (selam alejkum, selam alejćum) 86
ezan 89, 114, 115, 116, 144
ezbarile 115

Fahrija, Fahra 88
fakîr 23, 189
farcule 104
farz 115, 135
Fatiha 147, 183, 184, 186
Fatima, Fata, Tima 80, 87, 88, 90, 91, 92, 93, 177
faša 102
na fašek 102
fašnjaci 102
feredža 103, 104, 105, 106, 107, 108, 123, 185

ferman 47, 97
fermen 100, 101, 102
fes 96, 101, 169
fesić 105
fesić od dukata 107
fesovi stambolci 101
fetva 75
fijaker 153
fila 161
fildžan 158, 171
firale opanci 102
firiz 170
fučija 157, 158
furuna 154, 155

gaće 97, 98, 100, 103, 104
gasulhana 116, 146, 184
gasuliti 116
gatanje 177
gatara 177
gatka 177
gavez 174
gazi 49
gergel 167
glavni svatovi 118, 125
glina 156
gost 34
grbe košulje 101
grmilica 106
grumen zemlje 184
gumenjaši 101
gunj 96, 97, 98, 101, 102, 103
gusle 11, 172

hadis 80
hadž (haddž) 81, 135
hadžija 135
hadžiluk 135
hadžinska dova 136
hafiz 94
hajdarija 149
Hajrija, Hajra 88
Hajrudin, Hajro 88

halal bilo 180
halalosum 140, 141
halhal 104
Halidbeg 91
halka 147, 148
halva 114, 139, 165
hamam 15, 151
hamamdžik 151, 152, 153
hambar 151, 152, 155
Hamid 90, 93
Hamza, Hamzo 91, 94
Hana, s. Hanke
Hanifa 94
Hanke, Hankija, Hana 91, 92, 93, 94
Hanuma 94
harem 39
harmonika 167, 168
Hasan, Haso, Háse 88, 91, 94
Hasiba 91, 94
Hásna, Hàsnija 91, 94
hasura 152, 153, 154
Hatib 144
Hatidža 87
hatma 112, 113, 114, 116, 117
Hatt-i šerîf 55
hatula 150
Hava, Have 92, 94
hejćanje 97
Hifzija, Himzija, Hímzo 91, 94
Himzo, s. Hifzija
hise 140
hissari-gedik 47
hodnik 153
hodža 76, 89, 109, 110, 116, 122, 124, 144
huđera 155
hurija 92, 94
hurmašice 164
hurmica 119
Husein, Huso 88, 90, 91, 94
hutba (hudba) 144, 145
hvala 187

203

ibadet 142, 147
Ibrahim, Ibro 80, 87, 90, 91, 94
ibrik 119, 122, 125, 133, 146, 153, 158, 184
Ibro, s. Ibrahim
ići na mir 120
ićindija 115, 139, 182
Idriz, Idris 92, 94
iftar 139, 163
iftariti se 139, 140
igranje 168
ihram 135
ikamet 89
ikindija 81, 114
ilahija 173
ilakati 139
Ilidža 28
ilika 103
Ilmihal (Ilminah, Milhal) 117
ilovača 156
imam 76, 89, 109, 144
imaret 49
indžija 171
Indžil 79
islam 77
Ismet 91, 94
itikaf 142
Iza, Ize, Izeta 92, 94

jabukovača 164
jacija 81, 115, 128, 131, 140, 142
jalov 171
janjičari (janičari, jenjičari) 46
jasin 113, 115, 142
Jasmina 94
jastuče 154
jastuk 133
ječerma, s. đečerma
ječmerica 98
jelek 104, 107
jemenije 103
jenđa (jenđija), Mz. jenđe (jenđije) 118, 121, 122, 123, 125, 128, 129

jetrva, Mz. jetrve 113, 118
jorgan 151
jufke 161, 164
juftar, s. iftar
Jurjevdan, Đurđevdan 166, 168
Jusuf, Juso 90, 91, 94

Kaaba 94
kabare 108
kabulosum 139, 141
kaca 157
kadaif 164
kadija 61, 133
kadiluk 61
kahva 114, 156
kaimakam 61
kajmak 161, 162, 164
kako si 87
kalajisati 156
kalja 159
kaljače 99
kaloše 100
kaluf 152
kamilica 175
kamrika 182, 184
kapak 156
kaput 100, 101, 102
karaboja 103
karija, Mz. karije 170
kasida 173
kaza 61
keten, s. ćeten
kibla 81, 116, 144
kijam zikir 148
kitab 178
klanjati 112
klis 170, 171
kmet 48, 66, 151
kna, s. knja
knez 58
kniti 128
knja (kna) 121, 128
kolanje 168

kolenike 153
kolenike vreteno 153
kolo 160, 166
komuš 151
konj 170
kopča 101
kotao 151
kožice 116
koš 152, 154
košara 155
krompiruša 162
krstjani 34
krušnica 156
kubura 98, 101, 102
kuhinja 153
Kulhuvala 176
kum 127
kumstvo 90
kunica 175
kurban 140
Kurbanbajram (Kurban Bajram) 83, 138, 141
Kurt 89
kutlača 158
kuća 150, 152, 155

La ilâh illa-llâh 148
Lajlat-ul-kadra 83
lančići 108
Latifa 94
Lejla 88
Lejlet-i kadra, Lejlet-ul-kadr 138, 142
Lejlet-ul-miradž 138
letve 154
leđen 133, 158
lipov čaj 175
lončić 155
luč 175
lutma 119, 138, 162

magaza 151, 152, 183
Mahmud (Mahmut) 92, 94
mahmudija 106, 108

mahrama, s. marama
mahramica, s. maramica
makfil 141
malta 97
marama 106, 107, 110
maramica 119, 121
maslenica (maslenjak) 120, 128, 132, 162
Masnevija (Mathnavî) 147, 149
mašallah (mašala) 127, 176
mečit 144
medena halva 165
medresa 15, 112, 134
Medžlis-i ulema 75
mehlem 111, 174
Mehmed 87, 88
mehrum 185
mehteb, s. mekteb
meit 182
Mejra, Merjema 94
mejtef, s. mekteb
mekteb 66, 76, 112, 113, 115, 117, 146
melek (meleć) 79, 142, 175
meleć, s. melek
merdevine 146
merdžan 106
merhaba 86, 87, 140
mesdžid 144
mestve 100
Mevlida, Mevla 87, 88, 89
Mevlud (Mevlut) 83, 89, 106, 113, 117, 137, 140, 141
mezar 147, 182, 186
Mezarluk 113, 180, 183
meze 171
mica 171
mičine 174
mihrab 116, 144, 145
Milhal, s. Ilmihal
mimber 116, 144, 145
Mina, Mine, s. Azemina, Emina, Jasmina 90, 91, 94
minder 155

Mirsada 87
mlada 125
moba 159
mršenje 141
mubarećleisati 111
mubarek noć 142
muderis 149
mudir 61
mudirluk 61
muftija 75
muftiluk 75
Muhamed (Muhammed), Hama, Hamo,
 Muho, Mumo, Mušo 77, 87, 90, 92,
 94
Muharem (Muharrem) 83, 88, 91, 94
muhađer 183
mujezin 115
Mujo, *s.* Mustafa
mukabela 138
mulahanuma 180
mumin 91, 94, 180
muminkinja 180
munara 144
Munkir 183
Musaf 112, 114, 117, 136
musliman 77
Mustafa, Mujo 87, 91, 92, 94
mutevelija 92
mutvak 150, 155
mušema 102, 178
muštikla 102
muštuluk 129

naćve 153, 157, 158
nadjeva 161
nafakaliti, nafaka 130
nahija 61
naklanjavanje 141
Nakšibendija (Nakšbandija) 147, 148
namaz 81, 89, 112, 114, 116, 146
nana 175
narukvica 105
Nasveta, Nasva 94

Nazif 91, 94
nazuvci 102
Nekir 183
nena 110
nijet (nijjet) 81, 135
nišan 147, 182
Nizam-i džedid 54
Nûh (Noah) 80
Núrija, Nùrija, Núra 95
Nusret, Nusreta 95

obikuša 118, 125, 126, 127
obrezivanje 109
obruč 157
odžak 152
ognjišće (ognjište) 150, 152
ogrlica, *Mz.* ogrlice 104, 106, 108
okerana šamija 106
oklagija 161
okniju se (okniti) 121, 128
okno 152, 155
oluk 155
Omer (Ömer) 87, 91, 94
opanci 97
oputa (oputra) 97, 99
Osman 91, 95

palika 171
pamuk 101
papuče 105
pas 97
patos 152
pašaluk (pašalyk) 42, 48, 60, 75
pašnjaci 100
peča 105, 107
pejgamber 77, 79, 136
peka 152
pekara 156
pekmez 156, 165
pekmezna halva 165
pelengaće 98
pendžer 150
perelina 105, 107

peć 153, 154, 155
pećuh 103
peškir 121
pešta 146
pilana 157
pilav 120, 122, 125, 126, 127, 130, 163
pir 104, 120, 121
pîr 147
pita 114, 120, 125, 128, 142, 159, 161, 164
platnara furuna 155
pleter 150
plijesni opanci 99
počalica (počelica) 108
podbilj 174
podgriža (potkorice) 162
podne 81, 114, 115
podpođeno 152
pogača 120, 130, 162
pohodi 126
pome 122
pomozi bog 87
ponjava 133, 154
popara 162
popodito 151
postećija 114
poša 100
potkriža 114
prangija 139
prekuhati 161
prelo 167
preseliti se na ahiret 187
pretišpanja 162
priglavci 97
prijatelj 118
prijesni opanci 97
primite saučešće 187
prješnjaci 101
proja od kukuruza 162
proklanj džamije 146
prošnja 126
prsluk 96, 97, 101

prsluk-koparan 99
prsten 98, 121
prstena (igrati se) 169
prtište 133
pura 163
putravci 99

Rabil-jesil 113
rahmetli sućut 186
raja 48
rajtozne 101, 103
rakija 143
Ramadan, Ramo 81, 83, 88, 95, 137, 144, 163
Ramazan, s. Ramadan
Ramazanbajram 135
Ramìza 91, 95
Ramo, s. Ramadan
rarazosum 86
Ravno kolo 168
razljevak 162
ražljevuša 125
Rebbi-ul-Ahir 83
Rebbi-ul-Evvel 83
rećat (rekat) 81, 115, 132, 138
Redžeb (Redžep) 83, 88, 138
rehber 149
reis-ul-ulema 63, 75
rekat, s. rećat
Remzija, Rémzo 91, 95
rena 155
rešadija 138
rijaset 75
ringlovana kuća 153
rubija 108
ruho 132
Rukija 89
rukn 81
ružica 164
sabah 81, 114, 115, 117
sabah hajr olsun 86
sabah šerif hajrola 86
sač 152

207

sadaka 177
sadakai-fitr 133
Sadik 90, 95
sadžak 152
saf 186
Safet 87
sahan 156, 157, 158
sahat 115
sahat kula (sahat-kula) 115, 145
saksijač 131
sala, Mz. salavat 116, 141, 181
Salih, Salko, Saliha, Salka 91, 92, 95
sandžak 48
sarma 139, 163
Sasi 41
savatli 156, 158
saz 173
sedžada 144
sedžda 144
Sefer 83
Seid, Seida 95
Seidalija 91, 95
sejsana 133
selâm 77
Selim 91, 95
senden-sag-olsun 186
senden Bajram bajrećula 140
serdžada 114, 116, 133, 136
sevap 110, 139, 140
sevdah 172
sevdalinka 172
sećija 152, 155, 156
sijeliti se 123
sijelo 131, 140, 144, 166
silah 101
sinija 132, 153, 157
sirnica 162
sjedeći zikir 148
skemlija 156
skrob 161
slamarica 154
Smail 91, 95
snaha 122

soba 150
sofra 114, 117, 118, 120, 126, 129, 139
softa 134
somun 120, 156
spahija 47
Sremica 167
srma 104
stan 108
stap 157
starac 34
stari svat 124, 128, 129
starješinstvo 112
stožina 160
strava 174, 176, 177
strina 129
strojnik 34
struka 104, 105
stupa 98, 163
Sufara 113, 115, 117
suknište 133
Sulejman 88
sun-sunet 115
sunet (sunnet) 80, 109, 115, 148
sunetluk 109
sunećenje 109
súra 79
susak 158
sutlija, sutlijaš 165
svadba 132
svatovi 127
svekrva 124

Šaban 83, 88
Šaćira 95
šamica (šamijica) 105, 115
šamija 104, 106, 107, 108
šargija, šarkija 111, 167, 173
šarköy 44
šart 81, 131, 137
šarvale 98, 99, 100
šaš 153
šedrvan 145

Šefika 95
šehadet 81
šehit 147
šejh (šejk) 147
Šejh-ul-islam 63, 75
šenlučiti, šenluk 127
šeper 154, 155
šerbe (šerbet) 119, 125, 126, 127
šerefa, šerefe 144, 146
šerijatsko vjenčanje 127
šešbeš 13
Ševval 83
šilo 97
šiljte 146
šintara 154
šipke 106
šipurak 175
šišano kumstvo 90
šiše, Mz. šišeta 151
šiškari 99
šlajer (šlaher) 127, 132
šljivopita 165
šljivovica 28
šorvan 106, 108
šporet 152
štala 152
šura 131

tabut 180
tagara (dagara) 157, 163
Tahir 95
Tahiraga 91
Tajib 95
takvim 82
talambas 173
talkin 183, 186
tambura 111
tamburica 168
tanzimat 55
tava 158
tavan 150
tavla 13
tavulja 156, 184

teferič 140, 166, 168
tegarica 157
tekbir (tegbir) 81, 89, 111, 131, 136
tekija, Mz. tekije 15, 147
tendžera 158
tepeluk 103, 104, 106, 108
tepsija (tevsija) 129, 139, 151, 156, 157, 158, 161
teravija 138, 141, 142
tespih 136, 146
testija 157
tetka 126
tevhid 180
Tevrat 79
tevsija, s. tepsija
Tifa, Atifa, Latifa 95
Tima, s. Fatima
timar 47
tkanica 102
top 171
tozluk 103
trava od pet prsta 174
trećina 151
tufahija 165
tulumba 164
tumbak 44
tur 97, 99
turbe 142, 145, 147
turbet 103

ulčija 186
urok 176
uskok 52
uzvod 101
Užičko kolo 168

vakat 139, 141
vakuf 26, 49
vala 108
valija 61
Vasva, Vasvija 91, 95
vaz 140, 141
vekil 149

verige 151
veselje 160
vez 105
vilajet 61
vitr 81, 133, 134, 142
vjerski službenici 48
Vlah 46
vojvoda 43
votanija 108
vračalica, Mz. vračalice 177, 179

zabit 61
zadruga 57
Zajko, Zaim 95
Zakonik 37
zaova, Mz. zaove 118, 124, 130
zapis 178
zar 104, 105, 106, 107, 108

zazor 176
zbogom 87
zdravo 87
Zebur 79
Zehra (Zehre) 92, 95
zekjat (zekat, zećat) 81, 133, 134
zeljanica 162
zećat, s. zekjat
zijafet 110
zijamet 47
zikir 147
Zu-l-Hiddže 83
Zu-l-Ka´de 83
zumba 102
zurna 123

žalost 183